I0043312

EL ESTADO DE EXCEPCIÓN A PARTIR DE LA CONSTITUCIÓN DE 1999

GABRIEL SIRA SANTANA

EL ESTADO DE EXCEPCIÓN A PARTIR DE LA CONSTITUCIÓN DE 1999

COLECCIÓN MONOGRAFÍAS
N° 5

Centro para la Integración y el Derecho Público

Editorial Jurídica Venezolana y
Centro para la Integración y el Derecho Público
Caracas, 2017

COLECCIÓN MONOGRAFÍAS

Títulos publicados

1. *Derecho Administrativo LOPNNA y Protección de Niños, Niñas y Adolecentes,* Jorge Luis Suárez Mejías, Caracas 2015, 324 páginas.
2. *Casos de Estudio sobre la expropiación en Venezuela,* Samantha Sánchez Miralles, Caracas 2016, 120 páginas.
3. *Constitución, Integración y Mercosur,* Jorge Luis Suárez Mejías, Caracas 2016, 207 páginas.
4. *Derecho Administrativo y arbitraje internacional de inversiones,* José Ignacio Hernández, Caracas 2016, 439 páginas.
5. *El estado de excepción a partir de la Constitución de 1999,* Gabriel Sira Santana, Caracas 2017, 364 páginas

© Gabriel Sira Santana
ISBN Obra Independiente 978-980-365-361-3
Depósito Legal DC2016000934

CENTRO PARA LA INTEGRACIÓN Y EL DERECHO PÚBLICO (CIDEP)
Avenida Santos Erminy, Urbanización Las Delicias,
Edificio Park Side, Oficina 23, Caracas, Venezuela
Teléfono: +58 212 761.7461 - Fax +58 212 761.4639
E-mail: contacto@cidep.com.ve
http://cidep.com.ve

Editorial Jurídica Venezolana
Sabana Grande, Av. Francisco Solano, Edif. Torre Oasis, Local 4, P.B.
Apartado Postal 17.598, Caracas 1015-A, Venezuela
Teléfonos: 762.2553/762.3842 - Fax: 763.5239
E-mail: fejv@cantv.net
http://www.editorialjuridicavenezolana.com.ve

Impreso por: Lightning Source, an INGRAM Content company
para Editorial Jurídica Venezolana International Inc.
Panamá, República de Panamá.
Email: ejvinternational@gmail.com

Diagramación, composición y montaje
por: Mirna Pinto de Naranjo, en letra Book Antigua 11,
Interlineado 12, mancha 10x16,5

Gabriel Sira Santana es abogado *summa cum laude* por la Universidad Central de Venezuela, en la que cursa especialización en Derecho Administrativo.

Es Investigador del Centro para la Integración y el Derecho Público (CIDEP), Investigador Asociado del Instituto de Derecho Público de la Universidad Central de Venezuela y Coordinador de Logística del Diplomado en Derecho Aeronáutico CIDEP – Universidad Monteávila.

Es autor de diversas publicaciones sobre Derecho Constitucional, Derecho Administrativo y Derecho Aeronáutico en la *Revista de Derecho Público*, la *Revista Venezolana de Legislación y Jurisprudencia*, la *Revista Electrónica de Derecho Administrativo Venezolano* y la *Revista Latino Americana de Derecho Aeronáutico*, así como del Boletín Legislativo CIDEP, de circulación semestral, y coautor del Boletín de Derecho Aeronáutico CIDEP, de circulación trimestral.

A MODO DE PRESENTACIÓN

En la tercera semana de agosto de 2015, específicamente, en la noche del viernes 21, el Presidente de la República anunció a través de diferentes medios de comunicación que había decidido, "como parte de las medidas para restablecer el orden, la paz, la tranquilidad, la justicia y una frontera verdaderamente humana, (…) activar un estado de excepción constitucional (…) en los municipios fronterizos Bolívar, Ureña, Junín, Capacho Libertad y Capacho Independencia"[1].

En la misma transmisión, el Presidente de la República apuntó que: "este estado de excepción va a ser explicado ahora ampliamente por nuestro vocero oficial y faculta ampliamente a las autoridades civiles, militares y policiales para restablecer con la Constitución el orden, la paz, la convivencia de la región venezolana fronteriza con Colombia".

---

[1] *El Universal* (2015, 21 de agosto). "Activan Estado de Excepción en los municipios fronterizos del Táchira". En la nota se encuentra incorporado el video de la señal de VTV, donde el Presidente de la República comunicó la medida. El enlace a esta y todas las notas de prensa, artículos doctrinales y decisiones de la Sala Constitucional del Tribunal Supremo de Justicia que se citan en esta investigación, pueden encontrarse en el apartado referencias electrónicas.

Tal explicación ocurrió algunos minutos después cuando Tarek El Aissami –para entonces, Gobernador del estado Aragua– manifestó su intención de "presentarle al país o darle lectura al país del decreto 1.950"[2].

Sin embargo, quienes estuviesen interesados en leer el decreto por sí mismos tendrían que esperar hasta el lunes 24 del mismo mes (dos días después) cuando, en horas de la mañana, el Servicio Autónomo Imprenta Nacional y Gaceta Oficial publicó a través de su cuenta en la red social Twitter (@OficialGaceta) el enlace de descarga de la Gaceta Oficial N° 6.194 Extraordinario del 21-08-2015, donde se encontraba el "Decreto N° 1.950, mediante el cual se declara el Estado de Excepción de los Municipios Bolívar, Pedro María Ureña, Junín, Capacho Nuevo, Capacho Viejo y Rafael Urdaneta del estado Táchira".

Si bien una lectura pormenorizada de este decreto se realizará en el segundo capítulo de este trabajo, es oportuno indicar que, conforme se desprende de sus *considerandos*, este accionar por parte del Presidente de la República se debió, entre otros, a que en estos municipios:

(...) se ha venido presentando de modo sistemático, inédito, sobrevenido y progresivo, una amenaza compleja al pleno goce y ejercicio de los derechos de los habitantes de la República, mediante la presencia de circunstancias delictivas y violentas vinculadas a fenómenos como el paramilitarismo, el narcotráfico y el contrabando de extracción, organizado a diversas escalas, entre otras conductas delictivas análogas.

---

[2]   *VTV* (2015, 22 de agosto). "Estado de Excepción: Estas son las garantías restringidas para restaurar la paz en Táchira (+Artículos)". En la nota se encuentra incorporado el video de la señal de VTV, donde el Gobernador leyó el decreto.

Lo que, según el mandatario nacional, respondía a una "intención deliberada de generar alteraciones del orden público, que rompen el equilibrio del derecho internacional, la convivencia pública cotidiana y la paz, afectando el acceso a bienes y servicios destinados al pueblo venezolano"; toda vez que las situaciones concretas:

> (…) han provocado en los últimos días en zonas adyacentes a los puestos fronterizos, la violencia contra ciudadanos y funcionarios venezolanos en ejercicio de sus funciones públicas, llegando al límite que el día 19 de agosto del 2015 fueron atacados miembros de la Fuerza Armada Nacional Bolivariana, quienes cumplían funciones de protección y seguridad al pueblo y resultaron gravemente heridos.

Sobre este punto es prudente recordar que el estado de excepción no fue la primera medida que tomó el Presidente de la República en relación con el mencionado incidente. Tan solo un par de días antes (el 19 de agosto), el mandatario había informado por TeleSUR –televisora del Sistema Bolivariano de Comunicación e Información– que había "girado instrucciones, y quería anunciarlo, de cerrar la frontera con Colombia en San Antonio del Táchira y en Ureña de manera inmediata. Por 72 horas he dado órdenes precisas a la Fuerza Armada Nacional Bolivariana (…) y [sic] inmediatamente incrementar una operación de liberación y protección (…) hacia la frontera"[3].

Ese cierre fue *formalizado* en la resolución conjunta de los ministerios de relaciones interiores y para la defensa del 20-08-2015[4], mediante la cual se ordenó al Comando

---

3   *TeleSUR* (2015, 19 de agosto). "Maduro anuncia cierre de frontera con Colombia tras ataque paramilitar".

4   Publicada en Gaceta Oficial N° 40.728 de la misma fecha.

Estratégico Operacional de la Fuerza Armada Nacional girar instrucciones a los comandos regionales, "para restringir el desplazamiento fronterizo de personas, tanto por vía terrestre, aérea y marítima, así como el paso de vehículos, por un lapso de setenta y dos (72) horas", y se prohibió "en todos los Municipios Fronterizos del Estado Táchira la circulación de personas, vehículos de transporte de carga, de transporte de mercancías de cualquier rubro y de pasajeros, durante setenta y dos (72) horas, contadas a partir de las 06:00 horas del día veinte (20) de agosto de 2015" (artículos 1 y 2, respectivamente)[5].

Este fue el antecedente inmediato del estado de excepción. Pero incluso antes de que se cumplieran las setenta y dos horas previstas en la resolución conjunta –es decir, que fuese el 23-08-2015 a las 06:00 horas– el Presidente de la República procedió a dictar el estado de excepción ya comentado en seis municipios del estado Táchira (tres fronterizos y los otros tres colindantes con estos).

Curiosamente, el estado de excepción no significó el fin de la resolución conjunta que ordenaba el cierre de la frontera como respuesta a la situación entre Colombia y Venezuela.

---

[5]   Las implicaciones y reacciones ante el cierre de la frontera fueron recogidas por la prensa nacional. Véase, por ejemplo, *El Universal* (2015, 20 de agosto). "Venezuela rechaza ataque en Táchira y respalda orden de cierre de frontera" (la nota recoge el comunicado publicado por el ministerio de relaciones exteriores en apoyo a la medida); *El Universal* (2015, 21 de agosto). "Venezuela despliega más fuerzas militares en frontera con Colombia"; y *El Universal* (2015, 21 de agosto). "Provea tilda de campaña xenófoba operativos en frontera con Colombia".

Tal es así, que el 28 del mismo mes –ocho días después que se publicara la resolución conjunta en gaceta oficial, y siete de que se hiciese lo propio con el decreto de estado de excepción– los ministerios indicados dictaron una nueva resolución conjunta en la que se prorrogó lo acordado en la primera, "hasta tanto el Ejecutivo Nacional decida levantar la medida"[6]. Y ese *hasta tanto* se ha extendido más allá de los propios estados de excepción fronterizos[7].

Recapitulando, hemos reseñado la publicación de tres actos en la gaceta oficial: la resolución conjunta que acordó el cierre de la frontera por setenta y dos horas, el decreto de estado de excepción en seis municipios del estado Táchira, y la resolución conjunta que concertó la extensión del cierre fronterizo de modo indefinido.

Como veremos en el capítulo primero, todo decreto de estado de excepción genera, a su vez, dos actos de *control posterior* (uno del Poder Legislativo Nacional y otro del Poder Judicial). Si a ello sumamos que el decreto creó una "Autoridad Única de la Zona" –a la que nos referiremos en su debido momento– designada por el Presidente de la República, el total de publicaciones en gaceta oficial concernientes a este estado de excepción ascendía a seis actos.

---

[6]   Publicada en Gaceta Oficial N° 40.734 de la misma fecha.

[7]   Semana (2015, 28 de diciembre). "Denunciarán a Maduro por mantener cerrada frontera con Colombia" y BBC (2016, 12 de julio). "Quién gana y quién pierde en Colombia por el cierre de la frontera con Venezuela". Apuntamos que si bien en la Gaceta Oficial no hay ningún acto donde conste el levantamiento de esta medida, en diciembre de 2016 se volvió a dictar una resolución conjunta ordenando el cierre de la frontera con Colombia incluyéndose, adicionalmente, el paso fronterizo con Brasil. Esta medida fue tomada en el marco del tercer estado de excepción nacional, que se estudiará más adelante.

Pensando en ello, y siendo una de las actividades que llevamos a cabo en el *Centro para la Integración y el Derecho Público* (CIDEP) la recopilación de actos oficiales –tales como leyes, sentencias, decretos y resoluciones– a fin de conocer la realidad, con base cierta, del Poder Público venezolano, en el mes de agosto de 2015 iniciamos la compilación de los actos que se iban publicando en la gaceta oficial que guardaban relación con el –para entonces– único estado de excepción vigente en nuestro país.

Pero esa selección, que pensábamos no sobrepasaría los diez actos –a lo sumo llegaría a nueve, si vencido el lapso del decreto se acordaba su prórroga–, rápidamente superó nuestras expectativas cuando, diez días después del primer estado de excepción, se publicó un nuevo decreto dictando las mismas medidas para otros cuatro municipios del estado Táchira. Siete días después, la situación se repitió en otros cuatro municipios del estado Zulia. Ocho días después –y por medio de cuatro decretos diferentes, todos publicados en la misma gaceta oficial– la excepción abarcó a otros siete municipios del estado Zulia y tres del estado Apure para, cincuenta y dos días después, concluir la expansión con la inclusión de un municipio del estado Amazonas.

Es decir, un total de ocho estados de excepción que se tradujeron en sesenta y un actos –entre decretos, resoluciones conjuntas, acuerdos y sentencias– publicados en la gaceta oficial. Un número bastante superior al que esperábamos y, probablemente, también al que imaginaba el lector.

No conforme con ello, el 14-01-2016 se publicó en la Gaceta Oficial N° 6.214 Extraordinario el "Decreto N° 2.184, mediante el cual se declara el Estado de Emergencia Económica en todo el Territorio Nacional (…) por un lapso de sesenta (60) días, en los términos que en él se indican".

Este decreto, el primero de alcance nacional dentro de los que hemos mencionado, y que analizaremos en el capítulo tercero de esta investigación, tuvo por fundamento la llamada *guerra económica* que, según se desprende de la motivación del acto, consistía en la existencia de:

> (…) mecanismos de coordinación entre factores internos y externos en detrimento de las actividades económicas, lo cual ha incidido negativamente en los ciudadanos y ciudadanas, dificultando el ejercicio de su derecho a disponer y acceder libremente a bienes y servicios esenciales, en detrimento de sus derechos constitucionales a la salud y a la alimentación.

Así las cosas, y partiendo de lo reseñado en párrafos anteriores de que cada decreto de estado de excepción lleva consigo otros dos actos de control posterior, habrían de sumarse tres nuevas publicaciones a nuestro estudio.

Sin embargo, a diferencia de lo ocurrido con los decretos en la frontera, una vez publicada esta declaratoria en la gaceta oficial el Presidente de la República empezó a dictar decretos que, dentro de su motivación, hacían referencia a la emergencia económica y que, por lo tanto, han de considerarse parte integrante del régimen de excepción venezolano.

Si a lo anterior agregamos que en esta ocasión el estado de excepción no fue aprobado por el Poder Legislativo visto el cambio en la conformación política de la Asamblea Nacional producto de las elecciones del 06-12-2015[8]

---

[8]   Conforme a resultados oficiales, la alianza opositora Mesa de la Unidad Democrática (MUD) obtuvo 109 escaños (65,27 %) mientras que el partido oficialista 55 (32,93 %). Los 3 escaños restantes (1,80 %) pertenecen a la representación indígena que,

–lo que dio lugar a un par de fallos de la Sala Constitucional del Tribunal Supremo de Justicia de, al menos, dudoso apego al ordenamiento jurídico vigente, tal como se verá oportunamente– y que este estado de excepción no fue únicamente prorrogado en el mes de marzo[9], sino que en mayo, cuando estaba por vencerse la prórroga de sesenta días acordada, fue sustituido por un nuevo decreto –esta vez, el N° 2.323 "mediante el cual se declara el Estado de Excepción y de la Emergencia Económica, dadas las circunstancias extraordinarias de orden Social, Económico, Político, Natural y Ecológicas que afectan gravemente la Economía Nacional"[10]– que dio origen, a su vez, a nuevas actuaciones del Poder Legislativo Nacional y del Poder Judicial, y a una nueva prórroga en el mes de julio por sesenta días más[11], seguida por la declaratoria de un tercer estado de excepción por emergencia económica a nivel nacional[12] también prorrogado[13], no cabe duda que la implementación del derecho de excepción en Venezuela desde agosto de 2015 ha sido, por decir lo menos, *algo acontecida.*

---

vale decir, también es de tendencia opositora. Véase *CNE* (2016, 06 de diciembre). "Divulgación elecciones parlamentarias".

[9]   Véase el Decreto N° 2.270, publicado en Gaceta Oficial N° 6.219 Extraordinario del 11-03-2016.

[10]   Publicado en Gaceta Oficial N° 6.227 Extraordinario del 13-05-2016.

[11]   Véase el Decreto N° 2.371, publicado en Gaceta Oficial N° 40.942 del 12-07-2016.

[12]   Véase el Decreto N° 2.452, publicado en Gaceta Oficial N° 6.256 Extraordinario del 13-09-2016.

[13]   Véase el Decreto N° 2.548, publicado en Gaceta Oficial N° 6.272 Extraordinario del 13-11-2016.

Es con motivo de lo anterior, y dada la importancia que posee el tema, que, valiéndonos de la investigación realizada en el *Centro para la Integración y el Derecho Público* (CIDEP), hemos optado por facilitar este compendio informativo al lector para que, el mismo, no solo conozca cómo se implementó la figura de los estados de excepción en la frontera colombo-venezolana durante el segundo semestre del año 2015 –abarcando a veinticuatro municipios distribuidos en cuatro estados del país– y luego a nivel nacional durante el año 2016, sino, y lo que podría resultar de mayor relevancia, constate las diferentes irregularidades en que incurrieron las manifestaciones clásicas del Poder Público –es decir, el Ejecutivo, el Legislativo y el Judicial– al momento de ejercer las facultades que les confiere el ordenamiento jurídico vigente en esta materia.

De este modo, y como aporte teórico al estudio de los estados de excepción, dedicaremos el primer capítulo de esta investigación a precisar algunos conceptos y definiciones del derecho de excepción para, en los capítulos siguientes, adentrarnos en cómo se materializaron esas construcciones doctrinales y normativas en los diversos estados de excepción de la frontera colombo-venezolana y a nivel nacional[14].

---

[14] Hacemos del conocimiento del lector que al momento de culminar la redacción de este trabajo, se publicó en la Gaceta Oficial N° 41.074 del 13-01-2017 el Decreto N° 2.667, mediante el cual se declaró un nuevo "Estado de Excepción y Emergencia Económica en todo el Territorio Nacional, dadas las circunstancias extraordinarias en el ámbito social económico y político que afectan el orden constitucional, la paz social, la seguridad de la Nación, las instituciones públicas y a los ciudadanos y ciudadanas habitantes de la República, a fin de que el Ejecutivo Nacional adopte las medidas urgentes, contundentes, ex-

Finalmente, el lector encontrará, como anexo, los listados de los diversos actos de interés publicados en la gaceta oficial, clasificados según el estado de excepción del que se trate.

Hecha esta presentación, y no sin antes aprovechar la oportunidad para agradecer a Jorge Luis Suárez Mejías y Antonio Silva Aranguren, Director General y Director Ejecutivo del *Centro para la Integración y el Derecho Público* (CIDEP), respectivamente, por la posibilidad de publicar esta investigación como parte de la *colección monografías CIDEP – Editorial Jurídica Venezolana*, pasamos de seguida al desarrollo de las ideas planteadas.

---

cepcionales y necesarias, para asegurar a la población el disfrute pleno de sus derechos, preservar el orden interno, el acceso oportuno a bienes, servicios, alimentos, medicinas y otros productos esenciales para la vida". Por motivos de edición –y que a la fecha se desconocen sus implicaciones– no evaluaremos en esta ocasión su contenido. No obstante, invitamos al lector a consultar los diferentes reportes y boletines que se cargan en la página web del *Centro para la Integración y el Derecho Público* (CIDEP) –www.cidep.com.ve– para conocer más sobre esta medida.

CAPÍTULO I

LOS ESTADOS DE EXCEPCIÓN Y LA RESTRICCIÓN DE GARANTÍAS EN EL ORDENAMIENTO JURÍDICO VENEZOLANO

I. ANTECEDENTES CONSTITUCIONALES

A pesar de que la Constitución de la República Bolivariana de Venezuela (en lo sucesivo, CRBV) es la primera Carta Magna en nuestro país que usa el término *estado de excepción* para referirse al objeto de estudio de esta investigación, sería incorrecto sostener que ella fue la primera que previó este régimen, o uno similar. Ello, visto que el derecho de excepción o de emergencia puede encontrarse en los textos constitucionales patrios desde, prácticamente, que puede hablarse de Venezuela.

Ejemplo de esta afirmación lo encontramos en la Constitución Federal para los Estados de Venezuela de 1811[15] según la cual, "[e]l poder de suspender las leyes o de detener su ejecución nunca deberá ejercitarse sino por las legislaturas respectivas o por autoridad dimanada de ellas para sólo aquellos casos particulares que hubieren expresamente provisto fuera de los que expresa la Constitución" (artículo 185).

---

[15] Véase el texto completo de esta Constitución en Allan Brewer-Carías: *Las Constituciones de Venezuela*. Universidad Católica del Táchira. Instituto de Estudios de Administración Local, Centro de Estudios Constitucionales, San Cristóbal – Madrid, 1985, pp. 181-205.

En igual sentido, la Constitución de la época establecía que las leyes podían ser excluidas de su procedimiento ordinario de formación siempre que, previamente, se hubiese discutido y declarado "la urgencia" en las Cámaras del Congreso (artículo 7) y que, ante "toda ocurrencia extraordinaria", el Poder Ejecutivo había de convocar al Congreso (artículo 104), pudiendo "hacer una guerra defensiva para repeler cualquier ataque imprevisto" aunque "no podrá continuarla sin el consentimiento del Congreso, que convocará inmediatamente, si no se hallare reunido, y nunca podrá sin este consentimiento hacer la guerra fuera del territorio de la Confederación" (artículo 101).

Como vemos, la Constitución comentada –como es lógico que fuese, considerando el momento histórico– daba prioridad a las guerras como situaciones extraordinarias, aun cuando podían existir otras realidades excepcionales o urgentes.

Posteriormente, la Constitución Política de Venezuela de 1819[16], además de reiterar la mención a las leyes de urgencia, precisó en la sección tercera del título VII, como una de las funciones del Presidente de la República, que:

> Artículo 20. En caso de conmoción interior a mano armada que amenace la seguridad del Estado puede suspender el imperio de la Constitución en los lugares conmovidos o insurrectos por un tiempo determinado si el Congreso estuviese en receso. Las mismas facultades se le conceden en los casos de una invasión exterior y repentina, en los cuales podrá también hacer la guerra, pero ambos decretos contendrán un artículo convocando el Congreso para que confirme o revoque la suspensión.

---

[16]   *Ibíd.*, pp. 247-267.

Esta disposición, que se acerca más a lo que hoy en día se conoce como *estado de excepción por conmoción interior o exterior*, ya evocaba algunos de los principios que rigen a estas declaratorias como lo son la necesidad ("amenace la seguridad del Estado"), proporcionalidad ("lugares conmovidos o insurrectos") y temporalidad ("tiempo determinado").

Asimismo, el artículo comentado claramente estipulaba que, si bien esta era una de las competencias del Presidente de la República, para su ejercicio requería contar con el aval del Poder Legislativo que podía confirmar o revocar la medida.

Esta disposición fue reiterada con algunas variantes en la Constitución de 1821[17] que incluyó como función del Presidente de la República:

> Artículo 128. En los casos de conmoción interior a mano armada que amenace la seguridad de la República y en los de una invasión exterior y repentina, puede, con previo acuerdo y consentimiento del Congreso, dictar todas aquellas medidas extraordinarias que sean indispensables y que no estén comprendidas en la esfera natural de sus atribuciones. Si el Congreso no estuviese reunido tendrá la misma facultad por sí sólo; pero lo convocará sin la menor demora para proceder conforme a sus acuerdos. Esta extraordinaria autorización será limitada únicamente a los lugares y tiempos indispensablemente necesarios.

Norma que debe ser interpretada junto al numeral 25 del artículo 55 *ejusdem*, que señalaba como atribución del Congreso:

---

17   *Ibíd.*, pp. 275-291.

25. Conceder, durante la presente guerra de independencia, al Poder Ejecutivo aquellas facultades extraordinarias que se juzguen indispensables en los lugares que inmediatamente están sirviendo de teatro a las operaciones militares y en los recién libertados del enemigo; pero detallándolas en cuanto sea posible y circunscribiendo el tiempo que sólo será el muy necesario.

Como se aprecia de los artículos citados, aun cuando el derecho de excepción en la época se vinculaba directamente con la lucha por la independencia –supuesto no menos relevante– el Constituyente consideró, acertadamente, que tal régimen, visto el poder que situaba en manos del Presidente de la República, había de estar sujeto a ciertas restricciones para garantizar la propia existencia del Estado, que a fin de cuentas es lo que se persigue con la excepción.

Muestra de estos límites eran el control que ejercía el Congreso sobre las facultades que concedía y el respeto de los ya mencionados principios de necesidad, proporcionalidad y temporalidad –que se estudiarán más adelante– asomándose ya la necesidad de especificar, en la medida de lo posible, cuáles eran los correctivos que podía adoptar el mandatario nacional[18].

---

[18] Véase, por ejemplo, el artículo 126 de esta Constitución conforme al cual, en caso de que el bien y seguridad de la República exigiese el arresto de una persona, el Presidente podía emitir la respectiva orden, "con la condición de que dentro de cuarenta y ocho horas deberá hacerla entregar a disposición del tribunal o juez competente".

Esta preocupación se hizo patente en la Constitución del Estado de Venezuela de 1830[19] que, a diferencia de las anteriores, procedió a enumerar, de forma taxativa, las atribuciones que podía ejercer el Presidente de la República en virtud de la declaratoria de conmoción interior o invasión exterior. Así, la norma en cuestión indicaba que:

> Artículo 118. En los casos de conmoción interior a mano armada que amenace la seguridad de la República o de invasión exterior repentina, el Presidente del Estado ocurrirá al Congreso si esta [*sic*] reunido para que lo autorice o, en su receso, al Consejo de Gobierno, para que, considerando la exigencia, según el informe del Ejecutivo, le acuerde las facultades siguientes:
>
> 1. Para llamar a servicio aquella parte de la milicia nacional que el Congreso o el Consejo de Gobierno considere necesaria.
>
> 2. Para exigir anticipadamente las contribuciones que uno u otro cuerpo juzgue adecuadas o para negociar por vía de empréstito las sumas suficientes, siempre que no puedan cubrirse los gastos con las rentas ordinarias.
>
> 3. Para que, siendo informado de que se trama contra la tranquilidad o seguridad interior o exterior del Estado, pueda expedir órdenes por escrito de comparecencia o arresto contra los indiciados de este crimen, interrogarlos o hacerlos interrogar, debiendo poner los arrestados dentro de tres días a disposición del juez competente, a quien pasará el sumario informativo que dio lugar el arresto, siendo esta última autorización temporal.
>
> 4. Para conceder amnistías o indultos generales o particulares.

---

[19]   Allan Brewer-Carías: *Las Constituciones de Venezuela... op. cit.*, pp. 335-356.

Nuevamente, se aprecia que el régimen de excepción se limitaba a conflictos armados y su declaratoria se encontraba sujeta a la autorización del Congreso –o a la del novísimo Consejo de Gobierno, en caso de que el primero se encontrara en receso[20]–, estando la mayoría de las medidas que podía tomar el Presidente de la República relacionadas con la seguridad y defensa del Estado; debiendo el mandatario, en cualquier caso, dar cuenta al Congreso de todos los actos que hubiese ejecutado con motivo de esta autorización según el artículo 120 *ejusdem*.

Esta regulación se repitió con algunas variantes en la Constitución de 1857[21] y de 1858[22], siendo relevante destacar que esta última fue la primera en establecer un límite máximo de duración para las medidas a adoptar, fijándose el mismo en noventa días según el artículo 97.

---

[20] Según el artículo 123 de la Constitución de 1830, este consejo estaba conformado por el Vicepresidente de la República, un miembro de la Corte Suprema de Justicia, cuatro miembros nombrados por el Congreso y los Secretarios del Despacho.

[21] Allan Brewer-Carías: *Las Constituciones de Venezuela... op. cit.*, pp. 363-376. Entre los cambios, el ahora artículo 54 precisó que debía existir un temor fundado de conmoción o amenaza a la paz pública.

[22] *Ibíd.*, pp. 383-397. El artículo pasó a ser el 95 y en él se suprimió la mención al temor fundado, así como el numeral respectivo a las órdenes de comparecencia o arresto, y se incluyó la facultad de "[e]stablecer el requisito de transitar por el territorio de la República o salir de él con pasaporte". En igual sentido, se eliminó la referencia al Consejo de Gobierno –vista su supresión total del texto constitucional– y se estipuló, en el artículo 96, que si el Congreso no estaba reunido el Presidente de la República convocaría un consejo extraordinario llamado a autorizar la implementación de las medidas. El consejo en cuestión estaría conformado por la Corte Suprema de Justicia, el Vicepresidente de la República y el Secretario que introdujese la solicitud.

Ahora bien, a partir de la Constitución de los Estados Unidos de Venezuela de 1864[23] la consagración del derecho de excepción volvió a experimentar un cambio significativo en el sentido que, *primero*, se suprimió la necesidad de autorización del Congreso para la adopción de las medidas extraordinarias –bastando solo que el Presidente de la Unión le diera cuenta de sus actos– y, *segundo*, se aumentó el catálogo de posibles correctivos a aplicar. Así, la Constitución distinguió en los numerales 15 y 16 del artículo 72 los siguientes supuestos de hecho:

i. *Sublevación armada contra las instituciones políticas que se ha dado la Nación*: para restablecer el orden constitucional, el Presidente de la Unión podía usar la fuerza pública, pedir a los Estados federados los auxilios necesarios para la defensa de la Nación, exigir anticipadamente las contribuciones o negociar los empréstitos decretados si las rentas ordinarias eran insuficientes, y señalar el lugar a donde debía trasladarse transitoriamente el Ejecutivo Nacional.

ii. *Guerra extranjera*: en adición a las facultades anteriores, el Presidente de la Unión podía arrestar o expulsar a los individuos que pertenecieran a la nación con la cual se estaba en guerra y que fuesen contrarios a la defensa del país, someter a juicio por traición a la Patria a los venezolanos que de alguna manera fuesen hostiles a la defensa nacional, expedir patentes de corso y represalias, dictar las reglas que habrían de seguirse en los casos de apresamiento, y, por primera vez –al menos de modo expreso– "suspender las garantías que sean incompatibles con la defensa de la independencia del país, excepto la de la vida".

---

23   *Ibíd.*, pp. 413-425.

Es decir, que a partir de esta Constitución no solo se extinguió el control que sobre estas medidas ejercía el Poder Legislativo[24], sino que, aunque se mantuvieron los supuestos de conmoción interior y exterior, el Constituyente optó por determinar qué medidas eran procedentes en uno u otro caso, pudiendo llegar a suspenderse cualquier garantía –a excepción de la vida, y solo en caso de guerra extranjera– siempre que el Ejecutivo considerase que la misma era incompatible con la defensa de la independencia del país[25].

Esta situación se repitió sin cambios en la Constitución de 1874[26]; pero en la de 1881[27] –además de suprimirse la mención a la independencia en relación con la suspensión de garantías y a la insuficiencia de las rentas ordinarias para exigir anticipadamente contribuciones o negociar empréstitos– se apuntó que, para el ejercicio de estas facultades, el Presidente debía contar "con el voto delibe-

---

[24] En realidad, el control del Congreso quedó limitado a decretar la guerra según el numeral 15 del artículo 43 constitucional ya que, conforme al numeral 14 del artículo 72, ello era un requisito para la declaratoria de guerra por parte del Presidente de la Unión y, sin la misma, mal podían adoptarse medidas excepcionales relacionadas con este supuesto. No así respecto a la sublevación armada contra las instituciones políticas que se ha dado la Nación que, según el texto constitucional de la época, sí parece haber sido desprovista de cualquier control político por parte del Poder Legislativo.

[25] Ejemplos de estas garantías eran la inviolabilidad y secreto de las comunicaciones y del hogar doméstico, y las libertades de pensamiento, de tránsito y de reunión previstas en los numerales 3, 4, 6, 7 y 9 del artículo 14 *ejusdem*.

[26] Allan Brewer-Carías: *Las Constituciones de Venezuela... op. cit.*, pp. 447-460.

[27] *Ibíd.*, pp. 485-500.

rativo del Consejo Federal" (artículo 66), estando ese consejo conformado por un Senador y un Diputado por cada entidad política más un Diputado adicional por el Distrito Federal (artículo 61).

Esto no varió en la Constitución de 1891[28] y se mantuvo vigente hasta la de 1893[29], donde se sustituyó al Consejo Federal por un Consejo de Gobierno –conformado por nueve vocales nombrados por el Congreso, de acuerdo con el artículo 79 constitucional– y se estatuyó que la naturaleza de su voto dependía del tipo de estado que aquejase a la Nación: en caso de guerra extranjera el voto del consejo sería consultivo (artículo 77) mientras que, en caso de sublevación armada contra las instituciones políticas que se ha dado la Nación, el voto sería deliberativo (artículo 78).

De esta nueva Constitución destaca adicionalmente el hecho que se eliminó la mención a los empréstitos, y se pasó de una suspensión *de garantías* a una suspensión *de derechos*. Sobre esta idea se volverá más adelante en la investigación.

Con la llegada del siglo XX la Constitución de 1901[30] incorporó un nuevo cambio en materia derecho de excepción al precisar que, al contrario de lo que venía siendo la regla desde 1864, la suspensión de derechos no procedía únicamente en caso de guerra externa sino también de conflictos internos, con la salvedad de que en ambos casos había de existir "previa declaratoria de los [derechos] que se suspenden, y con limitación a la localidad o a todas las localidades en que fuere necesario" (artículo 89, numeral

---

28 *Ibíd.*, pp. 503-518.
29 *Ibíd.*, pp. 527-545.
30 *Ibíd.*, pp. 565-584.

20, punto 7). En adición a lo anterior, se retomó el sistema de 1864 en el que no había ningún control –ni del Congreso ni de consejo alguno– sobre el Presidente de la Unión para dictar estas medidas.

Por lo que respecta a la Constitución de 1904[31], en ella se unificaron los supuestos de conmoción exterior e interior, facultándose al Presidente de la Unión para tomar los mismos correctivos en ambos casos, siempre que existiese "previa declaración de estar trastornado el orden público y hasta el restablecimiento de la paz" (numeral 8 del artículo 80).

Situación que se reiteró en la Constitución de 1909[32] con la diferencia que reapareció el voto deliberativo del Consejo de Gobierno –ahora conformado por diez vocales nombrados por el Congreso, según el artículo 88– para el ejercicio de estas facultades por parte del Presidente de la Unión (artículo 82).

No obstante, la mencionada reaparición fue breve, pues en el Estatuto Constitucional Provisorio de los Estados Unidos de Venezuela de 1914 y en la Constitución del mismo año[33], aun cuando se mantuvo el resto de la regulación en la materia, se suprimió una vez más la figura del Consejo de Gobierno quedando el ejercicio de estos poderes, nuevamente, sin un control previo (artículos 35 y 79 numeral 23, respectivamente). Lo que se replicó en la Constitución de 1922[34].

---

[31] *Ibíd.*, pp. 587-604.
[32] *Ibíd.*, pp. 607-627.
[33] *Ibíd.*, pp. 631-642 y 643-662, respectivamente.
[34] *Ibíd.*, pp. 673-693.

Lo hasta acá narrado varió con la Constitución de 1925[35] que comportó un cambio interesante respecto a sus predecesoras y es que, en adición a incluirse dentro del listado de atribuciones del Presidente de la Unión el poder dictar las medidas a las que hemos hecho referencia en párrafos anteriores en caso de guerra civil o internacional (numeral 24 del artículo 100), en el título II de la Carta Magna (titulado "de los venezolanos y sus deberes y derechos") se incluyó un nuevo artículo del siguiente tenor:

> Artículo 36. Cuando la República se hallare envuelta en una guerra internacional o estallare en su seno la guerra civil o exista inminente peligro de que una u otra ocurran, el Presidente de la República, en Consejo de Ministros, lo declarará así y suspenderá el goce de las garantías constitucionales en todo el territorio de la Nación que en el propio Decreto se determine; pero esta suspensión no tendrá efecto sino en tanto se restablece la paz y quedará sujeta a las restricciones siguientes:
>
> 1. En ningún caso se podrá privar a nadie de la vida, que será siempre inviolable, ni se podrán decretar ni aplicar castigos infamantes;
>
> 2. No se decretarán ni se llevarán a cabo confiscaciones de bienes, salvo, únicamente, como medida de represalias en guerra internacional, contra los nacionales del país con el cual fuere la guerra, si éste hubiere decretado previamente la confiscación de los bienes de los venezolanos;
>
> 3. Podrá arrestarse, confinarse o expulsarse del territorio de la República a los individuos nacionales o extranjeros que sean contrarios al restablecimiento o conservación de la

---

[35] *Ibíd.*, pp. 697-719.

paz; pero tales medidas cesarán al terminar las circunstancias que las hubieren motivado, salvo la expulsión de extranjeros, que podrá no revocarla el Ejecutivo Federal si no lo creyere conveniente.

Como vemos, la disposición, que se repitió sin cambios en los textos constitucionales de 1928, 1929 y 1931[36], incorporó que, en cuanto a la suspensión de garantías –ya no *de derechos*, como se decía desde 1893– el decreto debía ser dictado en Consejo de Ministros, agregándose a la ya existente prohibición de atentar contra la vida de las personas la negativa de implementar castigos infamantes o la confiscación de bienes –salvo como medida recíproca en caso de guerras internacionales–, así como el arresto, confinación o destierro permanente.

De esta regulación se pasó a la Constitución de 1936[37] que reformó el artículo 36 ya citado, cuya redacción ahora sería la siguiente:

Artículo 36. Cuando la República se hallare envuelta en guerra internacional o estallare en su seno la guerra civil o exista peligro de que una u otra ocurran, de epidemia o de cualquiera otra calamidad pública, o cuando por cualquiera otra circunstancia lo exija la defensa, la paz o seguridad de la Nación o de sus instituciones o forma de gobierno, el Presidente de la República en Consejo de Ministros, podrá, por un Decreto, restringir o suspender, en todo o parte del territorio nacional, el ejercicio de las garantías ciudadanas, con excepción, en todo caso, de las relativas a la inviolabilidad de la vida, la proscripción de la esclavitud y a la no condenación a penas infamantes.

---

[36] *Ibíd.*, pp. 723-746, 749-771 y 775-798, respectivamente.
[37] *Ibíd.*, pp. 801-827.

El Decreto contendrá: 1. los motivos que lo justifiquen; 2. la determinación de la garantía o garantías que se restrinjan o suspendan y, 3. el territorio que afectará la suspensión o restricción.

Este Decreto será derogado al cesar las causas que lo motivaron.

La restricción de garantías en modo alguno afectará el funcionamiento de los Poderes Públicos de la Nación, cuyos miembros gozarán siempre de las prerrogativas que les reconoce la ley.

Podrá arrestarse, confinarse o expulsarse del territorio de la República a los individuos nacionales o extranjeros que sean contrarios al restablecimiento o conservación de la paz; pero tales medidas cesarán al terminar las circunstancias que las hubieren motivado, salvo la expulsión de extranjeros, que podrá no revocarla el Ejecutivo Federal si lo creyere conveniente.

El artículo, que debe ser leído en concordancia con el numeral 23 del artículo 100 *ejusdem*[38] –ambos reiterados sin modificaciones en la Constitución de 1945[39]–, permite arribar a la existencia de dos regímenes de excepción en esa época: *uno* para el caso de guerra civil o internacional –en el que era aplicable todo el catálogo de medidas enunciadas en el texto constitucional– y *otro* para los casos "de epidemia o de cualquiera otra calamidad pública, o cuando por cualquiera otra circunstancia lo exija la de-

---

[38] Incluía la ya mencionada posibilidad de pedir auxilio a los Estados federados, trasladar la ubicación del Poder Público, disponer enjuiciamientos por traición a la Patria, entre otras.

[39] Allan Brewer-Carías: *Las Constituciones de Venezuela… op. cit.*, pp. 831-866. Solo se produjo un cambio de numeración por lo que el artículo 36 pasó a ser el 37 y el 100 el 104.

fensa, la paz o seguridad de la Nación o de sus instituciones o forma de gobierno" –como supuesto novedoso, vale destacar– en virtud del cual podían adoptarse únicamente las medidas del artículo 36 (restricción o suspensión de garantías).

Así, esta reforma amplió el universo de situaciones que permitían *alterar* el marco constitucional ordinario pero incorporó ciertas pautas que tendían a impedir la arbitrariedad, como lo eran el exigir que el decreto fuese motivado y especificara las garantías que se suspendían o restringían, en adición al ya existente requisito de determinar la extensión geográfica sobre la cual recaerían las medidas y que la vigencia de las mismas estaría sujeta a las causas que le dieron lugar.

Aunado a lo anterior, la Constitución de 1936 prohibió que con motivo de estas declaratorias se implementara la esclavitud y agregó una disposición, que hoy recoge la CRBV, sobre que la restricción o suspensión de garantías no afectaba el normal funcionamiento del Poder Público.

De este modo inició el acercamiento a la normativa vigente en materia de derecho de excepción, siendo la Constitución de 1947[40] la primera en incorporar un capítulo específico para este tema –el VIII ("de la suspensión y restricción de garantías") del título III ("de los deberes y derechos individuales y sociales")–, donde se agruparon tres artículos cuyos cambios más notorios respecto al régimen anterior fueron los siguientes:

Primero, se sustituyó la frase "de epidemia o de cualquiera otra calamidad pública, o cuando por cualquiera

---

[40] *Ibíd.*, pp. 885-924.

otra circunstancia lo exija la defensa, la paz o seguridad de la Nación o de sus instituciones o forma de gobierno" por "graves circunstancias que afecten la vida económica o social de la Nación" (artículo 76), siendo estas, junto a la guerra civil y la guerra internacional, los supuestos de hecho que daban lugar a la restricción o suspensión de garantías.

Segundo, se reincorporó el control del Poder Legislativo sobre el decreto –dejado de lado en 1864– sometiéndose este "al Congreso Nacional o a la Comisión Permanente del mismo, dentro de los diez días siguientes a su promulgación" (artículo 76).

Y, *tercero*, se previó en el artículo 77 que, "[s]i las circunstancias no exigiesen la restricción o suspensión de garantías, pero hubiese fundados indicios de la existencia de planes o actividades que tengan por objeto derrocar los Poderes constituidos, (…) el Presidente de la República, en Consejo de Ministros, podrá ordenar la detención preventiva", debiendo notificar al Congreso Nacional o a la Comisión Permanente del mismo, quienes aprobarían o no la medida[41].

A lo anterior hemos de sumarle el artículo 198 *ejusdem* según el cual, entre las atribuciones del Presidente de la República, se encontraba, *primero*, el "[a]doptar las medidas necesarias para la defensa de la República, la integridad de su territorio y su soberanía en caso de emergencia

---

[41] Esta disposición, que se asemejaba al artículo 126 de la Constitución de 1821 que permitía al Presidente de la República arrestar a individuos si estaba en peligro el bien y la seguridad de la República, con la condición de que luego los presentase ante los jueces competentes, luego sería reiterada en la Constitución de 1961.

internacional" –debiendo en estos casos proponer al Congreso los correctivos que estimara necesarios– *segundo*, "[d]ecretar la restricción o suspensión de garantías en los casos previstos por el artículo 76 de esta Constitución" y, *tercero*, "en caso de alteración de la paz interna de la República o conflicto armado internacional" dictar las ya típicas medidas de pedir auxilio a los Estados federados o reorganizarlos, trasladar de sitio el Poder Público, disponer el enjuiciamiento de los hostiles, autorizar acciones militares, entre otras.

Asimismo, esta Constitución incorporó una última disposición de interés para nuestro objeto de estudio pues, en el artículo 162, al establecer las atribuciones de las Cámaras del Congreso Nacional, incluyó en su numeral 2 el "[d]ecretar el estado de emergencia, aprobar las medidas necesarias para la defensa nacional y autorizar las que se requieran para dar cumplimiento a las obligaciones de la República en la comunidad internacional, de acuerdo con los pactos en que ella sea parte"; facultad que no debe ser confundida con el numeral 9 del mismo artículo referido al "[a]utorizar, temporalmente, al Presidente de la República para ejercer determinadas y precisas facultades extraordinarias destinadas a proteger la vida económica y financiera de la Nación, cuando la necesidad o conveniencia pública lo requieran".

Al respecto, si bien esta última atribución –prevista en idénticos términos en el numeral 23 del artículo 78 de la Constitución de 1945– es considerada por la doctrina nacional como la base de las leyes habilitantes[42] –es decir, el

---

[42]   Véase Luis Alfonso Herrera Orellana: "¿Es necesaria la figura de la Ley Habilitante en el ordenamiento jurídico venezolano?". *Revista de Derecho Público*, N° 140, Editorial Jurídica Venezolana, Caracas, 2014, pp. 41-50 y José Muci Borjas: "Las le-

otro supuesto que permite la legislación presidencial, y que no estudiaremos en esta oportunidad–, la primera parecía dotar al Congreso Nacional de un doble rol, ya que no solo le correspondía convalidar las medidas que adoptara el Ejecutivo Nacional –en concatenación con el artículo 198 *ejusdem*– sino que, a su vez, sería el llamado a "decretar el estado de emergencia".

En este sentido, podemos resumir el derecho de excepción en la Constitución de 1947 del siguiente modo:

i.   *Restricción o suspensión de garantías*: decretada por el Presidente de la República en Consejo de Ministros, debiendo luego someterse el decreto al Congreso Nacional o su Comisión Permanente. Procedía en caso de guerra civil, guerra internacional, o circunstancias socioeconómicas de gravedad.

ii. *Medidas extraordinarias en general*: decretadas por el Presidente de la República. Procedían en caso de alteración de la paz interna de la República o conflicto armado internacional.

iii. *Medida de detención preventiva*: decretada por el Presidente de la República en Consejo de Ministros, debiendo luego someterse el decreto al Congreso Nacional o su Comisión Permanente. Procedía en caso de existir fundados indicios de planes o actividades que tuviesen por objeto derrocar el Poder Público, mediante un golpe de Estado u otros medios violentos.

iv. *Estado de emergencia*: decretado por el Congreso Nacional.

---

yes habilitantes y los decretos-leyes dictados con base en aquéllas". *Revista de Derecho Público*, N° 140, Editorial Jurídica Venezolana, Caracas, 2014, pp. 51-78.

Este régimen se mantuvo inalterado hasta la Constitución de 1953[43] donde, además de pasar de los Estados Unidos de Venezuela a la República de Venezuela, se produjeron cambios que tendieron –nuevamente– a suprimir los controles sobre los decretos en la materia objeto de estudio. Cuestión que no resulta extraña si recordamos que la Presidencia era ejercida, para ese entonces, por Marcos Pérez Jiménez.

Así, el derecho de excepción quedó limitado al artículo 36, que era del siguiente tenor:

> Artículo 36. En caso de emergencia nacional o internacional el Presidente de la República podrá, por Decreto dictado en Consejo de Ministros, restringir o suspender, total o parcialmente, las garantías ciudadanas en todo o en parte del territorio nacional, con excepción de las enunciadas en el ordinal 1° del artículo 35 de esta Constitución y en la letra g) del ordinal 2° del mismo artículo.
>
> Este decreto será revocado al cesar las causas que los motivaron.

Es decir, que los únicos límites en esta materia eran la inviolabilidad de la vida y la prohibición de condenas corporales superiores a treinta años, penas infamantes o perpetuas y procedimientos que causaran sufrimiento físico; siendo abolido, en consecuencia, el sometimiento del decreto ante el Congreso Nacional, la exigencia de que el decreto contara con unos contenidos mínimos, y las circunstancias particulares que podían dar lugar a estas medidas, pues todas fueron resumidas en el término "emergencia nacional o internacional".

---

43 Allan Brewer-Carías: *Las Constituciones de Venezuela... op. cit.*, pp. 937-956.

No obstante, se mantuvo que la declaratoria no afectaría el funcionamiento del Poder Público (artículo 37 *ejusdem*).

Esta ausencia de control fue tal que, conforme a la disposición transitoria tercera de la Constitución comentada, hasta tanto no se *completara* la legislación en materia de garantías individuales, se autorizó al Presidente de la República "para que tome las medidas que juzgue convenientes a la preservación en toda forma de la seguridad de la Nación, la conservación de la paz social y el mantenimiento del orden público". Lo que equivalía a decir que el Presidente podía limitar a voluntad tales garantías siempre que alegase que era en defensa del orden constitucional, pudiendo convertir un régimen extraordinario en el común denominador del Estado venezolano[44].

Para finalizar con los antecedentes constitucionales, encontramos la Constitución de 1961 en la que se retornó a un régimen similar al de 1947 visto que, en adición a incluirse dentro del listado de atribuciones del Presidente de la República el "[d]eclarar el estado de emergencia y decretar la restricción o suspensión de garantías en los casos previstos en esta Constitución" (numeral 6 del artículo 190) –lo que habría de hacer en Consejo de Ministros

---

[44] Aunque el tema será tratado en los siguientes capítulos, consideramos prudente acotar que aun cuando la CRBV no incorporó una disposición similar a la citada, no podemos evitar notar cierta similitud entre ella y el modo en que el Ejecutivo Nacional ha implementado la figura de los estados de excepción recientemente a través de múltiples y sucesivas declaratorias y prórrogas fundamentadas, según el discurso oficial, en la necesidad de proteger la Constitución y las personas que hacen vida en el país, para así conservar la paz social y el orden público.

según el primer aparte del mismo artículo–, se dedicó un título exclusivamente para el régimen de excepción –el IX, denominado "de la emergencia"– en el que se precisó que tal situación podía declararse "en caso de conflicto interior o exterior, o cuando existan fundados motivos de que uno u otro ocurran" (artículo 240), pudiendo restringirse o suspenderse las garantías –a excepción de la vida y la prohibición de penas perpetuas o infamantes, torturas e incomunicación– si se trataba de un "caso de emergencia, de conmoción que pueda perturbar la paz de la República o de graves circunstancias que afecten la vida económica o social" (artículo 241).

En el mismo sentido, el texto constitucional retomó las normas de 1947 respecto a la exigencia de que el decreto expresara "los motivos en que se funda, las garantías que se restringen o suspenden, y si rige para todo o parte del territorio nacional" (primer aparte del artículo 241) y que debía ser "sometido a la consideración de las Cámaras en sesión conjunta o de la Comisión Delegada" (artículo 242).

Por último, la Constitución de 1961 reinsertó la posibilidad de detención preventiva, que el decreto sería revocado al cesar las causas que lo motivaron, y que la restricción o suspensión comentada no interrumpiría el funcionamiento del Poder Público (artículos 244, 243 y último aparte del artículo 240, respectivamente).

De este modo la Constitución inmediatamente precedente a la vigente incluía, como régimen de excepción, dos supuestos que, si bien coincidían en que eran decretados por el Presidente de la República y requerían de un control por parte del Congreso Nacional, diferían en las circunstancias que los originaban y en cuanto al cese de sus efectos:

i. *Estado de emergencia*: procedía en caso de conflicto interior o exterior, materializado o no; siendo el decreto revocado por el Presidente de la República en Consejo de Ministros, previa autorización del Congreso.

ii. *Restricción o suspensión de garantías*: procedía en caso de emergencia –por lo que el decreto anterior podía dar lugar a esta medida–, conmoción a la paz o graves circunstancias socioeconómicas; pudiendo el decreto ser revocado tanto por el por el Ejecutivo Nacional como por el Congreso.

En resumen, podemos señalar que el derecho de excepción en Venezuela evolucionó al pasar de ser considerado únicamente para supuestos de conflictos armados –internos y externos, afines en un principio con la lucha por la independencia– a otras circunstancias tales como epidemias, calamidades o condiciones socioeconómicas de gravedad.

Asimismo, aunque la posibilidad de acordar estas medidas se ha mantenido en cabeza del Presidente de la República a lo largo de los años, la intervención de otros órganos y entes ha variado pudiendo distinguirse entre la independencia absoluta del mandatario nacional (Constitución de 1864, 1901, 1904, 1914, 1922, 1925, 1928, 1929, 1931, 1936, 1945 y 1953) y la necesaria valoración por parte del Congreso (Constitución de 1819, 1821, 1830, 1857, 1858, 1874, 1947 y 1961) u otras figuras (Constitución de 1881, 1891, 1893 y 1909).

En relación con las medidas que podrían adoptarse en virtud de la excepción, también los cambios fueron constantes alternándose entre una autorización general (Constitución de 1819, 1821, 1953 y 1961) y correctivos de una u otra forma tasados (Constitución de 1830, 1857, 1858,

1864, 1874, 1881, 1891, 1893, 1901, 1904, 1909, 1914, 1922, 1925, 1928, 1929, 1931, 1936, 1945 y 1947), exigiéndose, en ocasiones, que el decreto contara con ciertos requisitos mínimos (Constitución de 1936, 1945, 1947 y 1961).

Este es el marco constitucional que precedió a la CRBV, como norma fundamental de nuestro estudio, que dedica el capítulo II de su título VIII –que resulta oportuno destacar, se denomina "de la protección de esta Constitución"– a la regulación de los estados de excepción.

Aplicando las técnicas interpretativas clásicas del Derecho, la ubicación de estas normas dentro del texto constitucional nos permitiría arribar a una primera conclusión: los estados de excepción son mecanismos a través de los cuales se pretende garantizar la vigencia de cada una de las disposiciones de la Constitución, frente a determinadas situaciones de hecho que pueden ser invocadas –de buena o mala fe– para falsear o derogar, en todo o en parte, su contenido en un momento dado.

Basados en esa interpretación podríamos decir, inclusive, que los estados de excepción han de cumplir con una finalidad similar a la que le asignó el Constituyente al Poder Judicial en el artículo 334, previsto en ese mismo título: el "asegurar la integridad de esta Constitución".

En este sentido, y si bien es importante resaltar que los tres artículos contenidos en ese capítulo no son los únicos de interés para nuestro estudio, ya que, a lo largo de la CRBV podemos encontrar otras normas relevantes, a las que nos referiremos en su debido momento, es correcto sostener que en este capítulo el Constituyente estipuló lo que ha de entenderse por un estado de excepción, cuáles son sus tipos, y a qué controles se encuentran sometidos[45].

II.   UN CONCEPTO DE ESTADO DE EXCEPCIÓN

Desde el punto de vista doctrinal, aun cuando no son escasas las definiciones que podemos encontrar de los estados de excepción[46], todas ellas comparten rasgos que brindan uniformidad sobre este régimen extraordinario.

En este sentido, autores del foro internacional como QUESTIAUX han indicado que por estado de excepción debe entenderse una "situación de crisis que afecta a la población como un todo y que constituye una amenaza a la existencia de la comunidad organizada como base del Estado"[47].

---

[45]   A pesar de que hacemos uso del término *Constituyente*, recomendamos la lectura del trabajo de PEÑA en el que, partiendo de lo asentado en el Diario de Debates de la Asamblea Constituyente, la autora concluye que "queda claro que unas normas tan relevantes (…) se manejaron con mucha 'ligereza' (…) en virtud de que fueron modificadas sustancialmente, al punto que se añadió un artículo que no resultó aprobado por la Asamblea Nacional Constituyente (el 338), y además el 339 fue objeto de cuatro modificaciones (…) después de haber sido sancionada la Constitución". Nélida Peña Colmenares: "Excursus histórico sobre los estados de excepción en Venezuela". *Revista Venezolana de Legislación y Jurisprudencia* N° 5, Caracas, 2015, pp. 415-439.

[46]   Empleando el término como paraguas para otros similares como los estados de necesidad, de emergencia, de sitio, de urgencia y de alerta.

[47]   Nicole Questiaux: *Question of the human rights of persons subjected to any form of detention or imprisonment. Study of the implications for human rights of recent developments concerning situa-*

Esta definición es compartida por DESPOUY, quien agrega que los estados de excepción guardan relación con las nociones de peligro público y de situaciones excepcionales, debiendo tenerse presente que, para que se trate de un verdadero estado de esta naturaleza, ha de comprobarse que los hechos que generan la declaratoria son lo suficientemente graves para configurar una "amenaza actual o al menos inminente para el conjunto de la comunidad"[48].

Así, estos estados, tal como apunta ECHEVERRI, estarán "regulados en las constituciones como instrumentos para hacer frente a alguna situación extraordinaria, coyuntura nacional, anormalidad institucional, catástrofe natural, perturbaciones al orden público (...) o cualquier otro peligro considerado grave para la nación"[49].

Idea que es complementada por FERNÁNDEZ SEGADO quien sostiene que "[s]ólo cabe hablar de situaciones de excepción partiendo de la base de la existencia previa de una Constitución en la que se configure un 'estado normal' que al ser alterado comporta la aparición del estado excepcional"; a lo que el autor suma que la existencia de estas situaciones no se traducirá en que ellas

---

tions known as states of siege or emergency, 1982, p. 8. Documento del Comité Económico y Social de las Naciones Unidas identificado bajo el N° ONU E/CN.4/Sub.2/1982/15. Traducción del autor.

[48] Leandro Despouy: *Los derechos humanos y los estados de excepción.* Universidad Nacional Autónoma de México. México D.F., 1999, p. 18.

[49] Sebastián Echeverri Duque: "Los estados de excepción en Colombia, un estudio de caso", *Revista CES Derecho,* Vol. 5, N° 1, Universidad CES, Medellín, 2014, p. 7.

escapan del ordenamiento jurídico, sino que "caen bajo una regla jurídica distinta" –el derecho de excepción– que se caracterizará por "la temporalidad de las acciones extraordinarias, y la intencionalidad de éstas como exclusivamente dirigidas a acabar con una perturbación para luego restablecer íntegramente la situación anterior"[50].

En igual sentido se pronuncia ROMERO al señalar que esa *regla jurídica distinta* está prevista en la Constitución que, "no solamente ha previsto el juego normal de las instituciones y su regular funcionamiento, sino (…) circunstancias fortuitas por razones externas o internas que pongan en peligro su vigencia o las autoridades creadas por ella, para adoptar las medidas adecuadas y convenientes a los fines de resguardar el orden constitucional"[51].

A lo que GOIG añade que la consecuencia principal del derecho de excepción será una "suspensión temporal de ciertos derechos y libertades, y una mayor concentración del poder político para superar la crisis que pone en peligro al Estado democrático, al objeto de que, en un plazo determinado, el propio poder democrático, y los derechos y libertades, sean salvaguardados"[52].

---

[50] Francisco Fernández Segado: "El estado de excepción en el Derecho Constitucional español". *Revista de Documentación Administrativa* N° 179, Secretaría General Técnica de la Presidencia del Gobierno, Madrid, 1978, pp. 463-482.

[51] César Enrique Romero: "Estado de alarma". *Enciclopedia Jurídica Omeba*, Tomo X, 1977.

[52] Juan Manuel Goig Martínez: "Defensa política de la Constitución. Emergencia, excepcionalidad y democracia". *Revista Cuestiones Jurídicas*, Vol. 8, N° 2, Universidad Rafael Urdaneta, Maracaibo, 2014, p. 14.

Como vemos, los autores extranjeros coinciden en que los estados de excepción versan sobre circunstancias que se caracterizan, en *primer lugar*, por su gravedad, en *segundo lugar*, por su generalidad, y en *tercer lugar*, por su temporalidad.

Es decir, que se trata de una situación que atenta –o puede llegar a atentar– contra la *normalidad* de la vida en sociedad, y que, por lo tanto, requiere que el Estado tome ciertos correctivos de vigencia temporal y espacial limitada, a fin de evitar la ruptura del orden constitucional; estando la facultad para tomar esos correctivos consagrada en el mismo texto constitucional que se desea proteger.

Esta posición es compartida por autores nacionales, tal como se desprende, por ejemplo, de lo dicho por BREWER-CARÍAS al enunciar que los estados de excepción no son más que "circunstancias excepcionales, que sobrepasan las posibilidades de su atención mediante los mecanismos institucionales previstos para situaciones normales"[53].

MORALES, por su parte, expone que "[e]l régimen de excepción que ha previsto la Constitución Nacional funciona como una autodefensa o garantía de la propia Constitución ante situaciones de crisis que puedan resquebrajar su vigencia", siendo "la situación de emergen-

---

[53] Allan Brewer-Carías: *Constituciones iberoamericanas. Venezuela*, Universidad Nacional Autónoma de México, México D.F., 2014, p. 247.

cia la que constituye el presupuesto principal del estado de excepción"[54].

En el mismo orden de ideas, SOSA precisa que un estado de excepción, "si bien supone la negación temporal del orden constitucional en principio previsto, tiene la ventaja de mantener la eficacia formal de la Constitución, lo cual, facilita la vuelta ordenada a la racionalización del poder en ella contenida"[55].

SUÁREZ MEJÍAS señala que estos estados involucran "la posibilidad de que el Presidente de la República pueda regular por decreto con rango legal, en sustitución de la ley ordinaria formal, las materias involucradas en tales estados de excepción, sin esperar las leyes de la Asamblea Nacional"[56].

Aseveración que es complementada por CASAL al explicar que el estado de excepción es "una respuesta jurídica a fenómenos naturales o acontecimientos políticos, sociales o económicos extraordinarios", a través de la cual se procura "el pronto restablecimiento de la norma-

---

[54] Jorge Morales Manzur: "Estados de excepción y derechos humanos". *Revista Capítulo Criminológico* N° 21, Universidad del Zulia, Maracaibo, 1993, p. 73.

[55] Cecilia Sosa Gómez: "El Régimen de la Emergencia en la Constitución de 1961". *200 Años del colegio de abogados. Libro-Homenaje*, Tomo II, Colegio de Abogados del Distrito Federal, Caracas, 1989, p. 429.

[56] Jorge Luis Suárez: "El verdadero sentido de los poderes de gobierno bajo estado de excepción: recuerdos de un fallo de la Corte Suprema de Justicia y de un Estado que ya no existe". *Revista de Derecho Público*, N° 143-144, Editorial Jurídica Venezolana, Caracas, 2015, pp. 88-89.

lidad"[57]; por lo que, por el tiempo que dure la medida, el Poder Ejecutivo contará con *poderes excepcionales* que lo facultarán para dictar actos y correctivos que tiendan a dicho restablecimiento pudiendo –incluso– limitar el ejercicio de determinados derechos al restringir sus garantías[58].

Todo esto puede resumirse, como lo hace GRAU, en que la declaratoria del estado de excepción otorga al Presidente de la República la potestad para legislar, con la finalidad de facilitar "una regulación transitoria y expedita para atender la situación de desastre o peligro"[59] o, como bien lo indica ZERPA, en que "[l]as normas constitucionales que habilitan o autorizan al Jefe de Estado, para limitar los derechos y garantías constitucionales sólo tienen por finalidad solucionar una forma de provisionalidad alteradora del orden público", razón por la cual "se permitirá al Jefe de Estado hacer uso de sus poderes extraordinarios, sustituyéndose en la facultad que el ordenamiento constitucional le confiere normal-

---

[57]   Jesús Casal Hernández: *Los derechos humanos y su protección.* Universidad Católica Andrés Bello, Caracas, 2008, p. 143.

[58]   Al respecto, Brewer-Carías manifiesta que, "[s]i la esencia de la garantía constitucional es la reserva legal para su limitación y reglamentación; restringida la garantía constitucional, ello implica la reducción del monopolio del legislador para regular o limitar los derechos, y la consecuente ampliación de los poderes del Ejecutivo Nacional para regular y limitar, por vía de Decreto, dichas garantías constitucionales". Véase Allan Brewer-Carías: *La ruina de la democracia*, Editorial Jurídica Venezolana, Caracas, 2015, p. 395.

[59]   María Amparo Grau: *Separación de poderes y leyes presidenciales en Venezuela*, Badell & Grau editores, Caracas, 2009, p. 15.

mente al poder legislativo y confiándose mayores atribuciones como Jefe de Estado y del Poder Ejecutivo"[60].

Partiendo de estas aproximaciones doctrinales, tendríamos entonces que el estado de excepción puede ser definido como un mecanismo previsto en la CRBV para la protección del orden constitucional que, frente a una circunstancia fáctica determinada que por su gravedad hace insuficiente al ordenamiento jurídico ordinario, faculta al Presidente de la República para dictar los actos que sean estrictamente necesarios para lograr una respuesta oportuna que ponga fin a la crisis –o, al menos, la haga manejable–, pudiendo este mandatario incluso restringir determinadas garantías, debiendo su actuar, en todo momento, respetar los principios que rigen al régimen de excepción y estar fundamentado en una emergencia cierta. De lo contrario, nos encontraríamos ante una situación que lejos de propender a la defensa del orden constitucional, estaría atentando contra el mismo bajo una aparente conformidad a Derecho.

Esto último, en atención a la advertencia formulada por GARCÍA-PELAYO para quien, aunque "toda normatividad supone una normalidad", pues "no hay norma aplicable a un caos", y "la posibilidad de la vigencia del Derecho está condicionada por una situación social estable, es decir, por una situación en la que se dan los supuestos sobre los que se edificó la normatividad jurídica en cuestión", ya que si ello no ocurre nos encontraríamos ante un "caso excepcional al que, por su misma naturaleza, no se le puede aplicar la norma general", tal excepcio-

---

[60] Ángel Zerpa Aponte: "Debido proceso y estado de excepción". *Revista de la Facultad de Ciencias Jurídicas y Políticas*, Universidad Central de Venezuela, Caracas, 2003, p. 170.

nalidad no puede ser equiparada a una *ausencia de Derecho*; motivo por el cual, a fin de evitar que producto de la emergencia se tomen medidas que contraríen el marco jurídico, "[e]l Estado de Derecho lleva en su propia dialéctica la necesidad de un derecho excepcional, es decir, prever la excepción y normativizar la misma excepción"; concluyendo el autor que la excepción "debe encuadrarse en el marco y en los términos de la ley"[61].

Esta es la base doctrinal que, consideramos, hemos de tener presente al leer el artículo 337 de la CRBV, que define a los estados de excepción del siguiente modo:

> Artículo 337. El Presidente o Presidenta de la República, en Consejo de Ministros, podrá decretar los estados de excepción. Se califican expresamente como tales las circunstancias de orden social, económico, político, natural o ecológico, que afecten gravemente la seguridad de la Nación, de las instituciones y de los ciudadanos y ciudadanas, a cuyo respecto resultan insuficientes las facultades de las cuales se disponen para hacer frente a tales hechos. En tal caso, podrán ser restringidas temporalmente las garantías consagradas en esta Constitución, salvo las referidas a los derechos a la vida, prohibición de incomunicación o tortura, el derecho al debido proceso, el derecho a la información y los demás derechos humanos intangibles.

Como vemos, el artículo citado incluye diversas proposiciones normativas que han de considerarse en materia de estados de excepción y que dan respuesta a algunas de las principales interrogantes sobre este régimen.

---

[61] Manuel García-Pelayo: *Derecho Constitucional comparado*. Fundación Manuel García-Pelayo, Caracas, 2005, pp. 162-163.

1. ¿Quién puede decretar un estado de excepción?

Conforme al artículo 337 de la CRBV, el único facultado para decretar un estado de excepción es el Presidente de la República en Consejo de Ministros.

Esta disposición es reiterada por la propia Constitución en el artículo 236 que, al enumerar las atribuciones y obligaciones del Presidente de la República, incluye en su numeral 7 el "[d]eclarar los estados de excepción y decretar la restricción de garantías en los casos previstos en esta Constitución", estableciendo el primer aparte de ese artículo que "[e]l Presidente o Presidenta de la República ejercerá en Consejo de Ministros las atribuciones señaladas en los numerales 7 (...)".

Asimismo, la Ley Orgánica sobre Estados de Excepción (en lo sucesivo, LOEE), en Gaceta Oficial N° 37.261 del 15-08-2001, reitera la mención a que el Presidente de la República actuará en Consejo de Ministros al referirse al decreto del estado de alarma y de emergencia económica (artículos 8 y 12, respectivamente), las medidas que podrán adoptarse en virtud de un estado de excepción (artículo 15) y la ratificación de las mismas (artículo 6).

Es en virtud de estos artículos que nuestro Poder Judicial –en particular, la Sala Constitucional del Tribunal Supremo de Justicia (en lo sucesivo, SC/TSJ)– ha procedido a anular diversos artículos de constituciones estadales que normaban la posibilidad de que el gobernador de la entidad que se tratase dictara *estados de emergencia* o *estados de alarma*, pues, conforme a esta Sala:

> (...) se advierte que la competencia para legislar y regular *"los estados de excepción y las medidas que pueden adoptarse con base en los mismos"*, corresponde a la Asamblea Nacional, así como *"el régimen de la administración de riesgos y emergencias"*, al Poder Público Nacional, por lo que la competencia atribuida a los Estados para la organización de los Poderes

51

Públicos y el ejercicio de sus competencias, debe ser ejercida de acuerdo a lo previsto en la Constitución y el marco legislativo nacional que lo desarrolla (…).

De ello resulta pues, que en ejecución de los preceptos normativos contenidos en la Constitución de la República Bolivariana de Venezuela y la Ley Orgánica sobre Estados de Excepción, no es posible que una autoridad distinta al Presidente de la República en Consejo de Ministros, pueda asumir competencias relativas a la declaratoria y gestión de los estados de excepción, en sus diferentes formas[62]. (Destacado del original).

El razonamiento anterior se repite, al menos, en otros cuatro fallos de esta Sala en los que se arribó a la misma conclusión y, en consecuencia, se declararon nulos los artículos estudiados ya que se solapaban con el régimen constitucional de los estados de excepción[63].

Igual incompetencia recaería sobre los alcaldes ya que, al ni la CRBV ni la Ley Orgánica del Poder Público Municipal hacer mención a la posibilidad de una declaratoria de este tipo a nivel local[64], les estaría vedado dictar estos estados.

---

[62] Fallo N° 780 del 24-05-2011 (caso: *Constitución del estado Yaracuy*).

[63] Véanse los fallos N° 781 del 24-05-2011 (caso: *Constitución del estado Miranda*), 973 del 10-07-2012 (caso: *Constitución del estado Apure*), 974 del 10-07-2012 (caso: *Constitución del estado Amazonas*) y 1729 del 10-12-2013 (caso: *Constitución del estado Guárico*).

[64] La ley que regula al gobierno local solo contiene dos artículos medianamente relacionados con esta materia, sin que se haga mención en uno u otro a los estados de excepción. Ellos son el 141 –que permite el uso de ingresos públicos extraordinarios para atender emergencias por catástrofe o calamidades públi-

De este modo, la actuación de los gobernadores y alcaldes en circunstancias *fuera de lo ordinario* se encontraría limitada, principalmente, a lo previsto en el Decreto con Fuerza de Ley del Sistema Nacional de Protección Civil y Administración de Desastres en cuanto a las declaratorias de estados de alarma y emergencia en su jurisdicción[65], así como la posibilidad, de acuerdo con el Decreto con Rango, Valor y Fuerza de Ley Orgánica de la Administración Pública (en lo sucesivo DRVF-LOAP), de que "[e]n caso de emergencia manifiesta, por fuerza de la obligación del Estado en la seguridad y protección de la sociedad" puedan "autorizar la aprobación de normas sin la consulta previa", haciéndose la acotación que en estos casos, "las normas aprobadas serán consultadas seguidamente bajo el mismo procedimiento a las comunidades organizadas; el resultado de la consulta deberá ser considerado por la instancia que aprobó la norma y éstas podrán ratificarla, modificarla o eliminarla" (único aparte del artículo 141).

---

cas– y el 241, que permite el uso de la partida de "rectificaciones del presupuesto" para crear nuevos créditos en caso de emergencias.

[65] A pesar de que ambos permiten la activación de recursos técnicos, humanos, financieros y materiales, los *primeros* tienen por objeto "reducir los efectos dañosos ante la ocurrencia inminente de un fenómeno natural técnicamente previsto" mientras que, los *segundos*, el "atender o enfrentar los efectos dañosos causados por un fenómeno natural o tecnológico que han generado un desastre", siendo este último definido como "todo evento violento, repentino y no deseado, capaz de alterar la estructura social y económica de la comunidad, produciendo grandes daños materiales y numerosas pérdidas de vidas humanas y que sobrepasa la capacidad de respuesta de los organismos de atención primaria o de emergencia para atender eficazmente sus consecuencias" (numerales 3, 4 y 1 del artículo 4, respectivamente).

No obstante lo anterior, se hace la salvedad que conforme al artículo 16 de la LOEE, decretado el estado de excepción el Presidente de la República "podrá delegar su ejecución", total o parcialmente, en los gobernadores y alcaldes –y los comandantes de guarnición o cualquier otra autoridad debidamente constituida– que el Ejecutivo Nacional designe.

Esta disposición dio lugar a una demanda de nulidad por inconstitucionalidad en el año 2002 visto que, en criterio de los demandantes, no es posible la delegación si no existe una relación de dependencia o subordinación entre el delegante (en este caso, el Presidente de la República) y los delegados (gobernadores y alcaldes), por lo que la norma estaría vulnerando la distribución vertical del Poder Público y la autonomía de las autoridades locales y estadales, que estarían siendo *habilitadas* para ejercer competencias del Poder Ejecutivo Nacional; agregando los demandantes que tampoco sería posible delegar tal ejecución en cabeza de un comandante de guarnición o una autoridad genérica sin que quede clara su legitimidad.

Al respecto, la SC/TSJ declaró sin lugar esta demanda ya que, conforme dejó asentado:

> Esta norma, prevé una genérica potestad del Ejecutivo Nacional para «*delegar*» en diversas autoridades la ejecución –total o parcial– del decreto de estado de excepción.

> En el marco de nuestro ordenamiento, esta figura no se compadece con la figura organizativa de la «*delegación intersubjetiva*» propia del Derecho Administrativo, regulada en el artículo 34 la Ley Orgánica de la Administración Pública (G.O. N° 37.305 del 17-10-01), pues no necesariamente existe una relación de inmediata inferioridad y dependencia entre el «*órgano delegante*» (Presidente de la República) y los «*órganos delegados*» (gobernadores y gobernadoras, alcaldes y alcaldesas, comandantes de guarnición

o cualquier otra autoridad debidamente constituida). Tampoco guarda semejanza con alguna otra figura de esta índole acogida por nuestro ordenamiento jurídico-administrativo y por ello es necesario, antes que delatar su inconstitucionalidad, analizar con mayor profundidad sus alcances.

Para ello, el estudio de la disposición recién transcrita debe abordarse en el plano en el que la misma se encuentra inserta: la *legislación de urgencia*, la cual puede ser definida como el ordenamiento jurídico confeccionado para enfrentar las causas que motivaron el régimen excepcional, comprendiendo tanto las formas y modalidades de restricción de garantías constitucionales, como las medidas indispensables para asegurar en el más inmediato plazo posible el retorno a la normalidad.

(...)

Se trata, sin duda alguna, de una imprecisión por parte del Legislador el uso del verbo «*delegar*», en el sentido vinculado a la organización administrativa. En la ley comentada, tal vocablo abarca simplemente la potestad de atribuir a otro órgano, en el marco de sus competencias naturales, la ejecución de las medidas adoptadas bajo un régimen excepcional, en el entendido de que tal «*delegación*» garantiza una mayor eficacia en la implementación de las mismas.

En el caso de los Gobernadores o Alcaldes, que preocupa con particular intensidad a los accionantes, debe desecharse de plano que la posibilidad que les sea encomendada la ejecución de cualquier medida amparada en el derecho de necesidad, les subordine en relación con el Poder Ejecutivo y, por tanto, menoscabe en forma alguna la autonomía que caracteriza a los órganos de los poderes públicos regionales o locales.

Se trata de una relación de competencia: mientras el Presidente de la República, en Consejo de Ministros, dicta las normas para paliar una crisis en ciernes, ellos están en la obligación de asegurar su cumplimiento en atención a la naturaleza propia de sus funciones como jefes de gobierno en los niveles respectivos, en apego al principio de colaboración de poderes previsto en el artículo 136 dela [*sic*] Carta Magna[66]. (Destacado del original).

Vistos los dichos de la Sala, resulta oportuno determinar, en primer lugar, lo que en Derecho Administrativo se entiende por delegación. En este sentido, ARAUJO-JUÁREZ sostiene que ella es:

> (...) una modalidad de transferencia del ejercicio de competencias en virtud de la cual, en los casos previstos por la norma jurídica, se faculta a un sujeto para que por un acto administrativo dictado exclusivamente por razones de oportunidad, confiera a otro sujeto u órgano inferior una nueva competencia que materialmente es idéntica a la del delegante[67].

Así, el delegado ejercerá una competencia que le es ajena, siguiendo su titularidad en cabeza del delegante que podrá revocar el acto en cualquier momento.

Esta modalidad, como señaló el fallo, se encontraba reglada en la Ley Orgánica de la Administración Pública[68] que preveía (igual que el decreto ley vigente) la llamada delegación intersujetiva y delegación interorgánica.

---

[66] Fallo N° 3567 del 06-12-2005 (caso: *Javier Elechiguerra Naranjo y otros*).

[67] José Araujo-Juárez: *Derecho Administrativo general. Administración Pública*, Ediciones Paredes, Caracas 2011, pp. 61-62.

[68] Derogada por el Decreto con Rango, Valor y Fuerza de Ley Orgánica de la Administración Pública de 2008 que, a su vez, fue derogado por decreto ley homónimo de 2014.

La primera de ellas estaba regulada en el artículo 33 de la ley (no 34, como indicó la Sala) que establecía que, "[l]a Administración Pública Nacional, la de los estados, la de los distritos metropolitanos y la de los municipios podrán delegar las competencias que les estén otorgadas por ley a sus respectivos entes descentralizados funcionalmente"[69].

Por su parte, la delegación interorgánica era reglada en el artículo 34 de la misma ley conforme al cual, "[e]l Presidente (…) de la República, el Vicepresidente Ejecutivo (…), los ministros (…), los viceministros (…), los gobernadores (…), los alcaldes (…) y los superiores jerárquicos de los órganos y entes de la Administración Pública podrán delegar las atribuciones que les estén otorgadas por ley en los órganos o funcionarios inmediatamente inferiores bajo su dependencia"[70].

---

[69] La norma vigente no presenta cambios pues, conforme al artículo 33 del DRVF-LOAP, "[l]a Administración Pública, podrá delegar las competencias que le estén otorgadas por ley a sus respectivos entes descentralizados funcionalmente (…)".

[70] Hoy en día, el artículo 34 es del siguiente tenor: "[l]a Presidenta o Presidente de la República, la Vicepresidenta Ejecutiva o Vicepresidente Ejecutivo, las ministras o ministros, las viceministras o viceministros, las gobernadoras o gobernadores, las alcaldesas o alcaldes, las jefas o jefes de Gobierno y los superiores jerárquicos de los órganos y entes de la Administración Pública, así como las demás funcionarias o funcionarios superiores de dirección podrán delegar las atribuciones que les estén otorgadas por ley, a los órganos o funcionarias o funcionarios bajo su dependencia, así como la firma de documentos en funcionarias o funcionarios adscritas a los mismos, de conformidad con las formalidades que determine el presente Decreto con Rango, Valor y Fuerza de Ley Orgánica y su Reglamento".

En pocas palabras, en la delegación intersubjetiva los delegados serán los entes descentralizados funcionalmente mientras que, en la interorgánica, estos serán los órganos o funcionarios bajo la dependencia del delegante.

Se constata entonces un primer error de la Sala, cuando denominó como delegación intersubjetiva –siendo en realidad intersubjetiva– aquella donde "existe una relación de inmediata inferioridad y dependencia entre el «*órgano delegante*» (Presidente de la República) y los «*órganos delegados*» (gobernadores y gobernadoras, alcaldes y alcaldesas, comandantes de guarnición o cualquier otra autoridad debidamente constituida)" (destacado del original).

No conforme con ello, y ante la contrariedad a Derecho de la disposición de la LOEE citada, en la cual se permite la delegación de la ejecución del decreto de estado de excepción en sujetos que no se encuentran en una relación de subordinación (delegación interorgánica) con el Presidente de la República, o son "sus respectivos entes descentralizados funcionalmente"[71] (delegación intersubjetiva), la Sala optó por realizar una *interpretación constitucionalizante* del artículo, visto que este se encontraba inserto en la "legislación de urgencia" y el uso del vocablo delegación se trataba de "una imprecisión por parte del Legislador"; motivo por el cual no había de dársele a este término su significado *ordinario* sino entenderse, simplemente, como "la potestad de atribuir a otro órgano, en el

---

[71]   Entendiendo por estos aquellas personas jurídicas constituidas según las reglas del derecho privado o público, según sea el caso, para el mejor cumplimiento de los fines del Estado (artículo 29 del DRVF-LOAP).

marco de sus competencias naturales, la ejecución de las medidas adoptadas bajo un régimen excepcional"[72].

Es decir, que se trata de una delegación que no es delegación, en la que aunque no hay una jerarquía entre el Presidente de la República y los alcaldes y gobernadores, estos últimos estarán obligados a asegurar el cumplimiento de lo decidido por el primero. Claro está, sin que ello, según la Sala, "menoscabe en forma alguna la autonomía que caracteriza a los órganos de los poderes públicos regionales o locales".

Somos de la opinión que este argumento de la SC/TSJ resulta un tanto *precario* si recordamos que, tal como se dijo al inicio de este acápite, la urgencia que origina un estado de excepción no se traduce en una negativa del Estado de Derecho y, por ende, no impide la aplicación no solo de máximas como la de que "[a] la ley debe atribuírsele el sentido que aparece evidente del significado propio de las palabras, según la conexión de ellas entre sí y la intención del legislador" (encabezado del artículo 4 del Código Civil), sino de un principio que rige, inclusive, una vez es declarado el estado de excepción: este "no interrumpe el funcionamiento de los órganos del Poder Público" (único aparte del artículo 339 de la CRBV), por lo que independientemente que se trate de una legislación

---

[72] Nótese la contradicción existente entre esta afirmación y lo dicho por la misma SC/TSJ en los fallos que declaran la nulidad parcial de diversas Constituciones estadales –ya citados– en los que sostiene que "no es posible que una autoridad distinta al Presidente de la República en Consejo de Ministros, pueda asumir competencias relativas a la (...) gestión de los estados de excepción". Justamente, esa *gestión* es la que el artículo 16 de la LOEE permite delegar, y la Sala avala en el fallo comentado.

de urgencia, como plantea la Sala, ella no facultará al Poder Legislativo –ni al Poder Ejecutivo Nacional, vale decir– para vulnerar la distribución del Poder Público en su connotación vertical (República, estados y municipios) u horizontal (Ejecutivo, Legislativo, Judicial, Ciudadano y Electoral), según se desprende del artículo 136 de la CRBV.

Postura similar a la nuestra defiende BREWER-CARÍAS quien precisa que el artículo en cuestión viola "los principios más elementales de la forma federal del Estado, conforme a los cuales los Gobernadores no son funcionarios dependientes ni subalternos del Presidente de la República, que son en los únicos que el mismo puede delegar atribuciones", agregando el autor que "[l]os actos de ejecución directa de la Constitución atribuidos al Presidente de la República, o actos de gobierno, como los que implica dictar y ejecutar un decreto de excepción, son de su exclusiva responsabilidad y no son delegables"[73].

2.   *¿Cuándo puede decretarse un estado de excepción?*

Puntualizado quién puede declarar el estado de excepción (únicamente el Presidente de la República en Consejo de Ministros) y el rol de las autoridades estadales y municipales en esta materia, nos corresponde conocer cuándo puede ocurrir tal declaratoria, visto que como se desprende de páginas anteriores no toda circunstancia fuera de lo común será motivo suficiente para que se instaure un estado de excepción.

Al respecto, haciendo uso del artículo 337 de la CRBV que ya hemos citado, encontramos que este decreto podrá dictarse, solamente, cuando se materialicen realidades

---

[73]   Allan Brewer-Carías: *La ruina de la democracia... op. cit.,* pp. 386-388.

naturales, ecológicas, sociales, económicas o políticas que afecten la seguridad nacional, institucional o de los ciudadanos de modo tal que el derecho ordinario resulte insuficiente para hacerles frente.

Así se desprende, a su vez, del artículo 2 de LOEE que repite, palabras más palabras menos, lo dicho por el Constituyente al precisar que "[l]os estados de excepción son circunstancias de orden social, económico, político, natural o ecológico, que afecten gravemente la seguridad de la Nación, de sus ciudadanos o de sus instituciones" y que "[l]os estados de excepción solamente pueden declararse ante situaciones objetivas de suma gravedad que hagan insuficientes los medios ordinarios que dispone el Estado para afrontarlos".

Es decir, que un estado de excepción solo podrá ser dictado conforme a derecho cuando, producto de una de estas circunstancias, parte del ordenamiento jurídico debe *pasar a un segundo plano* –por incompetente o ineficaz– a fin de que se dicten medidas inmediatas –el ordenamiento excepcional– que amplíen el margen de acción del Poder Ejecutivo Nacional para que este embista la crisis; bien sea controlándola por completo o paliando sus efectos con el objetivo de que esta, con posterioridad, pueda ser enfrentada con los mecanismos del derecho ordinario.

De este modo, de las normas se aprecia que para que sea procedente la declaratoria de un estado de excepción se requerirá la concurrencia de tres requisitos. *Primero*, que exista una circunstancia de orden social, económico, político, natural o ecológico. *Segundo*, que esta circunstancia afecte gravemente la seguridad de la Nación, de las instituciones o de los ciudadanos. Y *tercero*, que las facultades en el ordenamiento jurídico ordinario resulten insuficientes para hacerles frentes.

El primero de estos requisitos no presenta mayor inconveniente, pues no resultaría exagerado afirmar que, con frecuencia, existen circunstancias de las naturalezas indicadas –pensemos en lluvias, sequias, malestar social, protestas, recesión económica y similares– siendo sus efectos lo relevante para nuestro objeto de estudio.

Una vez constatada la existencia de un hecho –a fines didácticos, coloquemos como ejemplo un sismo– ha de determinarse si el mismo afecta gravemente la seguridad de la Nación, las instituciones o los ciudadanos.

Sobre este punto revela CASAL que por lo que respecta a la seguridad de la Nación, esta se corresponde con la noción de seguridad del Estado de la Convención Americana sobre Derechos Humanos[74] –a lo que hemos de agregar el título VII de la CRBV denominado, justamente, "de la seguridad de la Nación"[75]– mientras que por la de

---

[74] ZOVATTO sostienen que la seguridad de Estado ha de entenderse en relación con los elementos que integran al mismo, motivo por el cual "un Estado será realmente seguro sólo en tanto y en cuanto sea capaz de reaccionar eficaz y coherentemente ante las amenazas de cada uno de sus tres elementos constitutivos"; lo que lleva al jurista a afirmar que la seguridad del Estado comprende la integridad de su territorio, la estabilidad de su gobierno y la inviolabilidad de los derechos fundamentales de su población. Véase Daniel Zovatto Garetto: *Los estados de excepción y los derechos humanos en América Latina*, Editorial Jurídica Venezolana e Instituto Interamericano de Derechos Humanos, Caracas – San José 1990, p. 52.

[75] Entre otras disposiciones de interés, el título recoge que la seguridad es una responsabilidad y competencia esencial del Estado que se fundamenta en el desarrollo integral (artículo 322) y los principios de independencia, democracia, igualdad, paz, libertad, justicia, solidaridad, promoción y conservación ambiental y afirmación de los derechos humanos, así como en

los ciudadanos se concibe a la población globalmente considerada y no un grupo determinado de individuos[76]. La seguridad de las instituciones no genera dudas ya que se referirá a los órganos y entes en los que se disgrega el Poder Público en Venezuela[77].

En este sentido, retomando el ejemplo planteado, la página web de la Fundación Venezolana de Investigaciones Sismológicas (FUNVISIS) indica que el 03-09-2016 hubo dos sismos en la región andina de magnitudes entre 2,8 y 3 en la escala de Richter[78]. Es decir, que se habría satisfecho el primer requisito para la declaratoria de un estado de excepción (ocurrencia de un hecho natural).

Sin embargo, visto que esta situación no puso gravemente en peligro al Estado, sus instituciones o la población (el segundo requisito), no fue necesaria la declaratoria de un estado de excepción.

---

la satisfacción progresiva de las necesidades individuales y colectivas de los venezolanos (artículo 326).

[76] Jesús Casal H.: *Los derechos humanos y su protección... op. cit.*, p. 149.

[77] Véase, en general, Carlos Ayala Corao: "Doctrina y bases constitucionales de la seguridad y defensa en el Estado Venezolano", *Revista de Derecho Público* N° 28, Editorial Jurídica Venezolana, Caracas 1986, pp. 25-34.

[78] La totalidad de reportes sismológicos levantados por esta fundación pueden revisarse en su página web (http://www.funvisis.gob.ve).

Pero a fines meramente ilustrativos, asumamos que estos sismos no fueron de una magnitud inferior a 3, sino que alcanzaron 7,8 en la misma escala[79].

En este caso, se cumplirían los primeros dos requisitos para declarar el estado de excepción –específicamente, la ocurrencia de un hecho natural (1) que pone en peligro la seguridad, al menos, de los ciudadanos (2)–, siendo necesario que precisáramos, entonces, si las facultades del ordenamiento jurídico ordinario resultan suficientes o no para hacer frente a este crisis.

Sobre este punto, si bien autores como ÁLVAREZ sostienen que "[l]a declaratoria de un Estado de Excepción tiene un dejo de discrecionalidad, no enfocada en la inmotivación del acto, que lo viciaría de inconstitucionalidad, sino en el análisis de la situación de hecho que lo motiva, competencia exclusiva del Presidente de la República"[80], somos de la opinión que tal discrecionalidad no abarca el determinar si el *ordenamiento ordinario* dota o no al Ejecutivo de medios suficientes para atender la crisis generada, por responder ello a una cuestión objetiva. A saber: la existencia –o inexistencia– de una norma que permita controlar la situación.

---

[79] Este fue el valor del sismo que ocurrió en Ecuador en abril de 2016. Véase *BBC* (2016, 20 de abril). "Terremoto de magnitud 7,8 en la zona costera de Ecuador deja más de 600 muertos".

[80] Tulio Álvarez: "Los estados de excepción y el derecho de necesidad". *Revista de la Facultad de Ciencias Jurídicas y Políticas de la Universidad Central de Venezuela* N° 120, Universidad Central de Venezuela, Caracas 2001, p. 33.

En el *primer caso*, el estado de excepción no será necesario pues la situación podrá mitigarse con los medios que ofrece el ordenamiento ordinario[81].

Por el contrario, si nos encontramos en el *segundo supuesto*, dicho estado no solo será imperioso, sino que habrán de tomarse las medidas pertinentes según la circunstancia de la que se trate pues, como se recordará, esta declaratoria lleva consigo la instauración de un ordenamiento jurídico paralelo y excepcional mediante el cual se desea lograr la "vuelta ordenada" a la normalidad y, por lo tanto, no puede consistir en un *caparazón vacío* que carezca de contenido cierto visto que, de permitirse ello, no habría una respuesta eficaz ante el problema planteado para facilitar su solución (idea sobre la que gira la propia noción del estado de excepción); en adición a los inconvenientes que tal situación acarrearía para la seguridad jurídica y los derechos e intereses de aquellos que puedan verse afectados por la declaratoria.

Es así, como, en el ejemplo, la declaratoria del estado de excepción podría ser necesaria para, entre otros, cubrir gastos urgentes que al ser producto de la emergencia no hayan sido previstos en la ley de presupuesto, sin que se deba esperar la autorización de la Asamblea Nacional en caso que sea imposible que esta sesione (en relación con el artículo 314 de la CRBV), movilizar la Fuerza Armada

---

[81]   Entre otros, resultan de interés el Decreto con Fuerza de Ley del Sistema Nacional de Protección Civil y Administración de Desastres, la Ley de Partidos Políticos, Reuniones Públicas y Manifestaciones, el Decreto con Rango, Valor y Fuerza de Ley Orgánica de la Fuerza Armada Nacional Bolivariana, el Decreto con Rango, Valor y Fuerza de Ley Orgánica de Seguridad de la Nación y el Decreto con Rango, Valor y Fuerza de Ley del Estatuto de la Función Policial.

Nacional y los órganos de seguridad ciudadana a la zona afectada e, inclusive, restringir determinadas garantías como la inviolabilidad del hogar y el libre tránsito para facilitar las labores de salvamento y rescate y evitar la generación de nuevos riesgos[82].

III.   TIPOLOGÍA DE LOS ESTADOS DE EXCEPCIÓN

Con base en el artículo 337 de la CRBV, citado en el acápite anterior, sabríamos quién puede dictar un estado de excepción y cuándo ello podría ocurrir.

No obstante, respecto a este último aspecto, el artículo 337 peca de impreciso, pues, aunque menciona una serie de circunstancias que pueden dar origen a esta declaratoria (sociales, económicas, políticas, naturales o ecológicas), de su sola lectura no puede, a ciencia cierta, conocerse los casos concretos o específicos que darían pie a este régimen excepcional (la causa), ni las medidas que podría adoptar el Presidente de la República en uno u otro caso (el efecto); ya que, como es lógico pensar, un hecho natural (volviendo al ejemplo del sismo) no requerirá que el Ejecutivo intervenga de la misma forma que si se tratase de un acontecimiento social (una insurrección).

De ser así –es decir, de tomarse medidas idénticas en todos los casos– entonces el ordenamiento excepcional sería tan o más ineficaz que el ordinario, con el agravante de que podrían encontrarse en situación de riesgo los derechos y garantías de los particulares ante un Ejecutivo

---

[82]   Estas, de hecho, fueron las medidas implementadas por el Presidente de Ecuador al declarar el estado de excepción en las provincias afectadas por el terremoto de abril de 2016, según consta en decretos ejecutivos N° 1001 del 17-04-2016 y 1101 del 16-06-2016.

todopoderoso que estaría actuando *lícitamente* frente a la necesidad declarada de salvaguardar la seguridad nacional, institucional o de particulares[83].

En este sentido no es de extrañar que el Constituyente, en el artículo siguiente al ya estudiado, haya procedido a enlistar "los distintos estados de excepción, estableciendo, de conformidad con el principio de gradualidad, las circunstancias fácticas que pueden justificarlos y su limitación temporal"[84].

Así se tiene que, conforme al artículo 338 de la CRBV, el Presidente de la República podrá decretar los siguientes estados de excepción:

i. *Estado de alarma*: con una duración máxima de 30 días prorrogables por un período igual, aplicará "cuando se produzcan catástrofes, calamidades públicas u otros acontecimientos similares que pongan seriamente en peligro la seguridad de la Nación o de sus ciudadanos".

---

[83] Pensemos, por ejemplo, que en el caso del sismo se tomasen las mismas medidas que para la insurrección y, en consecuencia, se restringieran las garantías referidas a las libertades de reunión o expresión. Sobre esta idea volveremos luego al tratar los principios que rigen esta materia.

[84] La cita se extrae de la exposición de motivos de la CRBV. Resulta oportuno recordar que en el pasado la SC/TSJ ha indicado que tal exposición "constituye un documento independiente al Texto Constitucional propiamente dicho y, no siendo parte integrante de la Constitución, no posee carácter normativo", por lo que su contenido puede ser consultado "sólo a título referencial e ilustrativo para el análisis de la norma constitucional", puesto que "constituye simplemente una expresión de la intención subjetiva del Constituyente, y tiene el único fin de complementar al lector de la norma constitucional en la comprensión de la misma". Véase fallo N° 93 del 06-02-2001 (caso: *CORPO TURISMO*).

ii. *Estado de emergencia económica*: con una duración máxima de 60 días prorrogables por un período igual, aplicará "cuando se susciten circunstancias económicas extraordinarias que afecten gravemente la vida económica de la Nación".

iii. *Estado de conmoción interior o exterior*: con una duración máxima de 90 días prorrogables por un período igual, aplicará "en caso de conflicto interno o externo, que ponga seriamente en peligro la seguridad de la Nación, de sus ciudadanos (...), o de sus instituciones".

Esta clasificación se compagina con la ofrecida por la doctrina incluso antes de la entrada en vigencia de la CRBV, siendo muestra de ello lo preceptuado por QUESTIAUX, para quien las circunstancias que dan pie a un estado de excepción "pueden resultar de (1) una grave crisis política (conflictos armados o desordenes internos), (2) fuerza mayor (desastres de varios tipos) o (3) situaciones económicas particulares, generalmente asociadas con el subdesarrollo"[85].

En un sentido más casuístico, DESPOUY enuncia como "situaciones que autorizan la declaración del estado de excepción" a la guerra internacional, los conflictos armados internos y las fuertes perturbaciones o tensiones interiores producto de factores políticos, económicos, sociales o culturales –siempre que existan enfrentamientos, actos de violencia, vandalismo o atentados terroristas–, así como catástrofes naturales y ambientales[86]. Supuestos todos que podrían ser encuadrados en la clasificación del artículo 338 de la CRBV.

---

[85] N. Questiaux: *Question of the human rights... op. cit.*, p. 8. Traducción del autor.

[86] L. Despouy: *Los derechos humanos y los... op. cit.*, p. 18.

Pero esta regulación nos plantea un nuevo problema: a pesar de que el Constituyente –según la exposición de motivos– dijo haber contemplado las "circunstancias fácticas" que pueden justificar tales declaratorias, lo cierto del caso es que los términos empleados nos dejan, prácticamente, en la misma posición que el artículo 337 *ejusdem*, ya que no parecen ser más que un parafraseo de las llamadas circunstancias de orden económico (estado de emergencia económico), natural o ecológico (estado de alarma), y social o político (estado de conmoción interior o exterior) que señala este último.

Es decir, que la Constitución de la República no precisó los supuestos puntuales que darán lugar a uno u otro estado ni dispuso, siquiera a título enunciativo, las medidas que podrán adoptarse, según sea el caso.

Por este motivo resulta oportuno conocer cómo se regula el tema en la región, y las soluciones que propone la doctrina al respecto.

Haciendo una remisión al Derecho Comparado latinoamericano[87] –con excepción de Brasil y Haití– podemos apuntar que la regulación constitucional de los estados de excepción o sus equivalentes en ocasiones coincide con la CRBV, notándose los siguientes grupos respecto a las causales del derecho de excepción:

i. *Constituciones que no estipulan las causales que dan origen al estado de excepción*:

a. *Guatemala*: encomienda su regulación a una ley constitucional en la que se desarrollará el tema

---

[87] Todos los textos constitucionales analizados fueron tomados del Political Database of the Americas de la Georgetown University (http://pdba.georgetown.edu).

atendiendo a una "graduación" de los estados de excepción, tipificados como de prevención, de alarma, de calamidad pública, de sitio y de guerra (artículo 139).

ii. *Constituciones que estipulan diferentes causales para un régimen de excepción común, sin que ellas sean definidas por el Constituyente:*

    a. *Argentina*: podrá declararse el estado de sitio "[e]n caso de conmoción interior o de ataque exterior que pongan en peligro el ejercicio de esta Constitución y de las autoridades creadas por ella" (artículo 23).

    b. *Bolivia*: enuncia que podrá declararse el estado de excepción "[e]n caso de peligro para la seguridad del Estado, amenaza externa, conmoción interna o desastre natural" (artículo 137).

    c. *Costa Rica*: del último aparte del artículo 180 se desprende que el derecho de excepción aplica "en caso de necesidades urgentes o imprevistas, guerras, conmoción interna o calamidad pública", aunque solo para que el Poder Ejecutivo pueda variar el destino de las partidas presupuestarias. El numeral 7 del artículo 121, por su parte, precisa que los derechos y garantías individuales podrán ser suspendidos "en caso de evidente necesidad pública" para "salvar el orden público o mantener la seguridad del Estado".

    d. *Cuba*: el estado de emergencia procede "[e]n caso o ante la inminencia de desastres naturales o catástrofes u otras circunstancias que por su naturaleza, proporción o entidad afecten el orden interior, la seguridad del país o la estabilidad del Estado" (encabezado del artículo 67).

e. *Ecuador*: conforme al artículo 164, podrá decretar-se el estado de excepción "en caso de agresión, conflicto armado internacional o interno, grave conmoción interna, calamidad pública o desastre natural".

f. *El Salvador*: prevé la suspensión de garantías "[e]n casos de guerra, invasión del territorio, rebelión, sedición, catástrofe, epidemia u otra calamidad general, o de graves perturbaciones del orden público" (encabezado del artículo 29).

g. *Honduras*: estipula la suspensión y restricción de garantías "en caso de invasión del territorio na-cional, perturbación grave de la paz, de epidemia o de cualquier otra calamidad general" (encabe-zado del artículo 187).

h. *México*: el artículo 29 establece que podrán sus-penderse las garantías "[e]n los casos de invasión, perturbación grave de la paz pública, o de cual-quier otro que ponga a la sociedad en grave peli-gro o conflicto".

i. *Nicaragua*: conforme al artículo 185 procede la suspensión de garantías "cuando así lo demande la seguridad de la nación, las condiciones econó-micas o en caso de catástrofe nacional".

j. *Panamá*: puede declararse el estado de urgencia "[e]n caso de guerra exterior o de perturbación interna que amenace la paz y el orden público" (artículo 55).

k. *Paraguay*: el encabezado del artículo 288 expone que podrá declararse el estado de excepción "[e]n caso de conflicto armado internacional, formal-mente declarado o no, o de grave conmoción interior que ponga en inminente peligro el imperio de esta Constitución o el funcionamiento regular de los órganos creados por ella".

l. *Uruguay*: el numeral 17 del artículo 168 incluye como una atribución del Presidente de la República el "[t]omar medidas prontas de seguridad en los casos graves e imprevistos de ataque exterior o conmoción interior".

iii. *Constituciones que estipulan diferentes causales para diferentes regímenes de excepción, sin que ellas seas definidas por el Constituyente*:

a. *Chile*: de acuerdo con los artículos 39 a 42, la denominación del estado dependerá de su causal, pudiendo distinguirse entre el estado de asamblea (por guerra exterior), de sitio (por guerra interna o grave conmoción interior), de catástrofe (por calamidad pública) o de emergencia (por grave alteración del orden público o grave daño para la seguridad de la Nación).

b. *Colombia*: los artículos 212 y 213 regulan, respectivamente, al estado de guerra exterior y al estado de conmoción interior –este último, "[e]n caso de grave perturbación del orden público que atente de manera inminente contra la estabilidad institucional, la seguridad del Estado, o la convivencia ciudadana"– mientras que en el artículo 215 se estatuye el estado de emergencia para hechos en general que "perturben o amenacen perturbar en forma grave e inminente el orden económico, social y ecológico del país, o que constituyan grave calamidad pública".

c. *Perú*: el artículo 137 distingue entre el estado de emergencia –en caso de "perturbación de la paz o del orden interno, de catástrofe o de graves circunstancias que afecten la vida de la Nación"– y de sitio, por "invasión, guerra exterior, guerra civil, o peligro inminente de que se produzcan".

d. *República Dominicana*: del artículo 263 al 265 se regula el estado de defensa (si hay peligro grave e inminente por agresiones armadas externas sobre la soberanía o integridad territorial), de conmoción interior (por grave perturbación del orden público que atente de manera inminente contra la estabilidad institucional, la seguridad del Estado o la convivencia ciudadana) o de emergencia (por hechos distintos que perturbar en forma grave e inminente el orden económico, social, medioambiental del país, o que constituyan calamidad pública).

De este repaso por las Constituciones de Latinoamérica se puede apreciar que la consagración de los estados de excepción en la CRBV se insertaría en este último grupo, pues ella prevé *diferentes causales* para *diferentes estados*.

Asimismo, resalta el hecho que en la región tampoco se definen o precisan los supuestos que darán lugar a una causal u otra, motivo por el cual, si bien algunas no generarían equívocos en su interpretación –pensamos en las guerras, invasiones del territorio, desastres naturales y epidemias– en la mayoría de los casos predominan conceptos cargados de cierta ambigüedad –tales como la paz pública y la seguridad o estabilidad del Estado– que no brindan mayor certeza sobre los escenarios que podrán dar lugar a un estado de excepción, haciéndose depender su determinación de los designios del Poder Ejecutivo[88].

Por lo que respecta a las medidas que podrán adoptarse una vez decretado el estado de excepción, a nivel latinoamericano tendríamos los siguientes grupos:

i. *Constituciones que no especifican las medidas que pueden adoptarse en un estado de excepción*:

    a. *Cuba*: el tema se remite en su totalidad a una ley que habrá de regular la forma en que se declara el estado, sus efectos, su terminación y los derechos y deberes fundamentales que podrán ser regulados de manera diferente durante la vigencia del derecho de excepción (único aparte del artículo 67).

    b. *Guatemala*: solo establece que el estado de excepción faculta al Presidente de la República para "[d]ictar las disposiciones que sean necesarias en los casos de emergencia grave o de calamidad pública" (literal "F" del artículo 183), y que el ejército habrá de prestar su colaboración (artículo 249)[89].

---

[88]   Sobre este punto compartimos la posición de GOIG para quien el "derecho de excepción democrático" debe estar signado por el carácter taxativo o un *numerus clausus* de circunstancias extraordinarias que deben, a su vez, ser lo más concretas posibles para evitar los abusos de la autoridad. Véase J. M. Goig M.: *Defensa política de la Constitución... op. cit.*, p. 277.

[89]   Se hace la acotación que el segundo aparte del artículo 40 señala que, declarado el estado de excepción, es posible la ocupación, intervención o expropiación sin indemnización previa, debiendo ella acordarse una vez haya cesado la emergencia.

c. *México*: las garantías a suspender serán todas aquellas que fuesen un "obstáculo para hacer frente, rápida y fácilmente a la situación", y no podrán estar referidas a un solo individuo (artículo 29).

ii. *Constituciones que solo señalan, de modo general, las garantías que podrán o no suspenderse o restringirse como medida a adoptar en un estado de excepción*:

a. *Argentina*: el artículo 23 precisa que declarado el estado de sitio quedarán suspendidas las garantías, sin que el Presidente de la Nación pueda condenar o aplicar penas pues su poder se limitará a arrestos y traslados[90].

b. *Bolivia*: indica en el artículo 137 que el Presidente del Estado "no podrá en ningún caso suspender las garantías de los derechos, ni los derechos fundamentales, el derecho al debido proceso, el derecho a la información y los derechos de las personas privadas de libertad"[91].

---

[90] Adicionalmente, el numeral 3 del artículo 99 enuncia que, cuando circunstancias excepcionales hicieran imposible seguir los trámites ordinarios previstos por esa Constitución para sancionar las leyes, el Presidente de la Nación podrá dictar decretos especiales siempre que estos no versen sobre la materia penal, tributaria, electoral o de partidos políticos.

[91] Conforme al artículo 138 de esta Constitución, los poderes del Presidente del Estado en virtud de la declaratoria dependen de la Asamblea Legislativa Plurinacional que, al aprobar la declaración, "indicará las facultades conferidas y guardará estricta relación y proporción con el caso de necesidad atendida por el estado de excepción".

c. *Costa Rica*: solo podrán suspenderse las garantías referidas a la libertad de tránsito, reunión, expresión e información, así como la inviolabilidad del domicilio y comunicaciones, y la no detención sin orden judicial o existencia de flagrancia (numeral 7 del artículo 121). Por lo que respecta a la libertad personal, el Poder Ejecutivo solo podrá ordenar la detención de personas "en establecimientos no destinados a reos comunes o decretar su confinamiento en lugares habitados" (numeral 7 del artículo 121)[92].

d. *El Salvador*: de acuerdo con el artículo 29 podrán restringirse las garantías referidas a la libertad de tránsito, expresión y asociación, y la inviolabilidad de las comunicaciones, la obligación de contar con un abogado y no declarar contra sí mismo, y que las detenciones administrativas no pueden superar las setenta y dos horas.

e. *Honduras*: el encabezado del artículo 187 determina que se podrá restringir la libertad de expresión, tránsito, asociación, reunión y personal, y las garantías referidas a la propiedad privada, la inviolabilidad del hogar y la no detención por más de veinticuatro horas sin ser puesto a la orden de las autoridades competentes, sin orden judicial o habiendo presentado caución[93].

---

[92] Al igual que en la Constitución de Guatemala, podrá expropiarse con indemnización posterior.

[93] Adicionalmente, es posible la expropiación con indemnización posterior.

f. *Nicaragua*: por interpretación a contrario del artículo 186, pueden suspenderse las garantías referidas a la libertad de información, asociación, empresa, expresión, tránsito, reunión, manifestación, afiliación política e individual, y la inviolabilidad del hogar y la vida privada, el amparo y *habeas corpus*, no detención sin orden judicial, y los derecho de petición, huelga y de los trabajadores en general.

g. *Panamá*: podrán suspenderse las garantías de la libertad de tránsito, expresión, reunión y personal, la presunción de inocencia y el *habeas corpus*, la inviolabilidad del domicilio y comunicaciones, y la propiedad privada (artículo 55).

h. *Paraguay*: según el cuarto aparte del artículo 288, declarado el estado de excepción el Poder Ejecutivo solo podrá tomar como medidas la detención de las personas indiciadas de participar en algunos de los hechos que originaron la declaratoria –y su traslado de un punto a otro de la República– en adición a prohibir o restringir el derecho de reunión y manifestación.

i. *Uruguay*: podrán tomarse "medidas prontas de seguridad", estando estas, en cuanto a las personas, limitadas a su arresto o traslado (numeral 17 del artículo 168).

iii. *Constituciones que en adición a las garantías que podrán o no suspenderse o restringirse en un estado de excepción, estipulan, de modo general, otras medidas que podrán tomarse*:

a. *Ecuador*: en el artículo 165 se precisa que durante el estado de excepción solo podrán suspenderse o limitarse las garantías de la inviolabilidad del domicilio y la correspondencia, y las libertades de tránsito, asociación, reunión e información. Adicionalmente, la Constitución incluye un listado de medidas que podrá adoptar el Presidente de la República[94].

iv. *Constituciones que especifican las medidas que pueden adoptarse según el estado de excepción que se haya dictado*:

    a. *Chile*: hasta tanto el Congreso Nacional no acepte la declaración del estado de asamblea o de sitio dictada por el Presidente de la República, este último solo podrá restringir el ejercicio del derecho de reunión (segundo aparte del artículo 40). Asimismo, en el artículo 43 se enlista, según el tipo de estado de excepción declarado, las facultades con las que contará el Presidente de la República[95].

---

[94]   Entre ellas, decretar la recaudación anticipada de tributos, utilizar fondos públicos destinados a otros fines (excepto los correspondientes a salud y educación), trasladar la sede del Gobierno a cualquier lugar del territorio nacional, disponer el cierre o la habilitación de puertos, aeropuertos y pasos fronterizos, y acordar la censura previa de los medios de comunicación social con estricta relación a los motivos del estado de excepción y la seguridad del Estado.

[95]   A modo de ejemplo, al declarar el estado de asamblea el mandatario podrá suspender o restringir la libertad personal, el derecho de reunión y la libertad de trabajo, restringir el ejercicio del derecho de asociación, interceptar o registrar documentos y comunicaciones, disponer requisiciones y limitar el derecho de propiedad; mientras que en caso de un estado de emergencia solo podrá restringir las libertades de tránsito y de reunión.

b. *Colombia*: establece que el Gobierno tendrá las facultades estrictamente necesarias para atender la situación extraordinaria y restablecer la normalidad, sin que puedan suspenderse los derechos humanos ni las libertades fundamentales (numeral 2 del artículo 214), ni las funciones de acusación y juzgamiento (artículo 252).

De igual modo, en caso de estados de emergencia se prevé expresamente la facultad del Presidente de la República para crear nuevos tributos o modificar los existentes, y la prohibición de desmejorar los derechos sociales de los trabajadores (segundo y último aparte del artículo 215, respectivamente).

c. *Perú*: de acuerdo con el artículo 137, en caso de estado de emergencia únicamente podrán suspenderse o restringirse el ejercicio de los derechos de libertad y seguridad personal, reunión y tránsito, así como la inviolabilidad del domicilio; mientras que, en caso de estado de sitio, el decreto habrá de indicar cuáles son las garantías que no se restringen o suspenden.

En igual sentido, en ningún caso podrán suspenderse las acciones de *habeas data* y amparo (artículo 200).

d. *República Dominicana*: en el estado de defensa podrán suspenderse todas las garantías a excepción de las enlistadas en el artículo 263 –entre ellas, la vida, integridad personal, libertad de conciencia y principio de legalidad– mientras que en caso de estado de conmoción interior y de emergencia el Constituyente enlistó de modo taxativo las garantías que podrían restringirse, tal como lo son la privación de libertad, inviolabilidad del hogar y comunicaciones y las libertades de tránsito, expresión, asociación y reunión[96].

Regresando a nuestras fronteras, tendríamos entones que la CRBV formaría parte del grupo de Constituciones que solo señalan, de modo general, las garantías que podrán o no suspenderse o restringirse como medida a adoptar en un estado de excepción, por lo que la regulación patria estaría dentro de las más laxas en la materia.

Lo anterior no es del todo reprochable si recordamos que el mismo artículo 338 de la CRBV, en su último aparte, determinó que "[u]na ley orgánica regulará los estados de excepción y determinará las medidas que pueden adoptarse con base en los mismos"[97].

Motivo por el cual podría pensarse que el Constituyente consideró que era más acertado que tal regulación dimanase del Poder Legislativo[98], limitándose la Constitución a brindar el marco del régimen de excepción; aun cuando autores como NIKKEN sostienen que "la existen-

---

[96] Como ocurre con otros países centroamericanos, la expropiación será procedente sin indemnización previa, pero solo en caso de estado de defensa o de emergencia.

[97] La remisión a esta ley orgánica fue reiterada por el Constituyente en la disposición transitoria tercera según la cual, "[l]a Asamblea Nacional, dentro de los primeros seis meses siguientes a su instalación, aprobará: (…) 2. Una ley orgánica sobre estados de excepción". La aprobación en cuestión no ocurrió sino hasta el 09-08-2001.

[98] Disposiciones similares encontramos en las Constituciones de Bolivia, Chile, Colombia, Cuba, Guatemala, Honduras y Nicaragua (artículos 139, 44, 152 y numeral 2 del 214, 67, 139, 188, y 185, respectivamente).

cia de una ley contraría el principio mismo de la excepcionalidad" ya que "la regulación de los estados de excepción es materia de reserva constitucional" y, en consecuencia, "la regulación de los estados de excepción, así como las medidas que pueden adoptarse con base en ellos, deberían estar claramente establecidas y delimitadas en la Constitución, siempre con un cierto margen de discrecionalidad: la suficiente para dar cabida a la 'legislación de excepción'"[99].

Pero el panorama se complica cuando, aun aceptando la posibilidad de que el tema sea reglado por ley, esta, lejos de brindar tal regulación, se limite a repetir lo dicho por el Constituyente sin puntualizar cuáles medidas pueden tomarse en virtud de la excepción.

Y ello es justamente lo que ocurrió en la LOEE que, en su artículo 15, consideró suficiente estipular que el Presidente de la República tendrá facultades para "[d]ictar todas las medidas que estime convenientes" y "[d]ictar medidas de orden social, económico, político o ecológico cuando resulten insuficientes las facultades de las cuales disponen ordinariamente los órganos del Poder Público para hacer frente a tales hechos" (literales

---

[99]   Claudia Nikken: "Aproximación Crítica a la Regulación de los Estados de Excepción en Venezuela". *Revista Ius et Praxis*, Vol. 8, N° 1, Universidad de Talca, Talca, 2002, pp. 181-183. La autora, entre otros argumentos de interés, plantea que si las medidas se encuentran reguladas por ley, nada impediría al Presidente de la República para, de buena o mala fe y basado justamente en la excepción, abstraerse de tal regulación considerándola insuficiente o inadecuada. Lo que finalmente haría a las disposiciones inútiles.

"A" y "B", respectivamente). Lo que nada agrega a lo dicho por el Constituyente[100].

No obstante la afirmación anterior, hay cuatro medidas específicas que según la LOEE se pueden tomar en cualquier estado de excepción. Estas son:

i.   Limitar o racionar el uso de servicios o el consumo de artículos de primera necesidad, así como asegurar el abastecimiento de los mercados y el funcionamiento de los servicios y de los centros de producción (artículo 19).

ii. Hacer erogaciones con cargo al Tesoro Nacional que no estén incluidas en la ley de presupuesto (artículo 20).

iii. Ordenar la movilización de cualquier componente o de toda la Fuerza Armada Nacional (artículo 23)[101].

---

[100]   En criterio de RONDÓN DE SANSÓ, de este artículo resulta claro que "la potestad del presidente de la República en Consejo de Ministros para controlar la virulencia de los hechos productores de un estado de excepción, está sometida a su poder de apreciación de la oportunidad y conveniencia de las vías, instrumentos, objetivos y fines de las medidas que se acuerden", debiendo los criterios que deberían determinar la declaratoria estar fundados en apreciaciones –entre otras– de la gravedad de las circunstancias surgidas, la extensión o magnitud del evento, la naturaleza del daño o de la amenaza de daño y la entidad de los valores afectados. Véase Hildegard Rondón de Sansó: "Los estados de excepción en el Derecho venezolano". *Revista Venezolana de Legislación y Jurisprudencia* N° 7, Revista Venezolana de Legislación y Jurisprudencia, Caracas, 2016, pp. 301-304.

[101]   El tema es desarrollado en el Decreto con Rango, Valor y Fuerza de Ley Orgánica de la Fuerza Armada Nacional Bolivariana que, entre otros, incluye como función de esta institución el participar en las operaciones que se originen como con-

iv. Requisar los bienes propiedad de particulares que deban ser utilizados para restablecer la normalidad (artículo 24 y 25)[102].

En adición a estas disposiciones, en el resto del ordenamiento jurídico venezolano podemos encontrar otras que hacen mención a las medidas que podrán adoptarse en un estado de excepción como lo son:

i. Modificar los límites de gasto, de endeudamiento y de resultados financieros de la ley del marco plurianual del presupuesto[103].

---

secuencia de los estados de excepción (numeral 19 del artículo 4), siendo competencia del Comando Estratégico Operacional y de los Comandos de las Regiones Estratégicas de Defensa Integral el control de los medios y recursos en coordinación con la autoridad civil correspondiente (numeral 13 del artículo 39 y numeral 8 del artículo 47, respectivamente), así como de la milicia el ejercer acciones de defensa integral (numeral 2 del artículo 72). De igual modo, resulta de interés el artículo 29 del Decreto con Rango, Valor y Fuerza de Ley Orgánica de Seguridad de la Nación según el cual "[l]a movilización de la Fuerza Armada Nacional se regirá por las disposiciones que sobre ella establezca la ley, sin que sea necesario decretar el estado de excepción" y el artículo 53 de la Ley para el Desarme y Control de Armas y Municiones que prevé que "[b]ajo las circunstancias de movilización decretadas de conformidad con la ley, la Fuerza Armada Nacional Bolivariana podrá requisar todas las armas de fuego existentes en el país".

[102] La norma indica que para toda requisición será indispensable la orden previa del Presidente de la República o la autoridad competente, debiendo expedirse su constancia inmediata. Una vez termine el estado de excepción habrán de restituirse los bienes junto a la indemnización a que haya lugar por concepto de su uso, pagándose el valor total del bien en caso que tal restitución no sea posible.

[103] Artículo 32 del Decreto con Rango, Valor y Fuerza de Ley Orgánica de la Administración Financiera del Sector Público.

ii. Celebrar contrataciones públicas sin atender a las modalidades de selección de contratistas de la ley de la materia[104].

iii. Prorrogar el servicio militar de todos los alistados[105].

iv. Exigir a los operadores de servicios de telecomunicaciones que cumplan "todas aquellas obligaciones que se establezcan en la normativa aplicable a los servicios de telecomunicaciones en estados de excepción, y en los planes para estados de excepción que al efecto se formulen"[106].

v. Disponer de la capacidad de las instalaciones de autogeneración eléctrica igual o superior a dos megavatios (2 MW)[107].

Así las cosas, y a excepción de los puntos indicados, pareciera correcto sostener que, conforme al Legislador nacional, el Presidente de la República tiene un *cheque en blanco,* una vez decrete el estado de excepción, para adoptar cualquier medida, independientemente del tipo de estado que haya dictado[108], siendo su único límite la

---

[104] Numeral 12 del artículo 5 del Decreto con Rango, Valor y Fuerza de Ley de Contrataciones Públicas.

[105] Artículo 93 de la Ley de Registro y Alistamiento para la Defensa Integral de la Nación.

[106] Numeral 10 del artículo 15 de la Ley Orgánica de Telecomunicaciones.

[107] Artículo 47 de la Ley Orgánica del Sistema y Servicio Eléctrico. La misma ley, en sus artículos 101 y 102, prevé como sanciones para los particulares que se nieguen a colaborar con este suministro eléctrico multas de 5.000 a 100.000 Unidades Tributarias y la revocatoria de la habilitación administrativa.

[108] Esta vaguedad en el uso del lenguaje no es algo exclusivo de la LOEE. De hecho, el tema ha sido estudiado por autores co-

parte *in fine* del artículo 337 de la CRBV[109]. Luego veremos si ello es realmente así.

Esta situación se repite en relación con la tipología de los estados de excepción, pues con solo leer el artículo 338 de la CRBV y los artículos 8 y 9 (sobre el estado de alarma), 10, 11 y 12 (sobre el estado de emergencia económica), 13 (sobre el estado de conmoción interior) y 14 (sobre el estado de conmoción exterior) de la LOEE, se puede comprobar la evidente reiteración por parte del Legislador de lo previsto por el Constituyente[110].

---

mo DELGADO, para quien la situación "convierte la certeza del derecho en una fantasía" ya que "no le deja saber a los ciudadanos qué es exactamente lo que las normas ordenan o prohíben ni cuáles son los límites precisos de sus derechos subjetivos", convirtiéndose el ordenamiento en "una abigarrada masa de artículos susceptibles de servir de fundamento para cualquier decisión". Véase Francisco Delgado: *La reconstrucción del derecho venezolano*, Editorial Galipán, Caracas, 2012.

[109] Como se recordará, el artículo señala que "(…) podrán ser restringidas temporalmente las garantías consagradas en esta Constitución, salvo las referidas a los derechos a la vida, prohibición de incomunicación o tortura, el derecho al debido proceso, el derecho a la información y los demás derechos humanos intangibles".

[110] Solo respecto a la conmoción interior y exterior la ley precisó algunas de sus causas incluyéndose, en la *primera*, "grandes perturbaciones del orden público interno y que signifiquen un notorio o inminente peligro para la estabilidad institucional, la convivencia ciudadana, la seguridad pública, el mantenimiento del orden libre y democrático, o cuando el funcionamiento de los Poderes Públicos esté interrumpido" y, para la *segunda*, "todas aquellas situaciones que impliquen una amenaza a la Nación, la integridad del territorio o la soberanía".

Vista esta realidad, se hace necesario acudir a la doctrina para conocer cuáles supuestos de hecho encuadran dentro de cada una de estas categorías.

En este sentido, y a modo meramente enunciativo, RONDÓN DE SANSÓ ha incorporado dentro del *primer grupo* (estados de alarma) escenarios como fenómenos naturales (terremotos, vaguadas, incendios forestales, sequías) y enfermedades contagiosas o con elevado índice de mortalidad; en el *segundo* (estados de emergencia económica) hechos como la pérdida del valor adquisitivo de la moneda, fuga de capitales o insolvencia; y en el *tercero* (estado de conmoción) acontecimientos como revueltas sociales y políticas o golpes de Estado (en caso de ser el conflicto de naturaleza interna) o guerras, invasiones y circunstancias similares (naturaleza externa)[111].

---

[111]   Hildegard Rondón de Sansó: *Cuatro temas álgidos de la Constitución venezolana de 1999*, Editorial Ex Libris, Caracas, 2004 y, más recientemente, H. Rondón de S.: *Los estados de excepción en... op. cit.*, pp. 309-318. Es de hacer notar que en la historia reciente de Venezuela se han suscitado dos hechos en los que podría, con base en esta clasificación, pensarse que resultaba oportuna la declaratoria de un estado de excepción. Ellos son la tragedia de Vargas (considerada el peor desastre natural en Venezuela desde el terremoto de 1812) y las horas previas y posteriores al vacío de Poder (o golpe de Estado) del 11-04-2002. En ninguno de estas oportunidades se dictó tal estado, lo que deja entrever que la situación en la frontera colombo-venezolana y la *guerra económica* eran (o son) más graves que estos supuestos que, por argumento en contrario, pudieron ser controlados con los medios que otorga el ordenamiento jurídico *ordinario,* siendo ampliamente conocidas sus consecuencias económicas, políticas y sociales. Asimismo, podemos traer a colación el caso de las lluvias de diciembre de 2010 cuando, aunque existían más de 90.000 afectados, no se decretó un estado de excepción sino que el Presidente de la República optó

De cualquier modo, y a pesar de la ligereza con la que el Legislador venezolano abordó este tema, consideramos prudente recordar que la declaratoria del estado de excepción, como bien señala DESPOUY[112], se trata de un acto jurídico y, como tal, debe estar debidamente motivado por el Presidente de la República a fin de conocer cuáles son los motivos, causas, circunstancias y efectos que hacen imperativa su declaratoria.

Lo anterior, no solo con objeto que la población tenga conocimiento pleno de lo que está ocurriendo en el país, sino para permitir el control sobre el decreto. Punto que trataremos más adelante.

IV. PRINCIPIOS QUE RIGEN A LOS ESTADOS DE EXCEPCIÓN

Aun cuando la CRBV ni la LOEE establecen, de modo preciso, cuándo puede decretarse un estado de excepción o las medidas que podrán adoptarse con base al mismo, ello no se traduce en que el Presidente de la República tenga absoluta libertad para *hacer* y *deshacer* el ordenamiento jurídico a su conveniencia.

---

por solicitar una ley habilitante para hacer frente a la crisis. Véase sobre esto último, *El Universal* (2010, 10 de diciembre). "Chávez pide Ley Habilitante para legislar la emergencia y *El Universal* (2010, 17 de diciembre). "Habilitante NO, Estado de Excepción". Sobre la relación de los estados de excepción y las leyes habilitantes, véase Luis Alfonso Herrera Orellana: "¿Estado de excepción o ley habilitante?". *Revista de Derecho Público* N° 143-144, Editorial Jurídica Venezolana, Caracas, 2015, pp. 79-86.

[112] L. Despouy: Los derechos humanos y los... *op. cit.*, p. 19.

Ello, dado que el derecho de excepción se encuentra sujeto a una serie de principios reconocidos tanto en tratados internacionales suscritos y ratificados por la República, como por la propia CRBV y la LOEE. Estos principios son los siguientes:

1. *Principio de necesidad*

De acuerdo con la exposición de motivos de la CRBV, el principio de estricta necesidad se encuentra recogido en el artículo 337 de la CRBV cuando indica que la declaratoria del estado de excepción solo procederá ante circunstancias de diversas naturalezas que afecten gravemente la seguridad del Estado, sus instituciones o ciudadanos, siempre que el derecho ordinario resulte insuficiente para enfrentarlas.

Disposición que es reiterada en el único aparte del artículo 2 de la LOEE al prever que "[l]os estados de excepción solamente pueden declararse ante situaciones objetivas de suma gravedad que hagan insuficientes los medios ordinarios que dispone el Estado para afrontarlos", y el artículo 6 según el cual "[e]l decreto que declare los estados de excepción será dictado en caso de estricta necesidad para solventar la situación de anormalidad".

Este principio es compartido por el Pacto Internacional de Derechos Civiles y Políticos[113] (en lo sucesivo, PIDCP) y la Convención Americana sobre Derechos Humanos[114] (en lo sucesivo, CADH) al referirse el *primero*

---

[113] Adoptado por la Asamblea General de las Naciones Unidas mediante la Resolución 2200 A (XXI) del 16-12-1966 y suscrito por Venezuela el 24-06-1969 (con ratificación del 10-05-1978).

[114] Adoptada en San José de Costa Rica el 22-11-1969 y suscrita por Venezuela en esa misma fecha (ratificada el 23-06-1977).

a "situaciones excepcionales que pongan en peligro la vida de la nación" y, la *segunda*, al "caso de guerra, de peligro público o de otra emergencia que amenace la independencia o seguridad del Estado parte" (numeral 1 del artículo 4 y numeral 1 del artículo 27, respectivamente).

Sobre este principio, también denominado de amenaza excepcional, DESPOUY expone que su importancia radica en que define la naturaleza del peligro al establecer los presupuestos de hecho que podrán dar pie a la declaratoria del estado de excepción y que, por ende, ha de tratarse de un peligro actual o inminente de tal magnitud que las medidas o restricciones ordinarias sean ineficaces para atenderlo, y que afecte a la población de la totalidad o parte del territorio de un Estado[115].

En el mismo orden de ideas, ZOVATTO explica que la necesidad de un estado de excepción radicará en la existencia de una "crisis o peligro público (…) actual o inminente (…) de tal gravedad que las medidas (…) usualmente autorizadas para situaciones normales, no sean suficientes para conservar el orden público"[116].

En este sentido, tanto la declaratoria del estado de excepción como de las medidas que se tomen en virtud del mismo habrán de ser indispensables para restablecer la normalidad –o permitir que la situación sea controlada con medios ordinarios–, no siendo viable que el Presidente de la República dicte el decreto si no existe una amenaza o si, existiendo la misma, puede ser disminuida aplicando el ordenamiento ordinario.

---

[115] L. Despouy: *Los derechos humanos y los… op. cit.*, pp. 34-38. El autor basa su razonamiento en los casos de Lawless y de Grecia, conocidos por la Comisión Europea.

[116] Daniel Zovatto G.: *Los estados de excepción y… op. cit.*, p. 93.

2. *Principio de proporcionalidad y gradualidad*

Que exista una situación extraordinaria que haga insuficiente al ordenamiento jurídico ordinario (necesidad) no significa que el Presidente de la República pueda tomar cualquier medida para apalearla.

De este modo adquiere relevancia el principio de proporcionalidad y gradualidad –previsto por el Constituyente en el artículo 338 de la CRBV, según la exposición de motivos– conforme al cual, la circunstancia que se presente determinará el tipo de estado que se declarará, su duración y las medidas a adoptar.

Ello es reiterado en el artículo 4 de la LOEE que indica que "[t]oda medida de excepción debe ser proporcional a la situación que se quiere afrontar en lo que respecta a gravedad, naturaleza y ámbito de aplicación", así como en el numeral 1 del artículo 4 del PIDCP –las disposiciones podrán adoptarse "en la medida estrictamente limitada a las exigencias de la situación"– y el numeral 1 del artículo 27 de la CADH, que con una redacción similar circunscribe el actuar del Estado a "la medida y por el tiempo estrictamente limitados a las exigencias de la situación".

Así, este principio –que conforme a la doctrina en la materia se fundamenta en la institución penal de la legítima defensa[117]– hace referencia a la necesaria concordancia –de tiempo, extensión territorial y naturaleza– que debe existir entre la crisis que se enfrenta, por un lado, y las medidas que se adoptan, por el otro; pues "todo exce-

---

[117] Véase L. Despouy: *Los derechos humanos y los... op. cit.*, p. 38.

so en el empleo de los medios convierte en ilegítima 'la defensa', la que se transforma así en agresión"[118].

Es con motivo de lo anterior que ZOVATTO apunta que el principio de proporcionalidad impide, de cierto modo, que los estados de excepción sean considerados en abstracto ya que se requerirá evaluar, en cada caso, la situación que se está viviendo, la suficiencia o no de las medidas ordinarias y cuáles serían las medidas de emergencia que se presentan como alternativa, debiendo optarse siempre por la que resulte menos lesiva para el disfrute de los derechos humanos[119].

Por lo que respecta a la gradualidad, íntimamente relacionada con la proporcionalidad, CASAL precisa que ella implica "que han de preverse distintos estados de excepción, según la gravedad de los acontecimientos que deban ser conjuradas", y supone "que los poderes extraordinarios han de ejercerse escalonadamente, reservando para las situaciones más extremas los medios más represivos y violentos"[120].

De este modo, cualquier correctivo o restricción que se establezca producto de la declaratoria de un estado de excepción debe encontrarse en íntima correspondencia con el supuesto que originó tal declaratoria y no podrá configurarse como una respuesta excesiva o injustificada en cuanto a su contenido y alcance, debiendo considerarse en todo momento las circunstancias particulares del caso (ámbito geográfico, implicaciones económicas y so-

---

[118] *Ibíd.*

[119] Véase Daniel Zovatto G.: *Los estados de excepción y… op. cit.*, p. 133.

[120] Jesús Casal H.: *Los derechos humanos y su protección… op. cit.*, p. 175.

ciales, entre otras) y generar el mínimo sacrificio posible en cabeza de los ciudadanos. Es decir, que el correctivo habrá de ser idóneo para solventar el problema y no agravarlo o *dejarlo* en un estado similar.

3. *Principio de temporalidad*

De los principios desarrollados en este capítulo el de temporalidad es, quizás, el que mejor fue valorado por el Constituyente al prever no solo que las garantías podrían ser restringidas temporalmente (artículo 337), sino que según el tipo de estado de excepción que se tratase –alarma, emergencia económica o conmoción interior o exterior– sería su duración máxima –treinta, sesenta o noventa días, respectivamente–, pudiendo prorrogarse los mismos hasta por un periodo de igual duración (artículo 338).

Así lo reconoció el propio Constituyente al indicar en la exposición de motivos que se había recogido a la temporalidad como uno de los principios básicos rectores de los estados de excepción; a diferencia de la Constitución de 1961 que, si recordamos, nada preveía al respecto y dio lugar a que las garantías económicas estuviesen suspendidas por décadas[121].

---

[121] Basta recordar que junto a la Constitución de 1961, Rómulo Betancourt, para entonces Presidente de la República, dictó el Decreto N° 455 (publicado en Gaceta Oficial N° 26.464 del 24-01-1961) mediante el cual restringió en todo el territorio nacional las garantías referidas a la huelga y libertad de empresa y suspendió las de inviolabilidad del hogar y las comunicaciones, libertad de tránsito, reunión, expresión, manifestación, y no detención sin orden judicial o flagrancia. Estas garantías fueron parcialmente restituidas por Decreto N° 674 (publicado en Gaceta Oficial N° 26.746 del 08-01-1962) quedando limitadas las referidas a la libertad de expresión, reunión y manifes-

Este principio, que recoge a su vez el artículo 5 de la LOEE al precisar que "[t]oda medida de excepción debe tener una duración limitada a las exigencias de la situación que se quiere afrontar, sin que tal medida pierda su carácter excepcional o de no permanencia", se encuentra también presente en la CADH y el PIDCP.

La *primera*, al estipular –como ya se vio– que las medidas serán solo "por el tiempo estrictamente limitados a las exigencias de la situación" y, el *segundo*, si bien no

---

tación, manteniéndose suspendida la libertad de empresa, siendo esta última suspensión ratificada en Decreto N° 813 (publicado en Gaceta Oficial 26.912 del 31-07-1962) cuya vigencia se mantuvo hasta 1991, cuando fue derogado por Carlos Andrés Pérez mediante el Decreto N° 1.724 (publicado en Gaceta Oficial N° 26.746 del 14-06-1991). Véase al respecto Ramón Crazut: "La suspensión de garantías constitucionales como medio para instrumentar la política de intervención del Estado en la actividad económica (1939-1991)". *Revista de la Facultad de Ciencias Jurídicas y Políticas de la Universidad Central de Venezuela* N° 92, Universidad Central de Venezuela, Caracas 1994, pp. 305-321; Eugenio Hernández Bretón y Eduardo Machado Iturbe: "El control judicial de la constitucionalidad de los decretos restrictivos de garantías constitucionales, con especial referencia al régimen de restricción de la garantías establecida en el artículo 96 de la Constitución". *Revista de la Facultad de Ciencias Jurídicas y Políticas de la Universidad Central de Venezuela* N° 70, Universidad Central de Venezuela. Caracas, 1988, pp. 331-358; y Allan Brewer-Carías: "Consecuencias jurídicas del restablecimiento de las garantías económicas". *Revista de Derecho Público* N° 35, Editorial Jurídica Venezolana, Caracas, 1988, pp. 69-73. Para tener una mejor visión del Gobierno en Venezuela durante estos años, consúltese M. Rachadell: *Evolución del Estado venezolano 1958-2015: de la conciliación de intereses al populismo autoritario*, Editorial Jurídica Venezolana, Fundación Estudios de Derecho Administrativo, Caracas, 2015, pp. 35-73.

hace mención expresa a la temporalidad, como producto de la regulación de estas circunstancias como algo de naturaleza excepcional –que, como es lógico pensar, se contrapone a un régimen perpetuo– y que las medidas adoptadas se harán depender de la exigencia de la situación. Por lo que al cesar la situación estas medidas no serán *exigidas* y, en consecuencia, concluirán sus efectos.

Al respecto, la doctrina ha dicho que "[l]a enunciación de este principio, implícito en la naturaleza misma del estado de excepción, apunta fundamentalmente a señalar su necesaria limitación en el tiempo y evitar así la indebida prolongación del mismo"[122], pues "[u]n estado de emergencia prolongado indefinidamente, se presta a que se cometan violaciones sistemáticas y generalizadas de derechos humanos"[123].

En este sentido, si a través de la declaratoria de un estado de excepción y consiguiente restricción de garantías u otras medidas que se adopten se pretende es dotar al Ejecutivo Nacional de los medios necesarios para enfrentar una crisis –y restablecer así la normalidad en el menor tiempo posible– sería ilógico comulgar con la posibilidad de que esta excepción se mantuviese *ad infinitum*. Sin lugar a dudas, ello equivaldría a validar la incapacidad manifiesta –real o ficticia– de quienes ejercen el Poder para aplacar las "circunstancias de orden social, económico, político, natural o ecológico" lesivas, aun cuando cuentan con mecanismos excepcionales para ello.

Finalmente, hemos de destacar que la temporalidad de los estados de excepción no se limita a una cuestión de forma –es decir, que sea derogado el decreto o este pierda

---

122 L. Despouy: *Los derechos humanos y los... op. cit.*, p. 32.
123 Daniel Zovatto G.: *Los estados de excepción y... op. cit.*, p. 132.

vigencia por el paso del tiempo– sino de fondo, motivo por el cual una vez cesen sus efectos el Ejecutivo Nacional habrá de asegurarse de levantar aquellas restricciones o limitaciones que hubiese impuesto.

Sobre este particular es prudente recalcar que según el artículo 5 de la LOEE, "[e]l Presidente de la República, en Consejo de Ministros, podrá ratificar las medidas que no impliquen la restricción de una garantía o de un derecho constitucional".

Somos de la opinión que esta disposición –salvo que se entienda que la mención a las garantías constitucionales "debe ser interpretado en sentido amplio, con el objeto de restringir una potestad excepcional" por lo que "no se habla exclusivamente de la regulación legal de derechos constitucionales, sino, en general, de la garantía de la separación orgánica de las funciones legislativa y ejecutiva. De tal manera, sólo podrían ser ratificadas medidas excepcionales de rango sublegal"[124]– es inconstitucional, ya que equivaldría a permitir que el Presidente de la República, no existiendo ya una circunstancia que afecte gravemente la seguridad y que haga insuficiente al ordenamiento jurídico ordinario, por lo que habría cesado su legitimación para dictar actos con rango y fuerza de ley, podría seguir ejerciendo tal poderío al *ratificar* medidas tomadas para controlar una emergencia (que ya fue superada) en perjuicio de las atribuciones constitucionales del Poder Legislativo Nacional, que vería mermado su ámbito de actuación[125].

---

[124] Claudia Nikken: *Aproximación Crítica a la Regulación… op. cit.*, pp. 185-186.

[125] Haciendo un intento de símil, convalidar esta *ratificación de medidas* se asemejaría a permitir que, una vez cesada la vigen-

Es con motivo de lo anterior que consideramos que, en dado caso, y como ocurre en Colombia, esta ratificación debe provenir es del Poder Legislativo y no del Poder Ejecutivo[126], por ser el primero a quien le compete en condiciones de normalidad legislar en las materias de la competencia nacional y sobre el funcionamiento de las distintas ramas del Poder Nacional (numeral 1 del artículo 187 de la CRBV, en concordancia con el único aparte del artículo 339 según el cual "[l]a declaración del estado de excepción no interrumpe el funcionamiento de los órganos del Poder Público").

4. *Otros principios*

En adición a los principios hasta ahora tratados existen otros que, aunque no se encuentran previstos de modo expreso en la CRBV o la LOEE, rigen a los estados de excepción de acuerdo con el PIDCP y la CADH que, tal como asevera el artículo 339 del texto constitucional, deben ser cumplidos. Estos son:

i. *Principio de proclamación*: conforme al numeral 1 del artículo 4 del PIDCP, el estado de excepción debe ser oficialmente proclamado a fin de evitar la instauración de un derecho de excepción *de facto*. Es decir, que ha de constar en un medio de publicación oficial.

---

cia de una ley habilitante, se permitiera que el Presidente de la República siguiera dictando decretos con rango, valor y fuerza de ley que completaran o reforzaran los decretos ya dictados.

[126] Según el segundo aparte del artículo 215 de la Constitución de ese país, por ejemplo, los nuevos tributos o modificaciones que dicte el Presidente de la República en el marco de un estado de emergencia "dejarán de regir al término de la siguiente vigencia fiscal, salvo que el Congreso, durante el año siguiente, les otorgue carácter permanente".

La importancia de este principio, según ZOVATTO, radica en que permite determinar cuáles son los hechos que constituyen la situación excepcional y todo lo que de ello deriva –proporcionalidad de las medidas, duración, entre otros– así como alerta a la población sobre la existencia de la emergencia y sus efectos[127].

En Venezuela, esta exigencia es satisfecha con el artículo 22 de la LOEE según el cual el decreto, que tendrá rango y fuerza de ley conforme a ese mismo artículo, "deberá ser publicado en la Gaceta Oficial de la República (…) y difundido en el más breve plazo por todos los medios de comunicación social, si fuere posible". Ello a pesar de que el mismo artículo precisa que el estado de excepción entrará en vigencia una vez sea dictado.

Sobre este último aspecto, autores como BREWER-CARÍAS han catalogado a la norma comentada de inconstitucional pues "no puede establecerse que un Decreto que tiene 'rango y fuerza de Ley' pueda entrar en vigencia antes de su publicación", visto que, "[c]onforme al artículo 215 de la Constitución, la ley sólo queda promulgada al publicarse con el correspondiente 'Cúmplase' en la Gaceta Oficial, disponiendo el Código Civil, en su artículo 1, que 'la Ley es obligatoria desde su publicación en la Gaceta Oficial'", no siendo tal publicación, en consecuencia, "una mera formalidad adicional de divulgación como parece derivarse del texto del artículo 22 de la Ley Orgánica"[128].

---

127 Daniel Zovatto G.: *Los estados de excepción y… op. cit.*, p. 89.

128 Allan Brewer-Carías: *La ruina de la democracia… op. cit.*, p. 377.

No obstante lo anterior, somos de la opinión que circunscribir la vigencia del estado de excepción a su publicación en la gaceta oficial podría traer más inconvenientes que ventajas[129], motivo por el cual no resultaría del todo ilógico defender que el decreto entre en vigencia al ser dictado, debiendo procederse a su publicación inmediata o a la brevedad posible según las particularidades del caso[130].

ii. *Principio de notificación*: declarado el estado de excepción el Estado habrá de notificar al Secretario General de la ONU y de la OEA de tal declaratoria –con mención expresa de las razones de hecho y medidas adoptadas–, quienes comunicarán la situación al resto de

---

[129] Pensemos, por ejemplo, en el caso de un fuerte sismo que destruya –entre otros– la sede de la Imprenta Nacional o de una falla eléctrica nacional producto de un grave fenómeno natural o humano. En estos casos se habrían satisfecho los requisitos para declarar el estado de excepción y tomar las medidas que sean necesarias para solventar la crisis, pero, de acuerdo con la posición doctrinal planteada, el Ejecutivo Nacional no podría dar pie a estos correctivos hasta tanto se publicase el decreto en la gaceta oficial; aun cuando ello podría ser materialmente inviable por una circunstancia extraordinaria que, justamente, se desea enfrentar con el decreto de estado de excepción.

[130] Posición similar a la nuestra sostiene NIKKEN quien, luego de apuntar que "la sucesión de hechos que justifican el estado de excepción no se suspende hasta tanto entre en vigor el decreto que lo declare y que establezca las medidas necesarias para restablecer la normalidad", por lo que el decreto habría de entrar en vigencia al ser acordado, manifiesta que la publicación en gaceta oficial tampoco debe quedar "a la discrecionalidad del Presidente de la República", lo que justifica que "la difusión del decreto debe ser inmediata". Véase C. Nikken: *Aproximación Crítica a la Regulación… op. cit.*, pp. 184-185.

los Estados Partes, debiendo reiterarse la notificación una vez haya cesado la emergencia (numeral 3 del artículo 4 del PIDCP y numeral 3 del artículo 27 de la CADH).

Así, la notificación tendrá por objeto hacer del conocimiento de la comunidad internacional la existencia de un estado de excepción en un determinado Estado, a fin de que esta no solo pueda atestiguar si se están cumpliendo con las pautas que prevé el derecho internacional, sino alerte a sus nacionales –tanto en el país en emergencia como en el resto del mundo– de esta situación, con el objeto de que tomen las medidas conducentes a su salvaguarda[131].

iii. *Principio de no discriminación*: tanto el PIDCP como la CADH, al regular los estados de excepción, precisan que las medidas que se adopten no pueden entrañar discriminación fundada en motivos de raza, color, sexo, idioma, religión u origen social; observando autores como O'DONELL que estos criterios son a título meramente enunciativo, pues "existe una presunción contra la licitud de toda forma de discriminación y sería sumamente difícil demostrar que no existen alternativas al empleo de medidas discriminatorias, o que las únicas alternativas comportarían

---

[131] Este tema es tratado en la Observación General N° 29 del 31-08-2001 del Comité de Derechos Humanos de la ONU en la que, entre otros, se indica que la "notificación es esencial no solamente para que el Comité pueda desempeñar sus funciones, especialmente la de evaluar si las medidas tomadas por el Estado Parte eran las estrictamente requeridas por las exigencias de la situación, sino también para permitir que los Estados Partes cumplan con su obligación de velar por el cumplimiento de las disposiciones del Pacto".

consecuencias aún más graves para el goce de los derechos humanos"[132].

Sobre este punto ha de advertirse que el numeral 1 del artículo 4 del PIDCP –al contrario del numeral 1 del artículo 27 de la CADH– menciona que las medidas no podrán estar basadas "únicamente" en motivos discriminatorios, lo que podría dar lugar a debates sobre el alcance de la frase y, en definitiva, "acentuar el móvil discriminatorio de las medidas"[133].

Este tema ha sido abordado por QUESTIAUX quien señala que ese *únicamente* se refiere es a aquellos casos que "las medidas estrictamente requeridas para la situación involucran acciones dirigidas contra –o que afecten especialmente– a grupos pertenecientes, por ejemplo, a una raza o religión en particular"[134].

Así, en casos como los comentados, los correctivos adoptados no se basarían *únicamente* en estos motivos, sino, más bien, en las acciones llevadas a cabo por estos individuos, por lo que serían conforme al derecho de excepción.

iv. *Principio de compatibilidad con las obligaciones del derecho internacional*: por último, el PIDCP y la CADH estipulan que si bien al declararse un estado de excepción pueden restringirse determinadas garantías en virtud del principio de intangibilidad –que se desarrollará

---

132 Daniel O'Donell: *Derecho internacional de los derechos humanos.* Oficina en Colombia del Alto Comisionado de las Naciones Unidas para los Derechos Humanos, Bogotá, 2004, p. 1022.

133 L. Despouy: *Los derechos humanos y los... op. cit.,* p. 42.

134 N. Questiaux: *Question of the human right... op. cit.,* p. 18. Traducción del autor.

más adelante– estas medidas no pueden ser incompatibles con las demás obligaciones que impone el derecho internacional a los Estados (nuevamente, el numeral 1 del artículo 4 del primero y el numeral 1 del artículo 27 de la segunda).

En aplicación de este principio, por ejemplo, si el PIDCP permite la restricción de una garantía que la CADH proscribe, no podría un Estado que sea parte de ambos (como Venezuela) adoptar esa medida basado en el Pacto[135]. Igual ocurriría en sentido contrario.

Asimismo, es importante destacar que la mención al derecho internacional en ambos instrumentos ha sido concebida en referencia tanto a los tratados y convenios internacionales que pueda llegar a suscribir un Estado, como en relación con el derecho internacional general y humanitario[136], motivo por el cual instrumentos como los convenios de Ginebra y la Convención para la Prevención y Sanción del Delito de Genocidio no podrían verse afectados por las declaratorias de excepción.

---

[135] Este planteamiento se encuentra reforzado, a su vez, por el numeral 2 del artículo 5 del Pacto según el cual, "[n]o podrá admitirse restricción o menoscabo de ninguno de los derechos humanos fundamentales reconocidos o vigentes en un Estado Parte en virtud de leyes, convenciones, reglamentos o costumbres, so pretexto de que el presente Pacto no los reconoce o los reconoce en menor grado".

[136] Véase la Observación General N° 29, ya citada, y D. O'Donell: *Derecho internacional de los derechos humanos… op. cit.*, pp. 985-986.

V. CONTROLES INTERNOS SOBRE EL ESTADO DE EXCEPCIÓN

En adición a los controles externos que se ejercen sobre los estados de excepción[137], dada la incidencia que pueden tener estas declaratorias sobre el desenvolvimiento de un Estado, el ejercicio del Poder Público y los derechos y las garantías de los particulares, no es de extrañar que se encuentren sujetas a controles especiales a fin de evitar su tergiversación.

En este sentido, quizá vaticinando el potencial uso indebido del régimen excepcional, el Constituyente venezolano, ante la amenaza de que se dictase un estado de excepción sin que este fuera realmente necesario y proporcional, optó por implementar dos controles en cuanto a estos decretos: el político por parte del Poder Legislativo Nacional y el jurídico por parte del Poder Judicial, específicamente, ante la SC/TSJ.

Ambos controles se encuentran previstos en el artículo 339 de la CRBV según el cual, "[e]l Decreto que declare el estado de excepción, en el cual se regulará el ejercicio del derecho cuya garantía se restringe, será presentado, dentro de los ocho días siguientes de haberse dictado, a la Asamblea Nacional, o a la Comisión Delegada, para su consideración y aprobación, y a la Sala Constitucional del Tribunal Supremo de Justicia, para que se pronuncie sobre su constitucionalidad".

---

[137] El tema, respecto al sistema universal de las Naciones Unidas y el sistema regional americano (OEA), es desarrollado en Daniel Zovatto G.: *Los estados de excepción y... op. cit.*, pp. 87-167.

Estos controles, de acuerdo con la exposición de motivos de la Carta Magna, presenta una doble naturaleza: *por un lado*, la Asamblea Nacional "como instancia deliberante y representativa por excelencia de la soberanía popular, puede revocarlo si estima que las circunstancias invocadas no justifican la declaración de un estado de excepción o si considera que las medidas previstas para hacerle frente son excesivas" (el llamado control político), mientras que, *por el otro*, la SC/TSJ ejercerá un "control judicial automático" al "pronunciarse sobre la constitucionalidad o no del estado de excepción y de lo establecido en el decreto que lo declaró", siendo esta, además, "la única competencia que podrá ejercer de oficio la Sala Constitucional y ello por tratarse de la protección de los derechos humanos, razón por la cual se ha previsto expresamente en el texto constitucional" (control jurídico).

Así, el Constituyente de 1999 modificó lo estipulado en la Constitución de 1961[138] que solo establecía –en materia de controles– que "[e]l Decreto que declare el estado de emergencia u ordene la restricción o supresión de garantías será dictado en Consejo de Ministros y sometido a la consideración de las Cámaras en sesión conjunta o de la Comisión Delegada, dentro de los diez días siguientes a su publicación" y que "[e]l Decreto de restricción o supresión de garantías será revocado por el Ejecutivo Nacional o por las Cámaras en sesión conjunta, al cesar las causas que lo motivaron. La cesación del estado de emergencia

---

[138] La evolución de la figura en las Constituciones anteriores puede verse, en adición a lo dicho al inicio de este capítulo, en Héctor Grisanti Luciani: "La suspensión y restricción de las garantías constitucionales". *Boletín de la Academia de Ciencias Políticas y Sociales*, Vol. 69, N° 126. Academia de Ciencias Políticas y Sociales, Caracas, 1993, pp. 85-103.

será declarada por el Presidente de la República en Consejo de Ministros y con la autorización de las Cámaras en sesión conjunta o de la Comisión Delegada" (artículos 242 y 243, respectivamente).

De este modo, Venezuela se unió a Colombia como los países de la región que poseen este *control dual*[139], siendo lo común que tal intervención recaiga únicamente en el Poder Legislativo; como se verá más adelante.

1. *El control político*

Hemos señalado que los estados de excepción en Venezuela se encuentran sujetos a dos controles: el político y el jurídico.

El primero de estos controles –definido como "aquella función indeclinable del parlamentarismo democrático que, al utilizar un criterio de oportunidad política, produce una valoración subjetiva condicionante de la acción de gobierno al fijar las líneas de actuación que operarán co-

---

[139] Conforme al numeral 6 del artículo 214 y el parágrafo único del artículo 215 de la Constitución colombiana, luego de dictarse un estado de excepción o de emergencia, el Gobierno enviará a la Corte Constitucional, al día siguiente de su expedición, los decretos legislativos que dicte en uso de estas facultades para que ella decida sobre su constitucionalidad. Si el Gobierno no cumpliere con el deber de enviarlos, la Corte Constitucional aprehenderá de oficio y en forma inmediata su conocimiento. La Constitución de Ecuador contiene una disposición similar pero solo si el decreto suspende las garantías ya que, conforme al numeral 8 del artículo 436, será competencia de la Corte Constitucional de ese país el "[e]fectuar de oficio y de modo inmediato el control de constitucionalidad de las declaratorias de los estados de excepción, cuando impliquen la suspensión de derechos constitucionales".

mo marco habilitante"[140]– es llevado a cabo por la Asamblea Nacional –o, en su defecto, la Comisión Delegada[141]– "dentro de los ocho días siguientes de haberse dictado [el decreto] (...) para su consideración y aprobación" (artículo 339 de la CRBV).

Al ser esto lo único que expone el texto constitucional sobre el control político, hemos de consultar el resto del ordenamiento jurídico para conocer cómo opera el mismo.

Así tenemos que si bien el artículo 26 de LOEE repite lo ya dicho por el Constituyente –agregando que si el Presidente de la República no realiza tal remisión, ella podrá pronunciarse de oficio–, la ley precisa que la aprobación del decreto requerirá de la mayoría absoluta[142] de los diputados presentes en la "sesión especial que se realizará sin previa convocatoria, dentro de las cuarenta y ocho horas de haberse hecho público el decreto" y que "[s]i por caso fortuito o fuerza mayor la Asamblea Nacional no se pronunciare dentro de los ocho días continuos siguientes a la recepción del decreto, éste se entenderá aprobado" (artículo 27).

---

[140] José Antonio Alonso de Antonio y Ángel Luís Alonso de Antonio: *Derecho Parlamentario*. J.M. Bosch Editor, Barcelona 2000, p. 204.

[141] Según el artículo 195 de la CRBV, "[d]urante el receso de la Asamblea funcionará la Comisión Delegada integrada por el Presidente (...), los Vicepresidentes (...) y los Presidentes (...) de las Comisiones Permanentes". Vale acotar que, según el artículo 29 de la LOEE, la Comisión Delegada se pronunciará sobre el decreto solo si le es imposible, por las circunstancias del caso, convocar a una sesión extraordinaria de la Asamblea Nacional, dentro de las cuarenta y ocho horas luego de recibido el decreto o si, a la misma, no asiste la mayoría absoluta de los diputados.

[142] Es decir, el voto favorable del *cincuenta por ciento más uno*.

De los textos citados resulta prudente hacer un par de acotaciones.

A. *Sobre el lapso que tiene la Asamblea Nacional para pronunciarse*

En primer lugar, destaca la aparente dicotomía existente sobre cuándo ha de conocer la Asamblea Nacional los decretos de estado de excepción, prórroga o modificación para restringir nuevas garantías. Las normas que regulan la materia son del siguiente tenor (todos los destacados agregados):

i. "El Decreto que declare el estado de excepción (...) *será presentado, dentro de los ocho días siguientes* de haberse dictado, a la Asamblea Nacional, o a la Comisión Delegada, para su consideración y aprobación" (artículo 339 de la CRBV).

ii. "El decreto que declare el estado de excepción *será remitido* por el Presidente de la República a la Asamblea Nacional, *dentro de los ocho días continuos siguientes* a aquél en que haya sido dictado, para su consideración y aprobación" (encabezado del artículo 26 de la LOEE).

iii. "El decreto que declare el estado de excepción (...) *será aprobado* por la mayoría absoluta de los diputados y diputadas presentes en sesión especial que se realizará sin previa convocatoria, *dentro de las cuarenta y ocho horas de haberse hecho público el decreto*" (encabezado del artículo 27 de la LOEE).

iv. "Si por caso fortuito o fuerza mayor la Asamblea Nacional *no se pronunciare dentro de los ocho días continuos siguientes a la recepción* del decreto, éste se entenderá aprobado" (único aparte del artículo 27 de la LOEE).

De este modo, declarado el estado de excepción no hay duda que el Presidente de la República contará con ocho días para hacer el decreto del conocimiento de la Asamblea Nacional (primeras dos disposiciones citadas).

Sin embargo, la incertidumbre se presenta respecto a cuál es el lapso con el que cuenta el Poder Legislativo para aprobar o no este decreto.

Lo anterior, visto que el artículo 27 de la LOEE indica que el decreto será aprobado en una sesión especial que habrá de realizarse "dentro de las cuarenta y ocho horas de haberse hecho público el decreto"[143] y, luego, que si la Asamblea Nacional no se pronuncia "dentro de los ocho días continuos siguientes a la recepción del decreto", el mismo se entenderá aprobado si media caso fortuito o fuerza mayor.

Es decir, que el Legislador no solo previó dos lapsos distintos (cuarenta y ocho horas y ocho días) para una misma consecuencia jurídica –la aprobatoria o no del decreto– sino que estos se computarán, a su vez, a partir de

---

[143] El término *público* no ha de entenderse como "[c]onocido o sabido por todos" (primera acepción en el Diccionario de la Lengua Española, 23ra edición) sino en relación con su publicación en gaceta oficial, por aplicación del artículo 22 de la LOEE en concordancia con el artículo 14 de la Ley de Publicaciones Oficiales, según el cual "[l]as Leyes, Decretos, Resoluciones y demás actos oficiales tendrán el carácter de públicos por el hecho de aparecer en la GACETA OFICIAL DE LOS ESTADOS UNIDOS DE VENEZUELA (…)". Véase, adicionalmente, Allan Brewer-Carías: "Las potestades normativas del Presidente de la República: los actos ejecutivos de orden normativo". *Tendencias Actuales del Derecho Constitucional. Homenaje a Jesús María Casal Montbrun*. Tomo I, Universidad Católica Andrés Bello, Caracas, 2007, pp. 507-539.

momentos diferentes: la publicidad del decreto o su re-cepción por parte de la Asamblea Nacional, respectiva-mente.

Entonces, ¿la Asamblea Nacional debe pronunciarse sobre el decreto de excepción en las cuarenta y ocho horas siguientes a su publicación o en los ocho días siguientes a su recepción? Veamos cuáles son las respuestas posibles:

i. *Primera opción*: el Presidente de la República declara el estado de excepción por lo que este entra en vigencia según el artículo 22 de la LOEE. De seguida, inicia el lapso de ocho días para su remisión a la Asamblea Nacional (artículos 339 de la CRBV y 26 de la LOEE) pudiendo darse dos supuestos: *uno*, que el Presidente de la República incumpla con esta obligación –en cu-yo caso, transcurridos los ocho días, el Poder Legisla-tivo conocerá el decreto de oficio– y *dos*, que sí lo re-mita.

De darse esta última posibilidad, recibido el decreto la Asamblea Nacional contará con ocho días para pronunciarse aprobando o no la declaratoria. Si la Asamblea incumple esta obligación por motivos de fuerza mayor o caso fortuito, el decreto se entenderá aprobado[144] (único aparte del artículo 27 de la LOEE).

---

[144] En caso de no existir uno de estas causales de exoneración, por interpretación a contrario de la norma, el silencio habría de in-terpretarse en sentido negativo. NIKKEN expresa que "no es posible admitir que el legislativo pueda, sin tomar una deci-sión al respecto, prorrogar un estado de excepción que consi-dera inoportuno o inconveniente -si no, no se explicaría su si-lencio-, y en definitiva delegar esa decisión en la Sala Consti-tucional del Tribunal Supremo de Justicia". Véase Claudia Nikken: *Aproximación Crítica a la Regulación... op. cit.*, p. 190.

ii. *Segunda opción*: el Presidente de la República declara el estado de excepción por lo que este entra en vigencia según el artículo 22 de la LOEE. Una vez el decreto sea publicado en gaceta oficial, la Asamblea Nacional contará con dos días para pronunciarse aprobando o no su contenido, independientemente que el mandatario nacional haya o no remitido el acto (encabezado del artículo 27 de la LOEE).

Somos de la opinión que la solución lógica para la interrogante planteada debe ser la primera por el hecho que carecería de sentido sostener que la Asamblea Nacional puede pronunciarse sobre el estado de excepción *solo* dentro de los dos días siguientes a su publicación, pero sí han pasado ocho días y existe fuerza mayor o caso fortuito el decreto se entenderá aprobado[145].

Ello, en adición a que admitir esta posibilidad también vaciaría de contenido la obligación constitucional del Ejecutivo Nacional de presentar el decreto al Poder Legislativo en el margen temporal acordado por el Constituyente (ocho días), ya que bastaría que el decreto se haya "hecho público" para que inicie a correr el lapso con el que cuenta la Asamblea Nacional para considerar y aprobar el acto en cuestión, independientemente del actuar del Ejecutivo.

---

[145] De aceptarse que la Asamblea Nacional solo puede aprobar o no el decreto en los dos días siguientes a su publicación, no habría necesidad de una disposición que indicase que sí han pasado ocho días y ella no se ha pronunciado, el decreto se tendrá por aprobado.

Así, partiendo de que el Legislador ha de ser racional[146], y con la intención de armonizar ambas disposiciones, podría sostenerse que en atención a la urgencia que caracteriza al derecho de excepción, una vez dictado el decreto, el Presidente de la República deberá remitirlo a la Asamblea Nacional conforme al lapso acordado por el Constituyente. No obstante, si la publicación en gaceta oficial ocurre antes de tal presentación[147], la Asamblea Nacional celebrará una sesión extraordinaria, en las cuarenta y ocho siguientes, en la que se dará inicio a la consideración del decreto, contando dicha institución con ocho días para decidir sobre su aprobación so pena que, salvo que exista un caso fortuito o fuerza mayor, el decreto se entienda improbado.

Esta interpretación coincidiría con lo que sostuvo la propia Asamblea Nacional cuando, al haberse demandado la nulidad por inconstitucionalidad del artículo 27 de la LOEE, sus apoderados judiciales manifestaron que "la convocatoria [a la sesión] la establece la misma ley impugnada al indicar, en su artículo 27, que ésta tendrá lugar 'dentro de las cuarenta y ocho [después] de haberse hecho público el decreto', esto es, haberse publicado en la

---

[146] Véase Carlos Santiago Nino: *Consideraciones sobre la dogmática jurídica*. Universidad Nacional Autónoma de México, México D.F., 1989, pp. 85-101.

[147] Se hace la salvedad que se está consciente de los problemas que este planteamiento podría generar dada la práctica, cada vez más común, de publicar gacetas oficiales con fechas anteriores a las reales. Véase un ejemplo de ello en Antonio Silva Aranguren y Gabriel Sira Santana: "Decretos-Leyes dictados por el Presidente de la República, con base en Ley Habilitante, en el período 2013-2014". *Revista de Derecho Público* N° 140, Editorial Jurídica Venezolana, Caracas, 2014, pp. 11-39.

Gaceta Oficial de la República Bolivariana de Venezuela", contando la Asamblea Nacional con "un plazo de ocho días continuos siguientes a la recepción del decreto para su pronunciamiento, lo que también posibilitaría la mayor presencia de los diputados que habrán de pronunciarse para el caso de que la sesión especial no se hubiere realizado"[148].

Lo que podría tomarse como un indicio de la voluntad del Legislador, a falta de exposición de motivos conocida, de que el plazo para decidir no sería únicamente esa sesión extraordinaria sino que se extendería hasta los ocho días siguientes al recibo, incluso si la sesión extraordinaria no se celebró.

No obstante, en esa oportunidad la SC/TSJ no ahondó sobre este último planteamiento y se limitó a asentar que "la sesión parlamentaria con miras a aprobar o improbar el decreto de estado de excepción de que se trate, debe efectuarse dentro de las cuarenta y ocho (48) horas siguientes de haberse hecho público éste. Tal publicidad, se adquiere a través de su divulgación en la Gaceta Oficial", concluyendo que el artículo 27 de la LOEE "permite inferir que la oportunidad de la referida sesión de la Asamblea Nacional, se haya razonablemente precisada por el Legislador, entre el momento en que tenga lugar la publicación del decreto que establezca el régimen excepcional respectivo y las cuarenta y ocho horas siguientes a aquél".

Este tema fue retomado por la SC/TSJ en el año 2016, gracias a una solicitud de interpretación constitucional "sobre el alcance, particulares y consecuencias del artículo

---

[148]   Fallo de SC/TSJ N° 3567/2005, ya citado.

339 en concatenación con el artículo 136 de la Constitución de la República (…), además de los artículos 27 y 34 [*rectius*: 33] de la Ley Orgánica sobre los (sic) Estados de Excepción", presentada por miembros de diversos consejos comunales.

En este fallo, la Sala determinó que:

> Ciertamente, el lapso máximo para su decisión es de ocho (8) días, pero para que la Asamblea pueda pronunciarse con posterioridad a las 48 horas indicadas en el párrafo inicial del artículo 27, debe cumplirse con la realización de la sesión especial, que además solo puede tratar ese único objeto –artículo 59 del Reglamento Interior y de Debates de la Asamblea Nacional- y, de ser necesario, acordar una prórroga debidamente justificada para considerar el decreto con posterioridad al aludido lapso, pero dentro de los ocho (8) días, salvo caso fortuito o fuerza mayor (artículo 27 *in fine*).
>
> Tal interpretación es lógica y congruente, pues de lo contrario estaríamos en presencia de una antinomia al interior del citado artículo 27.
>
> En consecuencia, al no haber cumplido con la consideración del decreto dentro de las cuarenta y ocho (48) horas de haberse hecho público el decreto (14 de enero de 2016), la Asamblea Nacional omitió una forma jurídica esencial contemplada en la ley y reconocida por la jurisprudencia de esta Sala Constitucional en sentencia N° 3567 del 6 de diciembre de 2005, cuya consecuencia lógica es la del silencio positivo (vid. artículo 27 Ley Orgánica sobre Estados de Excepción). En efecto, el legislador pautó claramente la realización de una sesión especial sin previa convocatoria, dentro de las cuarenta y ocho horas para su aprobación. Por otra parte, la misma disposición da valor positivo a la

omisión de la Asamblea Nacional, lo cual es concordante con la Constitución de la República Bolivariana de Venezuela[149]. (Destacado del original).

Conforme a este criterio de la SC/TSJ –reiterado en fallo N° del 411 del 19-05-2016– el lapso de ocho días para que la Asamblea Nacional apruebe o no el decreto solo se abrirá si ella celebró la sesión extraordinaria que prevé el artículo 27 de la LOEE en las cuarenta y ocho horas siguientes a la publicación de la declaratoria, pues, de lo contrario operará el silencio positivo, independientemente que no hayan transcurrido los ocho días indicados por el Legislador para que ello ocurra ni exista caso fortuito o fuerza mayor.

Esa es la interpretación "lógica y congruente" dada por la Sala que, como se puede apreciar, se aparta claramente del artículo interpretado –y el resto de la normativa citada– que solo estipula el silencio positivo en caso que no haya pronunciamiento por parte de la Asamblea Nacional luego de transcurrido ocho días desde la presentación del decreto, y al existir una causa extraña no imputable[150].

En cualquier caso, la LOEE precisa que el acuerdo dictado por la Asamblea Nacional, al igual que el decreto del estado de excepción, entrará en vigencia de forma inmediata debiendo publicarse en gaceta oficial y difun-

---

[149]   Fallo N° 7 del 11-02-2016 (caso: *Hernán Toro y otros*).

[150]   Es prudente acotar que este fallo se originó luego del cambio de fuerzas políticas en la Asamblea Nacional que provocó lo que en el foro se ha denominado "guerra de poderes". Véase Allan Brewer-Carías: *Dictadura judicial y perversión del Estado de derecho. La Sala Constitucional y la destrucción de la democracia en Venezuela*, 2da edición, Editorial Jurídica Venezolana Internacional, Caracas–New York, 2016.

dirse "en el más breve plazo, por todos los medios de comunicación social, al día siguiente en que haya sido dictado, si fuere posible" (artículo 30).

B. *Sobre los efectos del acuerdo que dicte la Asamblea Nacional*

Como hemos indicado, el artículo 339 de la CRBV expone que la remisión del decreto a la Asamblea Nacional es "para su consideración y aprobación", señalando la exposición de motivos que ella "puede revocarlo si estima que las circunstancias invocadas no justifican la declaración de un estado de excepción o si considera que las medidas previstas para hacerle frente son excesivas".

Es decir, que como se desprende del significado propio de las palabras (encabezado del artículo 4 del Código Civil), son facultades de la Asamblea Nacional, respecto a los decretos de estados de excepción, el *pensar* sobre ellos analizándolos con atención (considerar) y *calificarlos* o darlos por bueno o suficiente (aprobar).

Así fue ratificado en los diarios de debate de la Asamblea Nacional cuando, al conocerse del veto efectuado por el Presidente de la República sobre los artículos 22, 30 y 32 de la LOEE, se argumentó que "[e]n los artículos 337 y 339 se evidencia que cada una de las ramas del Poder Público que interviene en la declaratoria de los estados de excepción tienen expresamente delimitadas las competencias de las materias que le corresponden", por lo que "[l]a Asamblea Nacional está facultada para aprobar o revocar el decreto dictado por el Presidente de la República"[151], y, en consecuencia, "la Asamblea Nacional puede revocar el

---

[151] Informe de la Comisión Permanente de Defensa y Seguridad sobre la devolución de la LOEE.

decreto y no solamente si cesan las causas que lo originaron, sino si prevé que no están llenos los requisitos o las causas para dictar un estado de excepción"[152].

De este modo, el rol de la Asamblea Nacional estaría en consonancia con lo que prevé la mayoría de las Constitucionales latinoamericanas, que pueden agruparse del siguiente modo atendiendo a la relación entre el Poder Legislativo y el Poder Ejecutivo en la materia:

i. *El decreto corresponde originalmente al Poder Legislativo, debiendo este aprobar el actuar del Poder Ejecutivo cuando el primero se encuentra en receso*: Costa Rica (numeral 7 del artículo 121 en concordancia con el numeral 4 del artículo 140), El Salvador (numeral 27 del artículo 131 en concordancia con los numerales 5 y 6 del artículo 167) y Paraguay (artículo 288).

ii. *El Poder Ejecutivo declara el estado de excepción, pero requiere la aprobación del Poder Legislativo*: Argentina (artículo 61)[153], Bolivia (numeral 1 del artículo 138)[154],

---

[152] Intervención del diputado Francisco Ameliach en la sesión del 09-08-2001, en la que se consideró el informe presentado por la Comisión Permanente de Defensa y Seguridad. El punto focal de la discusión era si la Asamblea Nacional podía modificar el decreto, como se había previsto en el artículo 30 de la LOEE vetado, o solo aprobarlo o improbarlo.

[153] Solo en caso de ataque exterior pues, si se trata de conmoción interior, corresponde al Senado la declaratoria, aprobando o no el decreto que haya dictado el Presidente de la República si se encontraba en receso (numeral 29 del artículo 75 en concordancia con el numeral 16 del artículo 99).

[154] La aprobatoria de la Asamblea Legislativa Plurinacional incluye la determinación de las facultades conferidas.

Chile (artículos 40 a 42)[155], Colombia (artículo 212)[156], Honduras (artículo 187), Nicaragua (numeral 27 del artículo 138 en concordancia con el numeral 9 del artículo 150), República Dominicana (numeral 1 del artículo 266)[157], Uruguay (numeral 17 del artículo 168 en concordancia con el artículo 31), Panamá (artículo 55)[158] y México (artículo 29).

iii. *El Poder Ejecutivo solo da cuenta al Poder Legislativo de la declaratoria*: Cuba (literal "I" del artículo 93)[159], Ecuador (artículo 166)[160] y Perú (artículo 137)[161].

---

[155] Si el estado de catástrofe tiene una duración inferior al año solo se deberá notificar al Congreso de las medidas adoptadas, pudiendo este dejarlo sin efecto luego de transcurridos 180 días. Igual ocurre en caso de los estados de emergencia en los que se requerirá la autorización del Congreso solo para sus prórrogas sucesivas.

[156] Solo en caso de estado de guerra exterior se hace mención expresa a la autorización del Senado, lo que no ocurre en caso de estado de conmoción interior (se requiere la aprobación del Senado solo para su prórroga según el artículo 213) y del estado de emergencia que tiene un control posterior (artículo 215).

[157] Adicionalmente, el Congreso puede dictar un estado de defensa nacional según el literal "F" del numeral 1 del artículo 93.

[158] El Poder Legislativo se pronuncia si el estado de excepción dura más de diez días y sobre todas las medidas que se adopten con base en este.

[159] Salvo que se trate de declaratoria de guerra en cuyo caso la competencia es del Legislativo, salvo que se encuentre en receso y, por ende, corresponda al Consejo de Estado (literal "I" del artículo 75 en concordancia con el literal "F" del artículo 90).

[160] A pesar de que solo es notificado, el artículo prevé que la Asamblea Nacional podrá revocar el decreto en cualquier tiempo.

[161] Conforme a esta Constitución, solo la prórroga del estado de sitio requiere la aprobación del Congreso.

En Venezuela, el tema no genera –o generaba– mayor duda: si la Asamblea Nacional se pronuncia a favor del decreto, este sigue vigente; si por el contrario, se pronuncia en contra, este queda sin efectos[162].

Lo anterior, en virtud de que la razón de ser del control político no es otra que buscar "el equilibrio entre las prerrogativas parlamentarias y la libertad de acción del Gobierno", visto que quienes hacen vida en el Parlamento "son los censores natos de la actividad política de quienes conducen al Estado, y son los encargados, en primer término, de mantener a éstos en la defensa de los intereses y aspiraciones de la colectividad"[163].

Tal es la importancia de este control que la LOEE precisa que, si la Asamblea Nacional o la Comisión Delegada desaprobaren el decreto de estado de excepción o denegare su prórroga, la SC/TSJ, al ejercer el control jurídico, habría de omitir todo pronunciamiento y declarar extinguida la instancia (artículo 33)[164].

---

[162] Véase Allan Brewer-Carías: *Dictadura Judicial y perversión del... op. cit.*, p. 203. El autor sostiene que "[l]a Constitución le atribuyó en esta forma al órgano parlamentario la potestad de control político sobre los decretos de estado de excepción, asignándole el poder de aprobarlos, y por supuesto de improbarlos. Cuando la Constitución dispone que el decreto se remita a la Asamblea 'para su consideración y aprobación' es por supuesto para su consideración, y como derivado de ello, para su aprobación o improbación. De lo contrario no sería control alguno, sino una simple rúbrica".

[163] Orlando Tovar Tamayo: "Las facultades de control e investigación del Congreso venezolano". *Revista de Derecho Público* N° 14, Editorial Jurídica Venezolana, Caracas, 1983, p. 83.

[164] El artículo recoge lo previsto en la exposición de motivos de la CRBV según la cual, "la Sala Constitucional del Tribunal Su-

Sin embargo, apartándose de este criterio doctrinal y normativo, la SC/TSJ procedió en el fallo N° 7 del 11-02-2016 –ya citado– a resolver que:

> El control político de la Asamblea Nacional sobre los decretos que declaran estados de excepción no afecta la legitimidad, validez, vigencia y eficacia jurídica de los mismos; y el Texto Fundamental prevé de forma expresa que la Asamblea Nacional puede revocar la prórroga del decreto de estado de excepción, antes del término señalado, al cesar las causas que lo motivaron, actuación que pudiera ser objeto de control de la constitucionalidad por parte de esta Sala, sea, por ejemplo, como acción en ejecución directa e inmediata de la Constitución o como controversia constitucional entre poderes públicos.

Esta decisión se basó en tres argumentos bastante discutibles de la SC/TSJ, por medio de los cuales se pretendió vaciar de contenido los vocablos "consideración y aprobación" empleados por el Constituyente:

i. Ni la Constitución de 1961 ni la CRBV "se refieren de forma expresa a su eventual desaprobación" por parte del Poder Legislativo, debido a que tal aprobación o desaprobación "lo afecta desde la perspectiva del control político y, por ende, lo condiciona políticamente, pero no desde la perspectiva jurídico-constitucional", visto que, de otra forma, "no tendría sentido que el constituyente (...) hubiere exigido, además de aquel control, el examen constitucional del

---

premo de Justicia (...) habrá de pronunciarse sobre la constitucionalidad o no del estado de excepción y de lo establecido en el decreto que lo declaró, a menos que la Asamblea Nacional, o la Comisión Delegada, haya revocado previamente ese decreto".

mismo, por parte de esta Sala, como máxima protectora de la Constitucionalidad (…); de allí que aquel control, (…) no invalida la tutela definitoria de la constitucionalidad".

ii. Al control de la Asamblea Nacional no causar responsabilidad disciplinaria y el de la SC/TSJ sí, ha de entenderse que "el propio legislador reconoció las limitaciones propias del control político" y, en consecuencia, el control jurídico es el único que "resulta insoslayable por su contenido, naturaleza y alcance".

iii. El control político es "relativo" y "está sometido al control constitucional, que además de ser un control jurídico y rígido, es absoluto y vinculante", por lo cual ha de imperar la voluntad de quien ejerza este último.

Sobre las falacias enumeradas en los párrafos que anteceden nos permitimos formular los siguientes comentarios puntuales:

Primero, ciertamente, el artículo 339 de la CRBV no menciona la palabra *improbar* o *rechazar* cuando hace alusión al rol de la Asamblea Nacional en los estados de excepción. No obstante, escapa a toda lógica que este cuerpo únicamente pudiera aprobar el decreto ya que ello equivaldría a negar la propia existencia de control que, de ser así, se traduciría en una simple notificación, como se vio ocurre en Cuba, Ecuador y Perú.

Esta realidad es aceptada por la propia SC/TSJ cuando indica que "por lógica jurídica, la referencia expresa a la aprobación, en la Constitución de 1999, apareja la posibilidad contraria, es decir, la de la desaprobación".

Segundo, admitido que la Asamblea Nacional puede aprobar o rechazar el decreto, restaría por determinar los efectos de esta decisión.

Según la Sala, el acuerdo que dicta la Asamblea no afecta su legitimidad, validez, vigencia y eficacia jurídica, tratándose, a lo sumo, de un *condicionamiento político*, siendo la SC/TSJ la única que causa efectos jurídicos.

Para arribar a esta conclusión, la Sala toma como premisas que (1) "no tendría sentido" la existencia de dos controles (el político y el jurídico) si con ambos se puede arribar a un mismo resultado (cese de efectos del decreto); y (2) El control jurídico impera sobre el político porque puede generar responsabilidad y es absoluto.

Sin embargo, estas premisas pecan de falsedad (la primera) e irrelevancia (la segunda), visto que la SC/TSJ obvió que la duplicidad de control tiene un *sentido* claro: la actividad desplegada por el Poder Legislativo y el Poder Judicial, si bien pueden llegar a una misma consecuencia (que se mantenga o no la vigencia del estado de excepción), evalúan presupuestos diferentes.

Así, a la Asamblea Nacional le corresponde pronunciarse sobre la oportunidad política de las medidas mientras que la SC/TSJ sobre su constitucionalidad. Ello, dado que pueden haber estados de excepción que sean constitucionales pero inoportunos, y estados de excepción que sean oportunos pero inconstitucionales.

No obstante lo anterior, la Sala hizo abstracción de esta realidad citando –entre otros– un trabajo de SALGADO PESANTES en el que el autor afirma que "como se suele señalar acertadamente, hay aquí una diferencia sustancial con el control jurídico; mientras este conlleva necesariamente una sanción, el control político no posee, de modo general y constante, efectos sancionadores *per se*; los tiene en determinados casos, en aquellos en que el ordenamiento jurídico lo ha previsto"[165]. Lo que llevó a la Sala a afirmar que:

> En efecto, mientras el control jurídico, en este caso, jurídi-co-constitucional, conlleva una sanción en caso de verificarse la contradicción con el Texto Fundamental, lo que implicaría la declaratoria de inconstitucionalidad y, por ende, la nulidad del acto contrario al texto fundamental (*vid.* p. ej. artículo 38 de la Ley Orgánica sobre Estados de Excepción), el control político sólo pudiera conllevar de forma excepcional alguna sanción (ello por la subjetividad, relatividad y discrecionalidad de ese control que, por ende, no está exento de examen jurídico), circunstancia que implica que, por ejemplo, el Texto Constitucional vigente sólo se refiriese al sometimiento del decreto que declara estado de excepción a la Asamblea Nacional para su consideración y aprobación, y sólo alude, en el contexto de la prórroga de ese estado, a la posibilidad de revocatoria "*por el Ejecutivo Nacional o por la Asamblea Nacional o por su Comisión Delegada, antes del término señalado, al cesar las causas que lo motivaron*", actuación (revocatoria) que, de ser el caso, pudiera ser sometida a conocimiento de la jurisdicción constitucional, por ejemplo, sobre la base de lo previsto en el cardinal 4, o, de ser el caso, en el 9, del artículo 336, dependiendo del supuesto de hecho que se plantee. (Destacado del original).

De este modo, la SC/TSJ entró en contradicción al admitir, *por una parte*, que el control político tendrá efectos sancionadores de modo excepcional –en los casos en que el ordenamiento jurídico lo ha previsto, diría SALGADO PESANTES– pero, *por la otra*, negar estos efectos

---

[165] Hernán Salgado Pesantes: "Teoría y práctica del control político. El juicio político en la Constitución ecuatoriana". *Anuario de Derecho Constitucional Latinoamericano*, Tomo I, Konrad-Adenauer-Stiftung A.C. Montevideo, 2004, p. 385.

en el caso del acuerdo que dicte la Asamblea Nacional sobre los estados de excepción, a pesar de que la CRBV y la LOEE conceden al Poder Legislativo la facultad para aprobar o no el decreto, sin que ello se encuentre limitado a los decretos de prórroga o sea una mera declaración.

Este argumento es compartido por ARISMENDI al indicar que la CRBV faculta al Presidente de la República para dictar el decreto en Consejo de Ministros, pero "prescribe su remisión a la Asamblea Nacional, la cual, como instancia deliberante y representativa por excelencia de la soberanía popular, puede revocarlo si estima que las circunstancias invocadas no justifican la declaración de un estado de excepción o si considera que las medidas previstas para hacerle frente son excesivas"[166].

Sostener lo contrario –como lo hace la Sala– llevaría al sinsentido que declarado el estado de excepción y rechazado este por la Asamblea Nacional, tal decreto seguiría surtiendo efectos contra la voluntad de quienes ejercen la defensa de los intereses y aspiraciones de la colectividad hasta tanto se cumpliese su duración original, pudiendo los parlamentarios revocarlo únicamente cuando se presente la oportunidad de su prórroga, y siempre que la SC/TSJ estuviese de acuerdo con ello, cuando la CRBV en ningún momento estableció que estos controles habían de actuar de forma *concurrente* o que la validez de uno se haría depender del otro, más allá de lo estipulado en el artículo 33 de la LOEE.

Aunando en lo anterior, se considera relevante destacar que cuando el Constituyente abordó el tema de la prórroga y la revocatoria, no lo hizo en los términos que

---

[166] Alfredo Arismendi: *Derecho Constitucional*, Tomo II, Universidad Central de Venezuela, Caracas, 2008, p. 870.

indicó la SC/TSJ en su decisión sino precisando que: "[e]l Decreto que declare el estado de excepción (…). El Presidente (…) de la República podrá solicitar su prórroga por un plazo igual, y será revocado por el Ejecutivo Nacional o por la Asamblea Nacional o por su Comisión Delegada, antes del término señalado, al cesar las causas que lo motivaron".

Si atendemos a una interpretación gramatical de esta norma, el vocablo *revocado* no hace referencia a la prórroga –en cuyo caso la norma habría de decir que el mandatario "podrá solicitar su prórroga por un plazo igual, y será *revocada*", por relación de género– sino al decreto que declare el estado de excepción o lo prorrogue. Por lo que, como es lógico que sea, la Asamblea Nacional no solo puede improbar el decreto dejándolo sin efecto de forma inmediata, sino que, en caso de aprobar el decreto *original* o de prórroga, podrá revocarlo una vez cesen las causas que lo motivaron.

En cuanto a la supremacía del control jurídico por ser la falta de pronunciamiento de los magistrados causal de responsabilidad disciplinaria, somos de la opinión que este argumento nada agrega a la discusión, al no corresponder con los efectos de la decisión sino con la necesidad de ella, llegando a indicarse en el foro que ello no es más que una medida "para amedrentar a los magistrados"[167].

Pero, aun si asumimos –como señaló la Sala– que con esta disposición "el propio legislador reconoció las limitaciones propias del control político que ejerce el Poder Legislativo Nacional", tal razonamiento se enfrenta con la letra del artículo 33 de la LOEE según el cual, como se vio,

---

[167] C. Nikken: *Aproximación Crítica a la Regulación… op. cit.*, p. 197.

"[l]a Sala Constitucional del Tribunal Supremo de Justicia omitirá todo pronunciamiento, si la Asamblea Nacional o la Comisión Delegada desaprobare el decreto de estado de excepción o denegare su prórroga, declarando extinguida la instancia".

Partiendo del razonamiento de la Sala, ¿significaría este artículo que *el propio Legislador* (y el Constituyente, en la exposición de motivos) reconoció las limitaciones propias del control jurídico que ejerce el Poder Judicial, y por eso dio clara preponderancia al control político de la Asamblea Nacional? Dejamos la interrogante abierta.

En el pasado, autores como BREWER-CARÍAS han sostenido que esta norma "puede considerarse como inconstitucional pues establece una limitación al ejercicio de sus poderes de revisión por la Sala, no autorizada en la Constitución. La revisión, aún de oficio, del decreto de estado de excepción puede realizarse por la Sala Constitucional, independientemente de que la Asamblea Nacional haya negado su aprobación"[168], lo que llevó a la Sala a afirmar en el año 2016 que "el artículo 33 (…) es, en efecto, inconstitucional, pues establece una limitación al ejercicio de sus poderes de revisión por la Sala, no autorizada en la Constitución y que quebranta la propia supremacía y protección última del Texto Fundamenta" y, en consecuencia, lo desaplicó por control difuso de constitucionalidad[169].

---

[168]   Allan Brewer-Carías: *Las potestades normativas del Presidente… op. cit.*, pp. 527-528.

[169]   Recientemente, el autor citado señaló que "[p]odía la Sala, sin duda, ejercer dicho control difuso de constitucionalidad sobre la primacía que la Ley otorgó al control político sobre el control jurídico, pero lo que no podía era restringir, violando la

Sin embargo, somos de la opinión que el artículo 33 de la LOEE, aunque podría traducirse en una limitación al ejercicio de los poderes de revisión de la SC/TSJ, es una disposición racional en el sentido que tiende a la economía y celeridad procesal, evitando que el Poder Judicial emita un pronunciamiento que carezca de sentido y valor por versar sobre un decreto cuyos efectos cesaron con motivo de la decisión del Parlamento de improbar el mismo[170].

2. El control jurídico

Como hemos indicado, desde la CRBV el decreto de estado de excepción no se encuentra sometido únicamente a un control político sino que, también, sus disposiciones han de ser declaradas conforme a derecho.

Todo ello, quizá, para prevenir que se implante un régimen de excepción en el que se suspendan las garantías de los particulares y que cuente con la anuencia del Poder Legislativo –dado que su mayoría sea de tendencia oficialista– aun cuando carezca de fundamento jurídico.

Esta facultad de la SC/TSJ la encontramos, en adición al artículo 339 de la CRBV según el cual, "[e]l Decreto que

---

Constitución, el control político que correspondía a la Asamblea Nacional, y menos supuestamente basándose en una opinión de quien suscribe". Véase Allan Brewer-Carías: *Dictadura Judicial y perversión del... op. cit.*, p. 213.

[170] Haciendo un símil, la cuestión podría compararse con que la SC/TSJ se pronuncie sobre la constitucionalidad de un decreto con rango, valor y fuerza de ley que fue derogado por la Asamblea Nacional y, por ende, no se encuentra inserto ordenamiento jurídico vigente, a pesar de que la norma podría resultar de interés para las controversias que hayan sucedido en el período que resultaba aplicable.

declare el estado de excepción, en el cual se regulará el ejercicio del derecho cuya garantía se restringe, será presentado, dentro de los ocho días siguientes de haberse dictado (...) a la Sala Constitucional del Tribunal Supremo de Justicia, para que se pronuncie sobre su constitucionalidad" y el numeral 6 del artículo 336 *ejusdem* – "[s]on atribuciones de la Sala Constitucional del Tribunal Supremo de Justicia: (...) 6. Revisar, en todo caso, aun de oficio, la constitucionalidad de los decretos que declaren estados de excepción dictados por el Presidente (...) de la República"–, en el numeral 6 del artículo 25 de la Ley Orgánica del Tribunal Supremo de Justicia –que copia textualmente al numeral 6 del artículo 336 constitucional en el numeral 6 del artículo 25– y el capítulo II del título IV de la LOEE.

Ahora bien, ¿en qué consiste este control? Una respuesta minimalista nos llevaría a asegurar que a determinar la constitucionalidad –o no– del decreto, pero consideramos que limitarnos a esta aseveración es insuficiente y nada agrega a lo que dice el texto constitucional.

Esta idea es compartida por BREWER-CARÍAS, que ha indicado que la SC/TSJ "puede pronunciarse no sólo sobre la constitucionalidad de los decretos que declaren el estado de excepción, sino sobre la constitucionalidad del contenido de los mismos en Gaceta Oficial conforme a lo dispuesto en los artículos 337 y siguientes de la Constitución"[171], señalando, como ejemplo, el deber de verificar que el decreto contenga la necesaria regulación sobre el ejercicio del derecho cuya garantía se restringe.

---

[171]   Allan Brewer-Carías: "Régimen y alcance de la actuación judicial de oficio en materia de justicia constitucional en Venezuela". *Revista Estudios Constitucionales*, Vol. 4, N° 2, Universidad de Talca, Talca, 2006, p. 229.

Postura que puede ser complementada por lo expuesto por GARCÍA SOTO para quien, al ser el decreto de estado de excepción "uno de los actos del Poder Público más delicados en la vida institucional del país", el ordenamiento jurídico "establece determinados requisitos de constitucionalidad que debe cumplir"[172], siendo justamente esos requisitos los que, en nuestro criterio, la SC/TSJ está llamada a revisar.

De este modo podemos afirmar que el control judicial no se ejercerá únicamente sobre aspectos formales del decreto, sino que se adentrará en su contenido y disposiciones a fin de conocer, objetivamente, si los mismos cumplen con las exigencias del texto constitucional. Una interpretación diferente nos parece contraría a Derecho por dos motivos fundamentales.

En *primer lugar*, la LOEE estipula en su artículo 22 que "[e]l decreto que declare los estados de excepción tendrá rango y fuerza de Ley", y, como es sabido, la SC/TSJ se encuentra facultada para sentenciar en contra de los actos con rango de ley que dicte el Ejecutivo Nacional y que coliden con la CRBV, bien sea por cuestiones de forma o fondo.

---

[172] Carlos García Soto: "Notas sobre el ámbito y requisitos del estado de excepción". *Revista de Derecho Público*, N° 143-144, Editorial Jurídica Venezolana, Caracas, 2015, pp. 11-12. El autor enlista entre estos requisitos que exista una circunstancia objetiva de gravedad que haga insuficiente los medios ordinarios que dispone el Estado, que las medidas adoptadas sean proporcionales y temporales, que el decreto regule el ejercicio del derecho cuya garantía se restringe y que solo se limiten aquellas que el ordenamiento jurídico permite.

De ahí que cobre sentido la expresión "control judicial automático" de la exposición de motivos de la CRBV, pues, para tal pronunciamiento, al contrario de como ocurre respecto a los otros actos con rango de ley, no se requerirá que quien se considere afectado demande la inconstitucionalidad (acción popular) sino que el Poder Judicial deberá manifestarse en todos los casos una vez haya sido dictado el decreto, siempre que la Asamblea Nacional no lo haya improbado conforme se vio anteriormente.

Y, en *segundo lugar,* porque en Venezuela tiene aplicación el llamado "control universal de constitucionalidad" según el cual no existen actos exentos del mismo. Tal es así, que los actos de gobierno –dentro de los que se encontrarían los decretos de estados de excepción y que históricamente se equiparan con aquellos en los que no procedería un examen por parte del Poder Judicial– en Venezuela se entienden "con base en un criterio estrictamente formal, conforme al principio de la formación del derecho por grados, como acto dictado por el Presidente de la República, en ejecución directa e inmediata de la Constitución, pero agregando, sin embargo, que se trata de actos dictados en ejercicio de la función política"[173], por lo que el Poder Judicial ha considerado que "[s]ería un despropósito, y así lo entiende esta Sala, que los actos del Presidente de la República queden excluidos del control, *si ellos causan efectos jurídicos"*[174] (destacado del original).

---

[173] Allan Brewer-Carías: *Los actos de gobierno, la universalidad del control jurisdiccional de constitucionalidad, y los problemas de la politización de la jurisdicción constitucional en Venezuela.*

[174] Fallo de SC/TSJ N° 1815 del 24-08-2004 (caso: *Hermann Escarrá*).

Y ello ha sido así antes de que existiese la SC/TSJ, como se evidencia, por ejemplo, en el fallo del 11-03-1993 de la Sala Plena de la Corte Suprema de Justicia donde se indicó, al conocerse un decreto de suspensión de garantías, que sobre los actos de gobierno "el control se extiende a la revisión de la competencia del agente, del contenido lícito, posible, determinado o determinable del acto, a la utilización correcta o debida de la competencia atribuida y al cumplimiento del procedimiento previamente establecido", motivo por el cual "puede el Juez, sin embargo, conocer no sólo de los aspectos formales que rodearon la emisión del mismo, sino también revisar la 'veracidad y congruencia' de los hechos que constituyen su fundamentación fáctica"[175].

En este sentido se observa que el control del decreto que debe llevar a cabo el Poder Judicial no debe limitarse a destacar si el decreto fue dictado por el Presidente de la República en Consejo de Ministros, sino que deberá cerciorarse de que existan los presupuestos fácticos alegados por el Presidente de la República como justificativo del decreto y que el mismo cumple con los principios de necesidad, proporcionalidad y temporalidad a los que hicimos referencia[176].

---

[175] Véase sobre este fallo, J. L. Suárez: *El verdadero sentido de los…* *op. cit.,* pp. 87-102.

[176] Postura similar se sostiene en el foro colombiano, donde también opera el control judicial del estado de excepción y se explica que este comporta un juicio de existencia, de valor y de insuficiencia de las medidas ordinarias. Véase Alejandro Ramelli Arteaga: "Control de constitucionalidad y conmoción interior", *Revista Derecho del Estado*, N° 15, Universidad Externado, Bogotá, 2003, pp. 57-74.

Esta idea la recoge la propia LOEE al indicar, en su artículo 37, que la nulidad del decreto será declarada "cuando no se cumpla con los principios de la Constitución de la República Bolivariana de Venezuela, tratados internacionales sobre derechos humanos y la presente Ley", debiendo el control darse de un modo objetivo sin entrar en consideraciones de conveniencia u oportunidad, que formarán parte del control político que corresponde al Poder Legislativo.

En resumen, basándonos en lo dicho en los párrafos precedentes, para que la SC/TSJ declare la constitucionalidad de un estado de excepción, es necesario que ella realice un examen de hecho (presupuestos fácticos que fundamentan los estados de excepción según la motivación de los decretos) y de derecho (cumplimiento de los principios constitucionales y legales en la materia, así como el haberse cerciorado que las restricciones de garantías operasen sobre aquellas disponibles) y que los decretos se ajustan al marco normativo vigente[177].

Por lo que respecta al *iter procesal*, para el cual todos los días y horas serán hábiles (artículo 39), la LOEE dedica buena parte de su articulado a su regulación precisando que, una vez el Presidente de la República remita a la SC/TSJ el decreto o hayan pasado ocho días continuos desde que este fue dictado (lo que ocurra primero), la Sala habrá de decidir en los diez días continuos siguientes sobre su constitucionalidad, so pena de que los magistra-

---

[177] Esta posición es compartida por otros autores en el foro como puede observarse en Nélida Peña Colmenares: "Los controles sobre los decretos declaratorios de los estados de excepción (a propósito de los decretos dictados en agosto y septiembre de 2015)". *Revista Venezolana de Legislación y Jurisprudencia* N° 7, Caracas, 2016, pp. 219-272.

dos incurran en responsabilidad disciplinaria, "pudiendo ser removidos de sus cargos de conformidad con lo establecido en el artículo 265 de la Constitución de la República Bolivariana de Venezuela" (último aparte del artículo 32).

En este sentido, en los primeros cinco días del lapso para decidir, los interesados podrán consignar ante la Sala los alegatos y elementos de convicción que sirvan para demostrar la constitucionalidad o la inconstitucionalidad del decreto que declare el estado de excepción, acuerde su prórroga o aumente el número de garantías restringidas (artículo 34), debiendo la Sala admitir en los dos días siguientes aquellos que resulten pertinentes (artículo 35).

Transcurrido este lapso, la SC/TSJ contará con tres días para decidir (artículo 36) debiendo declarar la nulidad total o parcial del decreto cuando, como indicamos, no se cumpla con los principios de la CRBV, los tratados internacionales sobre derechos humanos (PIDCP y CADH) y la LOEE.

Esta decisión tendrá efectos retroactivos, se publicará en gaceta oficial y la Sala deberá "restablecer inmediatamente la situación jurídica general infringida, mediante la anulación de todos los actos dictados en ejecución del decreto" (artículo 38).

Finalmente, hemos de realizar tres acotaciones adicionales sobre este control:

La *primera*, es que, como señalamos en el acápite anterior, si la Asamblea Nacional desaprobó el decreto, la SC/TSJ omitirá pronunciarse o declarará extinguida la instancia, según corresponda (artículo 33).

La *segunda*, es que aunque el control jurídico recae sobre el decreto del Presidente de la República –que declara el estado de excepción, lo prorroga o aumenta el

número de garantías restringidas– el Legislador determinó que, en aquellos casos en que la Asamblea Nacional
apruebe el decreto, el Presidente de este cuerpo habrá de
remitir tal acuerdo a la Sala. Ello, entendemos, no para
que ella se pronuncie sobre su constitucionalidad, lo que
poca utilidad tendría[178], sino como indicio que brinde claridad sobre, por ejemplo, la necesidad y proporcionalidad
de la medida según las consideraciones de oportunidad y
conveniencia que haya efectuado la Asamblea Nacional.

Y, la *tercera*, que si bien el control jurídico del decreto
corresponde a la SC/TSJ, la LOEE estipula que "[t]odos
los jueces o juezas de la República, en el ámbito de su
competencia de Amparo Constitucional, están facultados
para controlar la justificación y proporcionalidad de las
medidas adoptadas con base al estado de excepción"
(artículo 40); lo que vendría a complementar al artículo 27
de la CRBV[179].

---

[178] Al respecto, compartimos la posición de NIKKEN para quien,
"[l]a validación de fondo del decreto que declare el estado de
excepción, valida igualmente el fondo de la decisión dictada
por la Asamblea Nacional; viceversa, la anulación del decreto,
acarrea la nulidad del acuerdo de la Asamblea". Véase C.
Nikken: *Aproximación Crítica a la Regulación... op. cit.*, p. 188.

[179] Artículo 27. Toda persona tiene derecho a ser amparada por
los tribunales en el goce y ejercicio de los derechos y garantías
constitucionales, aun de aquellos inherentes a la persona que
no figuren expresamente en esta Constitución o en los instrumentos internacionales sobre derechos humanos.

El procedimiento de la acción de amparo constitucional será
oral, público, breve, gratuito y no sujeto a formalidad, y la autoridad judicial competente tendrá potestad para restablecer
inmediatamente la situación jurídica infringida o la situación
que más se asemeje a ella. Todo tiempo será hábil y el tribunal
lo tramitará con preferencia a cualquier otro asunto.

VI. LA RESTRICCIÓN DE GARANTÍAS EN UN ESTADO DE EXCEPCIÓN

El artículo 337 de la CRBV establece que en caso de declararse un estado de excepción "podrán ser restringidas temporalmente las garantías consagradas en esta Constitución".

Esta disposición nos permite arribar a una conclusión: aunque toda restricción de garantías por parte del Ejecutivo Nacional deriva de la declaratoria de un estado de excepción[180], no todo estado de excepción conlleva a la declaratoria de restricción de garantías; entendida esta última como "la posibilidad de establecer 'limitaciones' legales ejecutivas al ejercicio del derecho fundamental, que se superponen a la legislación ordinaria, la cual se suspende parcialmente durante la vigencia de las medidas, en los términos de la misma"[181].

La acción de amparo a la libertad o seguridad podrá ser interpuesta por cualquier persona, y el detenido o detenida será puesto o puesta bajo la custodia del tribunal de manera inmediata, sin dilación alguna.

El ejercicio de este derecho no puede ser afectado, en modo alguno, por la declaración del estado de excepción o de la restricción de garantías constitucionales.

[180] No adentraremos en esta ocasión en el tema de las leyes habilitantes, para lo cual puede consultarse M. A. Grau: *Separación de poderes y leyes presidenciales en Venezuela… op cit.* y L. A. Herrera O.: *¿Estado de excepción o ley habilitante?… op. cit.*

[181] Allan Brewer-Carías: "Consideraciones sobre la suspensión o restricción de las garantías constitucionales", *Revista de Derecho Público* N° 37, Editorial Jurídica Venezolana, Caracas, 1989, p. 12.

Tal es así que, durante la vigencia de la CRBV y antes de los decretos de excepción en la frontera colombo-venezolana, quienes han ejercido la Presidencia de la República dictaron, al menos, ocho decretos en los que se invocó como fundamento jurídico los artículos 337 o 338 de la CRBV.

Estos decretos son los siguientes:

i. Decreto N° 827, mediante el cual se declaró el estado de excepción en la Laguna de Sinamaica del Estado Zulia, por un lapso de treinta días[182]. Entre las medidas adoptadas, se declararon de urgente ejecución las obras y acciones dirigidas a prevenir los riesgos y daños por los problemas de sedimentación, la incidencia de enfermedades epidemiológicas y el suministro de agua potable.

ii. Decreto N° 852, mediante el cual se declaró el estado de excepción en el sector Biruaca – La Guanota – Apurito, por un lapso de treinta días[183]. Entre las medidas, se declaró de urgente ejecución la obra de acondicionamiento y mejora del dique para prevenir los riesgos causados por su falta de mantenimiento.

iii. Decreto N° 853, mediante el cual se declaró el estado de excepción en las zonas adyacentes a los depósitos del Instituto de Crédito Agropecuario ubicadas en las poblaciones de Tocuyito, Camatagua y El Cenizo, en los estados Carabobo, Aragua y Trujillo, respectivamente, por un lapso de treinta días[184]. Entre las medi-

---

[182] Publicado en Gaceta Oficial N° 36.961 del 30-05-2000.

[183] Publicado en Gaceta Oficial N° 36.972 del 14-06-2000.

[184] Publicado en Gaceta Oficial N° 36.972 del 14-06-2000.

das acordadas por el Presidente de la República, se declararon de urgente ejecución las acciones para resolver la contaminación por plaguicidas de alta toxicidad en el sector mencionado.

iv. Decreto N° 7.228, mediante el cual se declaró el estado de emergencia sobre la prestación del servicio eléctrico nacional y sus instalaciones y bienes asociados, por un lapso de sesenta días[185].

El decreto fue prorrogado en dos ocasiones según se constata en los decretos N° 7.357 y 7.462[186], y, en virtud del mismo, el ministerio con competencia en materia de energía eléctrica quedó facultado para "dictar por vía de excepción las medidas especialísimas que estime pertinentes, a fin de garantizar a la población el suministro de energía eléctrica", y CORPOELEC para acordar adjudicaciones directas.

Curiosamente, un par de años después se declaró un nuevo estado de emergencia del sistema y servicio eléctrico nacional por un lapso de noventa días pero, dicho decreto, no invocó entre su fundamento jurídico el régimen de los estados de excepción[187].

v. Decreto N° 9.429, mediante el cual se declaró el estado de emergencia sobre la prestación del servicio eléctrico en la Isla de El Gran Roque, por un lapso de

---

[185] Publicado en Gaceta Oficial N° 39.363 del 08-02-2010.

[186] Publicados en Gaceta Oficial N° 39.399 del 08-04-2010 y 39.440 del 07-06-2010, respectivamente.

[187] Decreto N° 9 publicado en Gaceta Oficial N° 40.151 del 22-04-2013. Fue prorrogado en dos ocasiones según consta en los decretos N° 319 y 587 publicados en Gaceta Oficial N° 40.227 del 13-08-2013 y 40.292 del 12-11-2013, respectivamente.

sesenta días[188]. El decreto fue prorrogado y su contenido es similar al Decreto N° 7.228, con la salvedad de que las atribuciones recayeron en cabeza de la Jefatura de Gobierno del Territorio Insular Francisco de Miranda.

vi. Decreto N° 1.085, mediante el cual se declaró el estado de emergencia sobre la prestación del servicio eléctrico en el estado Monagas y sus instalaciones y bienes asociados, por un lapso de quince días[189]. Las medidas coinciden con el Decreto N° 7.228, ya reseñado.

vii. Decreto N° 1.861, mediante el cual se declaró el estado de emergencia en todo el territorio del estado Falcón sobre la prestación del servicio público de agua potable y sus instalaciones y bienes asociados, por un lapso de sesenta días[190].

Por medio de este decreto se facultó al ministerio con competencia en materia de ambiente a "dictar por vía de excepción las medidas especialísimas que estime pertinentes, a fin de garantizar a la población falconiana el suministro de agua potable", y a Hidrofalcón, C.A. para acordar contrataciones por adjudicación directa.

---

[188] Publicado en Gaceta Oficial N° 40.153 del 24-04-2013. Fue prorrogado según Decreto N° 319 publicado en Gaceta Oficial N° 40.227 del 13-08-2013.

[189] Publicado en Gaceta Oficial N° 40.447 del 04-07-2014.

[190] Publicado en Gaceta Oficial N° 40.696 del 06-07-2015.

viii. Decreto N° 1.866, mediante el cual se declaró el estado de emergencia en el territorio del municipio Páez del estado Apure, por un lapso de sesenta días[191].

En virtud de este decreto el ministerio con competencia en materia de relaciones interiores quedó facultado para "dictar, por vía de excepción, las medidas especialísimas que estime pertinentes a fin de garantizar a la población el suministro de los servicios básicos necesarios, la restitución de la infraestructura afectada y la superación de los inconvenientes ocasionados como consecuencia de las precipitaciones en el Municipio Páez". En consecuencia, el ministerio podía "dictar y ejecutar, o hacer ejecutar, la ocupación temporal de instituciones y establecimientos públicos que se requieran para la atención de la población y sectores afectados. Asimismo, podrá ejecutar, o hacer ejecutar, las requisiciones de bienes y servicios indispensables para la satisfacción de las necesidades de la población afectada".

Hacemos notar que aun cuando estos decretos se fundamentaron en los artículos señalados –que claramente se refieren a la regulación constitucional de los estados de excepción– en su articulado no hay mención alguna a que los mismos se remitirían a la Asamblea Nacional ni a la SC/TSJ, a tenor de lo previsto en el artículo 339 constitucional.

En igual sentido, en ninguno de estos casos hubo pronunciamientos de oficio por parte de la Asamblea Nacional ni la SC/TSJ como establece la LOEE en caso que dicha remisión no ocurriese (artículos 26 y 31, respectivamente).

---

[191]   Publicado en Gaceta Oficial N° 40.698 del 08-07-2015.

Precisado lo anterior, y antes de conocer qué garantías pueden ser restringidas, hemos de tratar brevemente dos conceptos que han sido desarrollados ampliamente por la doctrina y que tienden a su fusión en la práctica, dada la simbiosis que existe entre ambos. Nos referimos a los derechos y las garantías.

Al respecto, en la doctrina internacional –y nacional– se puede encontrar quienes aseveran que, para que se configure un verdadero Estado de Derecho, "es necesario que el gobierno y los gobernantes estén sometidos al Derecho que nace del imperio de la Constitución, de su supremacía y su vigencia, y que los gobernados –cualquiera de ellos– se halle en condiciones de oponer esa supremacía y vigencia constitucionales a la autoridad gubernativa"[192].

Partiendo de la idea anterior, la garantía será, entonces, la "protección jurídico-política" a través de la cual se logra "respaldar, asegurar, consagrar o salvaguardar los derechos del hombre y del ciudadano, mediante una protección eficaz, que nace de la sociedad y que se lleva a cabo por el Estado y sus órganos"[193].

Es decir, que ellas serán "los mecanismos o instrumentos previstos en nuestro ordenamiento para la protección de los derechos"[194], entendiendo por estos últimos la facultad o aptitud que posee cada individuo de exigir una determinada contraprestación o, en palabras de BAÑO

---

[192] Carlos Sánchez Viamonte: "Garantías Constitucionales", *Enciclopedia Jurídica Omeba,* Tomo XIII, 1977.

[193] *Ibíd.*

[194] Jesús Casal H.: *Los derechos humanos y su protección... op. cit.,* p. 145.

LEÓN, "un poder de reacción al individuo" que "sitúa a su titular en una situación de poder"[195].

En sentido similar se pronuncia RONDÓN DE SANSÓ que, al conocer sobre la distinción entre derechos y garantías, ha indicado que "[e]l Derecho es la facultad establecida o reconocida por la norma, dotada de coercibilidad para otorga a su titular la satisfacción de su contenido", mientras que la garantía será "el medio que el ordenamiento jurídico otorga para hacer efectivo ese derecho, bien, facilitando su ejercicio, o bien, proporcionando los medios para que el titular pueda accionar para obtener su satisfacción"[196].

Igual razonamiento plantea BREWER-CARÍAS quien manifiesta que, si bien es común que se produzca una identidad entre ambos conceptos, "el derecho es una cosa y la garantía es otra, siendo ésta los principios y mecanismos previstos para hacer efectivos los primeros"[197].

En este orden de ideas, aunque el Presidente de la República puede "decretar la restricción de garantías" –tal como establece el Texto Constitucional– no podrá hacer lo propio con los derechos, que seguirán inalterables en cabe-

---

[195]   José Baño León: "La distinción entre derecho fundamental y garantía institucional en la Constitución española". *Revista Española de Derecho Constitucional,* Vol. 8, N° 24, Centro de Estudios Políticos y Constitucionales, Madrid, 1988, p. 157.

[196]   Hildegard Rondón de Sansó: *Los estados de excepción en el derecho venezolano,* Editorial Jurídica Venezolana, Caracas, 1992, p. 57.

[197]   Allan Brewer-Carías: *Consideraciones sobre la suspensión o… op. cit.,* p. 5.

za de sus titulares y lo único que se limitará es el halo de protección del que gozan para hacerlos efectivos[198].

Finalmente, es oportuno recordar que la CRBV incorporó un cambio significativo respecto a la de 1961 en materia de estados de excepción ya que esta última, al regular la figura, exponía que era atribución y deber del Presidente de la República "[d]eclarar el estado de emergencia y decretar la restricción o suspensión de garantías en los casos previstos en esta Constitución" (numeral 6 del artículo 190).

---

[198] El tema da espacio a interpretaciones si nos preguntamos cuál es el valor de un derecho que se encuentra positivizado, pero respecto al cual el interesado no cuenta con los medios necesarios (garantías) para exigirlo. Véase Jesús Casal H.: *Los derechos humanos y su protección... op. cit.,* pp. 145-147. El autor cita extracto de la opinión consultiva OC-8/87 del 30-01-1987, emanada de la Corte Interamericana de Derechos Humanos, según la cual "los derechos y libertades inherentes a la persona, sus garantías y el Estado de Derecho constituyen una triada, cada uno de cuyos componentes se define, completa y adquiere sentido en función de otros", por lo que sería incorrecto hablar de un derecho sin garantía o exigibilidad. La importancia de la exigibilidad de los derechos –entendida como la posibilidad de reclamar el cumplimiento de la obligación que de ellos derivada en virtud de la protección o garantía que les acuerda el ordenamiento jurídico– ha sido tratada por la doctrina muy especialmente en cuanto a los derechos sociales. Algunas consideraciones al respecto, extrapolables a los derechos cuyas garantías han sido restringidas producto de un estado de excepción, pueden verse en *Víctor* Abramovich y Christian Courtis: *Los derechos sociales como derechos exigibles,* Trotta, Madrid, 2002; y José Cossío Díaz: "Problemas para la exigibilidad de los derechos sociales en México". *Formación y perspectivas del Estado en México,* Universidad Nacional Autónoma de México, México D.F., 2010, pp. 127-149.

Así, la diferencia no solo la encontramos en la correcta eliminación del término "suspensión" de la redacción constitucional[199], sino que –adicionalmente– al revisar el título IV (de la emergencia) de la Constitución derogada, vemos que se suprimió lo estipulado en el artículo 244 del texto anterior[200] y hubo un aumento significativo en el

[199] Conforme al Diccionario de la Lengua Española por ello se entiende que "quedan temporalmente sin vigencia algunas de las garantías constitucionales" (valor absoluto), a diferencia del término "restricción" que hace alusión a una limitación o reducción parcial de la protección, como en efecto ocurre en los estados de excepción. La diferencia entre ambas figuras es estudiada por CASAL para quien "[m]ientras que la suspensión se refiere a la totalidad de la garantía constitucional, la restricción atañe tan sólo a una parte de la misma". En este sentido, sigue el autor, "en el supuesto de la suspensión de una garantía constitucional, el decreto respectivo se limita a indicar, además de sus motivos y de su ámbito espacial de validez, cuál es la garantía suspendida, aludiendo al artículo de la Constitución que la consagra y enunciando eventualmente su contenido. De esta manera tal garantía queda suspendida en su totalidad, correspondiendo al Ejecutivo Nacional determinar, ajustándose al principio de necesidad, el alcance de las medidas que afectarán el ejercicio del derecho de que se trate. En cambio, en el supuesto de la restricción de las garantías constitucionales, el decreto respectivo ha de expresar además los términos concretos de la limitación extraordinaria que sufre la garantía constitucional". Jesús María Casal: *Dictadura constitucional y libertades públicas*, Editorial Jurídica Venezolana, Caracas, 1993, p. 120.

[200] El artículo apuntaba que si existían indicios "para temer inminentes trastornos del orden público, que no justifiquen la restricción o suspensión de las garantías constitucionales", el Presidente de la República podía adoptar medidas preventivas tales como "la detención o confinamiento de los indiciados" hasta por noventa días, teniendo como único límite el deber comunicar al Congreso de tal situación "dentro de los diez días siguientes a su adopción" para que este la valorara.

número de garantías que no son restringibles, dado que el artículo 241 de dicha Carta Magna establecía que, en caso de darse algunas de las causales que justificaba un estado de excepción, "el Presidente de la República podrá restringir o suspender las garantías constitucionales, o algunas de ellas, con excepción de las consagradas en el artículo 58 y en los ordinales 3° y 7° del artículo 60".

Estas excepciones se referían a la vida (artículo 58), la incomunicación o sometimiento a torturas y procedimientos que causen sufrimiento físico o moral (numeral 3 del artículo 60) y la detención después de dictada orden de excarcelación por la autoridad competente o una vez cumplida la pena impuesta (numeral 7 del artículo 60).

Ahora bien, aun cuando una interpretación literal –en aplicación del artículo 4 del Código Civil– de esta norma nos llevaría a afirmar que el Presidente de la República podía restringir o suspender cualquier otra garantía –a excepción de las indicadas en el párrafo anterior– hemos de recordar que Venezuela era –y es– signataria de un conjunto de tratados internacionales que consagran múltiples garantías en favor de los particulares y especifican cómo han de exteriorizarse o aplicarse las mismas en caso de un estado de excepción, por lo que el Ejecutivo nacional había –y ha– de atender también a esas disposiciones en caso de la declaratoria en cuestión, en adición a su legislación interna[201].

Así las cosas, para conocer cuáles garantías pueden ser objeto de restricciones hoy en día en virtud de la de-

---

[201] Véase J. Morales Manzur: *Estados de excepción y derechos humanos… op. cit.*, pp. 76 y 77.

claratoria de un estado de excepción en el país, hemos de consultar tres fuentes de Derecho: la CRBV, los tratados internacionales en la materia, y la LOEE.

1. *Según la Constitución de la República*

Conforme al artículo 337 de la CRBV el Presidente de la República se encuentra facultado para, en Consejo de Ministros, restringir temporalmente las garantías consagradas en dicho texto "salvo las referidas a los derechos a la vida, prohibición de incomunicación o tortura, el derecho al debido proceso, el derecho a la información y los demás derechos humanos intangibles".

Al respecto, si bien lo relativo a la vida, la integridad física y psicológica, el debido proceso y a la información no genera mayores problemas interpretativos[202], la inclusión de "los demás derechos humanos intangibles" podría prestarse a equívocos visto que nuestra Carta Magna no especifica qué ha de entenderse por ellos[203].

En este sentido, hemos de acudir a la jurisprudencia y la doctrina para delimitar el alcance de la expresión en cuestión.

Así tenemos que la SC/TSJ ha indicado, respecto a la restricción de garantías, que:

---

[202]   El contenido y alcance de estos derechos es desarrollado en la propia CRBV en los artículos 43, 46, 49 y 58, respectivamente.

[203]   El término intangibilidad es empleado en la CRBV, en relación con los derechos, únicamente en el numeral 1 del artículo 89 según el cual "[n]inguna ley podrá establecer disposiciones que alteren la intangibilidad y progresividad de los derechos y beneficios laborales".

(…) dicha limitación no es procedente para todos los medios de defensa de los derechos, puesto que existen garantías que no pueden ser afectadas ni siquiera bajo marcos de excepción, por lo que mantienen plena vigencia durante su transcurso, siendo posible en virtud de ello, afirmar la existencia de un núcleo esencial de derechos humanos intangibles inderogables (…). Dentro del contexto de los principios constitucionales ajenos a la restricción o suspensión, se encuentran, además de los ya reseñados por nuestra Constitución como irrestringibles, otros que han sido contemplados bajo ese carácter por los tratados internacionales, tal como se mencionó *supra*, en la Convención Americana de los Derechos Humanos y en el Pacto Internacional de Derechos Civiles y Políticos[204].

En este sentido, aun cuando la redacción de la Sala no es la más acertada –pues parece confundir la noción de derecho con garantía y emplea términos como vigencia y derogatoria, que como hemos visto no se concatenan con un estado de excepción en el que puede existir es una restricción o limitación–, del fallo se aprecia que ella asimila la frase "derecho humano intangible" con aquellos cuya protección (garantías) no puede –en ningún momento– ser condicionada, limitada o restringida.

Tal interpretación es reiterada por la Sala en su fallo N° 3567/2005, ya citado, donde asentó que los estados de excepción cuentan con "precisos límites en aras de minimizar su grado de afectación (…) en la vida de los ciudadanos, en cuyo favor (…) se instaura un catálogo abierto de derechos no susceptibles de restricción (como se infiere de la frase 'derechos humanos intangibles')".

---

[204] Fallo N° 1507 del 05-06-2003 (caso: *María Ríos Oramas*) en el que se decidió parcialmente con lugar la demanda de nulidad por inconstitucionalidad intentada contra la Ley de Regulación de la Emergencia Financiera.

De este modo, nuestro Poder Judicial se encontraría en consonancia con lo preceptuado por la doctrina ya que, como recoge CASAL, el término "derecho humano intangible" es empleado en el foro para denominar aquellos derechos que no pueden ser objeto de limitación según los tratados internacionales[205].

En virtud de ello, el autor concluye que "[e]ste es el sentido que ha de atribuirse a tal expresión, por lo que han de considerarse constitucionalizados los listados formulados por los artículos 27.2 de la Convención Americana sobre Derechos Humanos y 4.2 del Pacto Internacional de Derechos Civiles y Políticos"[206] –a estos tratados haremos referencia luego– a los que agrega "otros derechos que tampoco son vulnerables frente a dicha técnica [los estados de excepción] y que amplían la lista de los derechos intangibles" producto de "la racionalidad inherente a nuestro Texto Fundamental"[207].

---

[205]   Véase, como ejemplo de estos autores, Daniel Zovatto G.: *Los estados de excepción y… op. cit.,* pp. 96-99 y 128-131.

[206]   Jesús Casal H.: *Los derechos humanos y su protección… op. cit.,* p. 150. La expresión "derecho intangible" también es empleada como sinónimo de "derecho absoluto". Véase, por ejemplo, Ana Núñez Machado: "La eliminación del derecho a la información del artículo 337 de la Constitución: violación del 'principio de progresividad' de los derechos humanos". *Revista de Derecho Público.* N° 112, Editorial Jurídica Venezolana, Caracas, 2007, pp. 331-335. Este trabajo examina el fallido Proyecto de Reforma Constitucional de 2007 que suprimía la mención en el artículo 337 del derecho a la información y facultaba al Presidente de la República para restringir la garantía respectiva.

[207]   Entre estos derechos el autor citado incluye aquellos derechos fundamentales que representan la esencia del Estado de Derecho y los derechos fundamentales que sería absurdo limitar visto que su ejercicio se sitúa al margen de la excepción. Véase

Ahora bien, las garantías indicadas en el artículo 337 de la CRBV no son las únicas que este texto incluye como límites a la declaratoria de un estado de excepción, pues, a lo largo de su articulado, podemos encontrar otras disposiciones normativas que se refieren a estos supuestos.

Así se tiene que el ejercicio del derecho de toda persona a ser amparada por los tribunales en el goce y ejercicio de los derechos y garantías constitucionales –con especial mención a la acción de amparo a la libertad o seguridad– "no puede ser afectado, en modo alguno, por la declaración del estado de excepción o de la restricción de garantías constitucionales" (último aparte del artículo 27).

En igual sentido, el artículo 45 de la Carta Magna prevé que "[s]e prohíbe a la autoridad pública, sea civil o militar, aun en estado de emergencia, excepción o restricción de garantías, practicar, permitir o tolerar la desaparición forzada de personas".

Finalmente hemos de destacar que el artículo 232 constitucional, luego de señalarse que el Presidente de la República es responsable de sus actos y del cumplimiento de las obligaciones inherentes a su cargo, precisa que "[l]a declaración de los estados de excepción no modifica el principio de su responsabilidad, ni la del Vicepresidente Ejecutivo o Vicepresidenta Ejecutiva, ni la de los Ministros o Ministras, de conformidad con esta Constitución y con la ley", motivo por el cual en virtud de esta declaratoria no podrá cercenarse la garantía que tienen los administrados de que se les indemnice por los daños y perjui-

---

J. M. Casal: *Dictadura constitucional y libertades públicas... op. cit.,* p 127.

cios que sean causados a su persona o patrimonio producto del ejercicio del Poder Ejecutivo a nivel nacional, incluso en caso que se haya implementado un régimen de excepción.

2.   *Según los tratados internacionales en la materia*

Como hemos reseñado, la doctrina y la jurisprudencia nacional coinciden en que la mención a los "derechos humanos intangibles" en el artículo 337 de la CRBV debe entenderse como un llamado a los listados de garantías no restringibles que establecen los tratados internacionales en los que Venezuela es signataria.

Pero, ¿qué pasaría si el día de mañana la SC/TSJ –como de hecho es usual que ocurra– cambia de criterio e interpreta, en aplicación del artículo 335 de la CRBV, que por la expresión citada no ha de concebirse lo ya indicado sino cualquier otra cosa? ¿Podría el Presidente de la República entonces limitar "*n*" garantía en virtud de un estado de excepción, siempre que no fuese una de las expresamente señaladas en la Carta Magna y la LOEE?

La respuesta es negativa por una razón que no requiere –siquiera– invocar los artículos 19 y 23 de la CRBV en cuanto a la progresividad del "goce y ejercicio irrenunciable, indivisible e interdependiente de los derechos humanos", y que los tratados en la materia suscritos y ratificados por la República "tienen jerarquía constitucional y prevalecen en el orden interno, en la medida en que contengan normas sobre su goce y ejercicio más favorables a las establecidas por esta Constitución y en las leyes de la República", respectivamente.

Así, basta leer el artículo 339 de la CRBV para constatar que el decreto por medio del cual se dicte un estado de excepción, necesariamente, "cumplirá con las exigencias, principios y garantías establecidos en el Pacto Internacional de Derechos Civiles y Políticos y en la Convención Americana sobre Derechos Humanos".

Es decir, que el Constituyente, de modo expreso, hizo referencia a estos tratados; por lo que *constitucionalizó* su contenido y, en consecuencia, los mismos resultan aplicables a toda restricción de garantías que se dicte en la República.

Hecha la precisión anterior se tiene que el PIDCP asienta en su artículo 4 lo siguiente:

Artículo 4

1. En situaciones excepcionales que pongan en peligro la vida de la nación y cuya existencia haya sido proclamada oficialmente, los Estados Partes en el presente Pacto podrán adoptar disposiciones que, en la medida estrictamente limitada a las exigencias de la situación, suspendan las obligaciones contraídas en virtud de este Pacto, siempre que tales disposiciones no sean incompatibles con las demás obligaciones que les impone el derecho internacional y no entrañen discriminación alguna fundada únicamente en motivos de raza, color, sexo, idioma, religión u origen social.

2. *La disposición precedente no autoriza suspensión alguna de los artículos 6, 7, 8 (párrafos 1 y 2), 11, 15, 16 y 18.*

3. Todo Estado Parte en el presente Pacto que haga uso del derecho de suspensión deberá informar inmediatamente a los demás Estados Partes en el presente Pacto, por conducto del Secretario General de las Naciones Unidas, de las disposiciones cuya aplicación haya suspendido y de los motivos que hayan suscitado la suspensión. Se hará una nueva comunicación por el mismo conducto en la fecha en que se haya dado por terminada tal suspensión. (Destacado agregado).

De este modo, el PIDCP prevé una serie de límites a los estados de excepción que la doctrina ha calificado como materiales –en cuanto a la proclama de la restricción para evitar los estados *de facto* y el deber que tiene el Estado de notificar a los demás signatarios de las medidas implementadas[208]– y formales. Estos últimos, respecto a que debe tratarse de una amenaza excepcional y que las medidas adoptadas deben ser proporcionales, no causantes de discriminación y sobre garantías disponibles o limitables[209].

En este sentido se tiene que el PIDCP incluyó como garantías no restringibles las relativas al derecho a la vida (artículo 6); la libertad de pensamiento, conciencia y religión (artículo 18); no ser sometido a torturas ni penas o tratos crueles, inhumanos o degradantes (artículo 7); no ser sometido a experimentos médicos o científicos sin haber dado libre consentimiento para ello (artículo 7); no ser sometido a esclavitud o servidumbre (numerales 1 y 2 del artículo 8); no ser encarcelado por no cumplir una obligación contractual (artículo 11); no ser condenado a una pena más grave en aplicación de una norma penal retroactiva (artículo 15); y no ser reconocido como una persona ante la ley (artículo 16).

---

[208] Destacamos que la última notificación hecha por Venezuela conforme a la página web del *United Nations Treaty Collection* (https://treaties.un.org) fue el 22-03-1999, informando el restablecimiento de las garantías de los artículos 9, 12 y 17 del PIDCP, suspendidas por Decreto N° 739 del 06-07-1995. Ello, a pesar de que Alto Comisionado para los Derechos Humanos de la ONU informó el 07-07-2016 haber recordado al Presidente de la República este deber, según consta en *Asamblea Nacional* (2016, 18 de julio). "Venezuela debe informar a países miembros de la ONU sobre estado de excepción".

[209] En adición a lo ya dicho en esta investigación, véase Daniel Zovatto G.: *Los estados de excepción y... op. cit.*, pp. 88-101.

Por interpretación a contrario, el PIDCP permitiría la restricción de las garantías referidas a la libertad personal (artículo 9), el libre tránsito (artículo 12), la no expulsión de extranjeros (artículo 13), el debido proceso (artículo 14), la inviolabilidad del domicilio y correspondencia (artículo 17), la libertad de expresión (artículo 19), el derecho de reunión pacífica (artículo 21), el derecho de libre asociación (artículo 22), la protección a la familia (artículo 23), los derechos del niño a tener un nombre y nacionalidad (artículo 24), y la participación política (artículo 25), siempre que tales restricciones no sean incompatibles con las demás obligaciones que les impone el derecho internacional a los Estados Partes.

Por su parte, la CADH establece, en materia de restricción de garantías, lo siguiente:

Artículo 27. Suspensión de Garantías

1. En caso de guerra, de peligro público o de otra emergencia que amenace la independencia o seguridad del Estado parte, éste podrá adoptar disposiciones que, en la medida y por el tiempo estrictamente limitados a las exigencias de la situación, suspendan las obligaciones contraídas en virtud de esta Convención, siempre que tales disposiciones no sean incompatibles con las demás obligaciones que les impone el derecho internacional y no entrañen discriminación alguna fundada en motivos de raza, color, sexo, idioma, religión u origen social.

2. *La disposición precedente no autoriza la suspensión de los derechos determinados en los siguientes artículos: 3 (Derecho al Reconocimiento de la Personalidad Jurídica); 4 (Derecho a la Vida); 5 (Derecho a la Integridad Personal); 6 (Prohibición de la Esclavitud y Servidumbre); 9 (Principio de Legalidad y de Retroactividad); 12 (Libertad de Conciencia y de Religión); 17 (Protección a la Familia); 18 (Derecho al Nombre); 19 (Derechos del Niño); 20 (Derecho a la Nacionalidad), y 23 (Derechos Políticos), ni de las garantías judiciales indispensables para la protección de tales derechos.*

3. Todo Estado parte que haga uso del derecho de suspensión deberá informar inmediatamente a los demás Estados Partes en la presente Convención, por conducto del Secretario General de la Organización de los Estados Americanos, de las disposiciones cuya aplicación haya suspendido, de los motivos que hayan suscitado la suspensión y de la fecha en que haya dado por terminada tal suspensión. (Destacado agregado).

Si bien la redacción del artículo se presta a confusiones al hablar de suspensión de obligaciones, de derechos y de garantías judiciales indispensables para la protección de tales derechos como si se tratase de equivalentes, la Corte Interamericana de Derechos Humanos se ha pronunciado al respecto precisando que "no se trata de una 'suspensión de garantías' en sentido absoluto, ni de la 'suspensión de los derechos' ya que siendo éstos consustanciales con la persona lo único que podría suspenderse o impedirse sería su pleno y efectivo ejercicio"[210]. Es decir, que el artículo citado coincidiría con los comentarios efectuados en páginas anteriores respecto al alcance de la restricción de garantías.

En cualquier caso, el numeral 2 del artículo 27 presenta un listado similar al del PIDCP con la excepción que incluye –explícitamente– la protección a la familia[211], el

---

[210] Opinión consultiva OC-8/87 del 30-01-1987.

[211] El artículo 17 de esta Convención indica que la familia es el elemento natural y fundamental de la sociedad, reconoce el derecho del hombre y la mujer a contraer matrimonio siempre que medie libre consentimiento, prevé la igualdad de derechos de los hijos nacidos fuera y dentro del matrimonio, y determina que los Estados Partes deben asegurar la igualdad de derechos entre cónyuges durante el matrimonio y en caso de disolución del mismo.

derecho al nombre, los derechos del niño, el derecho a la
nacionalidad y los derechos políticos[212]; por lo que estas
garantías habrán de sumársele a las ya enumeradas en
párrafos anteriores como no restringibles, permitiendo la
Convención que se limiten –por interpretación a contrario– las garantías relativas a la libertad personal (artículo
7), el debido proceso (artículo 8), el derecho a la indemnización (artículo 10), la protección de la honra y de la dignidad (artículo 11), la libertad de expresión (artículo 13),
el derecho de rectificación o respuesta (artículo 14), el
derecho de reunión (artículo 15), la libertad de asociación (artículo 16), el derecho a la propiedad privada
(artículo 21), y el derecho de circulación y de residencia
(artículo 22).

Ya para finalizar con los tratados internacionales como fuente en materia de estados de excepción y restricción de garantías, resulta prudente acotar que, aun cuando un estudio pormenorizado de la denuncia efectuada
por el Gobierno Nacional en el año 2012 de la Convención
Americana sobre Derechos Humanos rebasaría el objeto
de estudio de esta investigación, hemos de recordar que
el artículo citado de este pacto sigue siendo vinculante
para el Estado venezolano visto que, no solo el artículo
338 de la Carta Magna *hace suyo* su contenido al invocarlo
expresamente e indicar que todo estado de excepción ha

---

[212]   La Convención, en su artículo 23, precisa como tales el participar en la dirección de los asuntos públicos, directamente o por
medio de representantes libremente elegidos; votar y ser elegidos en elecciones periódicas auténticas, realizadas por sufragio universal e igual y por voto secreto que garantice la libre expresión de la voluntad de los electores; y tener acceso,
en condiciones generales de igualdad, a las funciones públicas
de su país.

de cumplir con las exigencias, principios y garantías que establece la Convención, sino que, como han expuesto en el foro, la denuncia del tratado originó fue el retiro de Venezuela de la jurisdicción de la Corte Interamericana de Derechos Humanos, y no de la Convención[213].

3. *Según la Ley Orgánica sobre Estados de Excepción*

Por último, en cuanto a los textos normativos que hay que tener presentes a fin de determinar cuáles garantías pueden ser objeto de restricción en virtud de un estado de excepciones, hemos de referirnos a la LOEE. Esta ley precisa en su artículo 7 que:

> Artículo 7. No podrán ser restringidas, de conformidad con lo establecido en los artículos 339 de la Constitución de la República Bolivariana de Venezuela, 4, 2 del Pacto Internacional de Derechos Civiles y Políticos y 27, 2 de la Convención Americana sobre Derechos Humanos, las garantías de los derechos a:

---

[213] El texto de la denuncia y las declaraciones al respecto de quienes ejercían para ese momento la Presidencia y Vicepresidencia de la República pueden consultarse en Hugo Chávez Frías y Nicolás Maduro Moros: *Denuncia y salida de Venezuela de la Corte Interamericana de Derechos Humanos (CIDH)*, Imprenta Nacional y Gaceta Oficial, Caracas, 2013. Sobre la denuncia en general véase Carlos Ayala Corao: "Inconstitucionalidad de la denuncia de la convención americana sobre derechos humanos por Venezuela". *Revista Estudios Constitucionales,* Vol. 10, N° 2, Universidad de Talca, Talca, 2012, pp. 643-682; María Ochoa Jiménez: "La protección de los derechos humanos en Venezuela frente a la denuncia de la Convención Americana sobre Derechos Humanos", *Revista Latinoamericana de Derechos Humanos,* Vol. 25, N° 1, Universidad Nacional de Costa Rica, Heredia, 2014, pp. 195-211; y Allan Brewer-Carías: *El carácter vinculante de las decisiones de los tribunales internacionales y su desprecio por los gobiernos autoritarios: el caso de Venezuela.*

1. La vida.

2. El reconocimiento a la personalidad jurídica.

3. La protección de la familia.

4. La igualdad ante la ley.

5. La nacionalidad.

6. La libertad personal y la prohibición de práctica de desaparición forzada de personas.

7. La integridad personal, física, psíquica y moral.

8. No ser sometido a esclavitud o servidumbre.

9. La libertad de pensamiento, conciencia y religión.

10. La legalidad y la irretroactividad de las leyes, especialmente de las leyes penales.

11. El debido proceso.

12. El amparo constitucional.

13. La participación, el sufragio y el acceso a la función pública.

14. La información[214].

Es decir, que el Legislador *legalizó* la mayoría de los supuestos de los listados citados en páginas anteriores, agregando como garantía no restringible la referida a la libertad personal[215], siendo relevante mencionar que en

---

[214] En relación con estas garantías puede consultarse lo previsto en los artículos 20, 21, 24, 27, 32, 43, 44, 45, 46, 49, 54, 57, 58, 59, 62, 63, 65 y 75 de la CRBV.

[215] Al respecto resulta prudente señalar que, conforme al numeral 2 del artículo 5 del PIDCP, "[n]o podrá admitirse restricción o menoscabo de ninguno de los derechos humanos fundamentales reconocidos o vigentes en un Estado Parte en virtud de le-

otras leyes también podemos encontrar disposiciones de interés en esta materia que refuerzan a las anteriores[216].

4. *Recapitulación*

Partiendo de lo dicho en este acápite, las garantías que no pueden restringirse en un estado de excepción pueden ser esquematizadas del modo que se presenta en la página siguiente.

---

yes, convenciones, reglamentos o costumbres, so pretexto de que el presente Pacto no los reconoce o los reconoce en menor grado"; por lo que la violación de la normativa nacional sobre una garantía no prevista en el pacto podría ser elevada a los organismos internacionales competentes en virtud de esta disposición.

[216] Ejemplo de ello es la Ley Especial para Prevenir y Sancionar la Tortura y Otros Tratos Crueles, Inhumanos o Degradantes, que en su artículo 29 precisa que "[n]o se considerarán como causas eximentes de responsabilidad de los delitos de tortura y otros tratos crueles, inhumanos o degradantes, tipificados en la presente Ley, el que se invoquen o existan circunstancias excepcionales de orden social, económico, político, natural o ecológico, que afecten gravemente la seguridad de la Nación, de las instituciones y de las personas, estados de excepción, urgencia en las investigaciones o cualquier otra circunstancia".

GARANTÍA RELATIVA A	CRBV	LOEE	PIDCP	CADH
Amparo constitucional	X	X		X
Debido proceso	X	X		
Derecho al nombre				X
Derechos del niño				X
Igualdad ante la ley		X	X	X
Información	X	X		
Integridad personal, física, psíquica y moral	X	X	X	X
Legalidad e irretroactividad de las leyes		X	X	X
Libertad de pensamiento, conciencia y religión		X	X	X
Libertad personal		X		
Nacionalidad		X		X
No ser sometido a esclavitud o servidumbre		X	X	X
Participación, sufragio y acceso a la función pública		X		X
Personalidad jurídica		X	X	X
Prisión por obligación contractual			X	
Prohibición de desaparición forzada	X	X		
Protección de la familia		X		X
Responsabilidad del Estado	X			
Vida	X	X	X	X

CAPÍTULO II

EL ESTADO DE EXCEPCIÓN EN LA FRONTERA COLOMBO-VENEZOLANA

I. LOS DECRETOS DE EXCEPCIÓN

El 21-08-2016 fue publicado en Gaceta Oficial N° 6.194 Extraordinario el "Decreto N° 1.950, mediante el cual se declara el Estado de Excepción de los Municipios Bolívar, Pedro María Ureña, Junín, Capacho Nuevo, Capacho Viejo y Rafael Urdaneta del estado Táchira".

Este fue el primer decreto de una serie de ocho[217] por medio de los cuales se implementó un estado de excepción en la frontera colombo-venezolana –originalmente, por sesenta días según el artículo 16 del primer decreto y 17 de los siete restantes– y que abarcó veinticuatro municipios en cuatro estados del país. A saber:

i. *Táchira*: municipios Bolívar, Pedro María Ureña, Junín, Capacho Nuevo, Capacho Viejo, Rafael Urdaneta, Lobatera, Panamericano, García de Hevia y Ayacucho.

ii. *Zulia*: municipios Indígena Bolivariano Guajira, Mara, Almirante Padilla, Machiques de Perijá, Rosario de Perijá, Jesús Enrique Lossada, la Cañada de Urdaneta, Catatumbo, Jesús María Semprún y Colón.

---

[217] Véase el anexo 1 de esta investigación.

iii. *Apure*: municipios Páez, Rómulo Gallegos y Pedro Camejo.

iv. *Amazonas*: municipio Atures.

No obstante, a pesar de la multiplicidad de decretos, todos estos estados de excepción presentaron una evolución bastante similar, motivo por el cual procederemos a su análisis de forma conjunta, destacando, en los casos donde proceda, las particularidades que hayan ocurrido.

1. *La motivación de los decretos*

Como es sabido, la motivación de un acto se refiere a la expresión de las circunstancias de hecho y de derecho que le sirven de fundamento[218].

Por lo que respecta a los estados de excepción en la frontera, el fundamento constitucional invocado por el Presidente de la República en todos los decretos fueron los artículos 226, el numeral 7 del 236, 337, 338 y 339 de la CRBV. La totalidad de ellos se refieren, expresamente, a los estados de excepción –como se vio en el capítulo anterior– a excepción del primero que precisa que "[e]l Presidente o Presidenta de la República es el Jefe o Jefa del Estado y del Ejecutivo Nacional, en cuya condición dirige la acción del Gobierno".

Asimismo, el mandatario nacional invocó diversos artículos de la LOEE que, si bien en su mayoría se repitie-

---

218 Véase, en general, J. Araujo-Juárez: *Derecho Administrativo general. Parte general*, 2ᵈᵃ reimpresión, Ediciones Paredes, Caracas, 2010, pp. 493-498.

ron en todos los decretos[219], algunos se incluyeron solo en determinadas ocasiones[220].

De los artículos citados interesa destacar el 10 de la LOEE según el cual, "[e]l estado de emergencia económica podrá decretarse cuando se susciten circunstancias extraordinarias que afecten gravemente la vida económica de la Nación".

Lo anterior, visto que aun cuando en los decretos solo se declaró el estado de excepción como género, sin precisarse su especie (de alarma, de emergencia económica o de conmoción interior o exterior), el artículo indicado –así como la duración de los decretos– permiten inferir que se trató, en efecto, de un estado de excepción por emergencia económica.

Sobre este particular, autores como BREWER-CARÍAS sostienen que la no calificación del tipo de estado de excepción conlleva a su inconstitucionalidad, ya que "la identificación (…) es fundamental para evaluar la

---

[219] Caso de los artículos 2 al 6, 10 y 23, referidos la definición de los estados de excepción y el estado de emergencia económica, la no interrupción del funcionamiento del Poder Público, los principios de necesidad, proporcionalidad y temporalidad, y la posibilidad del Presidente de la República de ordenar la movilización de la Fuerza Armada Nacional.

[220] El artículo 8 (sobre el estado de alarma) fue invocado en el primer decreto en el estado Táchira mientras que el 15 (facultades que podrá adoptar el Presidente de la República) en los dos decretos de Táchira y el primero en Zulia. Por su parte, el artículo 7 (sobre garantías restringibles) se invocó en los tres decretos del estado Zulia, los dos de Apure y el único de Amazonas. Finalmente, el artículo 17 (obligación de cooperar) se incluyó en los dos últimos del Zulia y los decretos de Apure y Amazonas.

constitucionalidad del decreto, pues la restricción y garantías que pueden dictarse con el mismo tiene que tener
relación con las circunstancias que originan el estado de
excepción"[221].

En cuanto a las razones de hecho que dieron origen a
los estados de excepción en la frontera, las mismas consis-
tieron en que:

i.   En los municipios en cuestión se presentó "de modo
     sistemático, inédito, sobrevenido y progresivo, una
     amenaza compleja al pleno goce y ejercicio de los de-
     rechos de los habitantes de la República, mediante la
     presencia de circunstancias delictivas y violentas vin-
     culadas a fenómenos como el paramilitarismo, el nar-
     cotráfico y el contrabando de extracción, organizado a
     diversas escalas", lo que evidenció "una intención de-
     liberada de generar alteraciones del orden público,
     que rompen el equilibrio del derecho internacional, la
     convivencia pública cotidiana y la paz, afectando el
     acceso a bienes y servicios destinados al pueblo vene-
     zolano". Ello aunado a los "atentados cometido con-
     tra la moneda venezolana y contra los bienes adquiri-
     dos con divisas de nuestro pueblo, así como el tráfico
     ilícito de mercancías producidas o importadas por
     Venezuela, afectando gravemente la vida económica
     de la Nación".

---

[221] Allan Brewer-Carías: "La masacre de la constitución y la ani-
       quilación de las garantías de los derechos fundamentales". *Re-
       vista de Derecho Público*, N° 143-144, Editorial Jurídica Venezo-
       lana, Caracas, 2015, pp. 26-27. Aunque lo narrado por el autor
       es lo ideal, no consideramos que la falta de calificación vicie el
       decreto de inconstitucionalidad si del mismo se desprenden
       suficientes elementos (motivación, duración, entre otros) que
       permitan precisar su género, en atención al principio de nece-
       sidad.

ii. El Estado tiene el "deber irrenunciable e ineludible" de "defender y asegurar la vida digna de sus ciudadanos" y "protegerles frente a amenazas, haciendo efectivo el orden constitucional, el restablecimiento de la paz social que garantice el acceso oportuno de la población a bienes y servicios básicos y de primera necesidad, así como el disfrute de sus derechos en un ambiente pleno de tranquilidad y estabilidad".

iii. La CRBV prevé, "ante circunstancias objetivas que constituyan amenazas como el fenómeno planteado", de los "medios jurídicos necesarios para garantizar la máxima estabilidad de la República, para la tutela efectiva de los derechos y garantías del pueblo venezolano", a través de "la adopción de medidas de restricción temporal de garantías (…) que refuercen la tutela de la seguridad ciudadana, la paz y estabilidad social, en relación con el acceso al disfrute de los bienes y servicios, y la protección contra atentados socioeconómicos".

Esta redacción, que se repite sin cambios en los ocho estados de excepción fronterizos[222], permite constatar que la motivación de estos decretos giró en torno a tres ideas básicas: existía una situación delictiva en la frontera que

---

[222] Se hace la salvedad que el primer decreto incluyó, adicionalmente, una alusión a los hechos del 19-08-2015 en la frontera, donde resultaron heridos miembros de la Fuerza Armada Nacional, y que el segundo decreto del estado Táchira y el primero de Zulia mencionaron que "la situación presentada en los municipios fronterizos del estado Táchira que diera origen a la declaratoria de estado de excepción se hace presente en las mismas condiciones (…), haciendo necesario se tomen medidas de igual magnitud a los fines de restituir el orden público en dichas poblaciones".

atentaba contra el acceso a bienes y servicios y la economía nacional; el Estado tiene la obligación de garantizar el acceso a los bienes y servicios; y la CRBV permite restringir las garantías para asegurar los derechos de los ciudadanos, entre los que se encuentra el acceso a bienes y servicios.

Es decir, que con el estado de excepción se pretendía dar cumplimiento al artículo 117 de la CRBV según el cual, "[t]odas las personas tendrán derecho a disponer de bienes y servicios de calidad, así como a una información adecuada y no engañosa sobre el contenido y característi-cas de los productos y servicios que consumen, a la liber-tad de elección y a un trato equitativo y digno".

Sin embargo, tal como se desprende de ese mismo artículo, para lograr ese objetivo no era necesario que se decretará un estado de excepción, pues "[l]a ley estable-cerá los mecanismos necesarios para garantizar esos dere-chos, las normas de control de calidad y cantidad de bie-nes y servicios, los procedimientos de defensa del público consumidor, el resarcimiento de los daños ocasionados y las sanciones correspondientes por la violación de estos derechos".

En otras palabras, la obligación del Estado de garanti-zar "el acceso oportuno de la población a bienes y servi-cios básicos y de primera necesidad" –invocada por el Presidente de la República para proceder a la declaratoria de excepción– no se configuraría, en primer término, co-mo una circunstancia de orden social, económico, político, natural o ecológico, que afecte gravemente la seguridad de la Nación, de las instituciones y de los ciudadanos, a cuyo respecto resulten insuficientes las facultades de las cuales se disponen para hacer frente a tales hechos, a te-nor de lo estipulado en el artículo 337 de la CRBV.

Lo anterior, visto que el ordenamiento jurídico ordi-nario dota al Ejecutivo Nacional de herramientas suficien-tes para garantizar el derecho en cuestión y *atacar* los hechos supuestamente constatados en la frontera, tal como se desprende del Decreto con Rango, Valor y Fuerza de Ley Orgánica de Precios Justos[223], en relación con el contrabando de extracción[224], la Ley Orgánica de Drogas, respecto al narcotráfico[225], y la Ley Orgánica contra la De-

---

[223] Aun cuando pronunciarnos sobre la constitucionalidad o no de este decreto ley rebasaría nuestro objeto de estudio, recomendamos la consulta de Juan Domingo Alfonzo Paradisi: "Análisis y comentarios en cuanto al Decreto 1.467 mediante el cual se dictó el decreto con rango, valor y fuerza de ley de reforma parcial del decreto con rango, valor y fuerza de ley orgánica de precios justos publicado en la Gaceta Oficial N° 6.156 extraordinario de 19 de noviembre de 2014", *Revista de Derecho Público* N° 140, Editorial Jurídica Venezolana, Caracas, 2015, pp. 234-247 y José Gregorio Silva Bocaney: "Del decreto con rango, valor y fuerza de la ley orgánica de precios justos", *Revista de Derecho Público* N° 140, Editorial Jurídica Venezolana, Caracas, 2015, pp. 260-268.

[224] Conforme al encabezado del artículo 64 vigente cuando se dictaron estos decretos, "[i]ncurre en delito de contrabando de extracción, y será castigado con pena de prisión de catorce (14) a dieciocho (18) años, quien mediante actos u omisiones, desvíe los bienes, productos o mercancías de cualquier tipo del destino original autorizado por el órgano o ente competente, así como quien extraiga o intente extraer del territorio nacional bienes destinados al abastecimiento nacional de cualquier tipo, sin cumplir con la normativa y documentación en materia de exportación correspondiente".

[225] Según el artículo 149, será penado "[é]l o la que ilícitamente trafique, comercie, expenda, suministre, distribuya, oculte, transporte por cualquier medio, almacene o realice actividades de corretaje con las sustancias o sus materias primas, precursores, solventes y productos químicos esenciales desviados a que se refiere esta Ley, aún en la modalidad de desecho, para la producción de estupefacientes o sustancias psicotrópica", variando la prisión entre los 8 a 25 años según la cantidad de sustancia que se movilice.

lincuencia Organizada y Financiamiento al Terrorismo en cuanto al paramilitarismo[226].

De los hechos narrados surge una interrogante: ¿existía concordancia entre las situaciones fácticas que fueron alegadas por el Presidente de la República como *considerandos* del estado de excepción y la medida que se adoptó?

Es decir, asumiendo que la gravedad de los hechos así lo requería –cuestión que de por sí ponemos en duda al parecernos suficiente el ordenamiento jurídico ordinario para hacer frente a la situación relatada, en virtud del principio de necesidad ya tratado– ¿son el paramilitarismo, el narcotráfico y el contrabando de extracción circunstancias que afectan gravemente la vida económica de la Nación y, por ende, hacen necesario que se decrete una emergencia económica? ¿Por qué no decretar, si "la violencia contra ciudadanos y funcionarios venezolanos en ejercicio de sus funciones públicas" argumentada así parecía ameritarlo, un estado de conmoción interior que, de hecho, guardaría mayor relación con las garantías que se restringieron?

---

[226] A pesar de que nuestra legislación no hace mención expresa a esta situación, salvo lo previsto en el artículo 107 de la Ley Orgánica del Sistema y Servicio Eléctrico y 128 y 140 del Código Penal cuando precisan quiénes pueden cometer determinados delitos; la Ley Orgánica contra la Delincuencia Organizada y Financiamiento al Terrorismo indica que se entiende por este tipo de delincuencia "la acción u omisión de tres o más personas asociadas por cierto tiempo con la intención de cometer los delitos establecidos en esta Ley y obtener, directa o indirectamente, un beneficio económico o de cualquier índole para sí o para terceros" (numeral 9 del artículo 4), estando tal asociación, dentro de la cual podría *encajar* el paramilitarismo, penada con prisión de 6 a 10 años (artículo 37).

Las respuestas a estas interrogantes parece tender más a razonamientos políticos que jurídicos originados, en parte, por las –para entonces venideras– elecciones parlamentarias del 06-12-2015[227], aunado al *costo político* que podría significar reconocer una conmoción interior o exterior.

En cualquier caso, esta fue la motivación dada por el Presidente de la República y que luego había de ser considerada por la Asamblea Nacional y la SC/TSJ en ejercicio del control político y jurídico que prevé la CRBV.

2. *Las medidas que implementaron los decretos*

Como comentamos al inicio de esta investigación, el antecedente inmediato del estado de excepción en la frontera colombo-venezolana fue la resolución conjunta de los ministerios con competencia en materia de relaciones interiores y defensa[228], mediante la cual se ordenó al Comando Estratégico Operacional de la Fuerza Armada Nacional "que gire instrucciones pertinentes a los Comandantes de las Regiones de Defensa Integral, para restringir el desplazamiento fronterizo de personas, tanto

---

[227] Véase Manuel Rojas Pérez: "Suspensión de garantías, cierre de frontera y desviación de poder", *Revista de Derecho Público* N° 143-144, Editorial Jurídica Venezolana, Caracas, 2015, pp. 13-16. Esta situación fue negada por el Ejecutivo Nacional en reiteradas oportunidades como se constata en *El Universal* (2015, 06 de diciembre). "Padrino López: Estado de excepción no es obstáculo para ejercer el voto". Un análisis de la incidencia del estado de excepción en estos comicios puede revisarse en Eglée González Lobato: "Decretos de estados de excepción y su impacto en las parlamentarias del 6D-2015". *Revista de Derecho Público* N° 143-144, Editorial Jurídica Venezolana, Caracas, 2015, pp. 135-147.

[228] Publicada en Gaceta Oficial N° 40.728 del 20-08-2015.

por vía terrestre, aérea y marítima, así como el paso de vehículos, por un lapso de setenta y dos (72) horas" y se prohibió en todos los municipios fronterizos del estado Táchira "la circulación de personas, vehículos de transporte de carga, de transporte de mercancías de cualquier rubro y de pasajeros, durante setenta y dos (72) horas".

Esta situación –que fue extendiéndose junto a los estados de excepción gracias a múltiples resoluciones conjuntas que acordaban, en la medida que se dictaban nuevos decretos, "restringir el desplazamiento fronterizo de personas, tanto por vía terrestre, aérea y marítima, así como el paso de vehículos" en los municipios respectivos[229]– en conjunto con declaraciones de diferentes voceros del Poder Público[230] y de la oposición venezolana[231] en las que se hacía hincapié en el cierre fronterizo, podía provocar que cualquiera concluyese que, mediante las declaratorias de excepción, únicamente se había restringido la garantía referida al derecho al libre tránsito, previsto en el artículo 50 de la CRBV. Pero ello sería un error.

Así, "dadas las circunstancias extraordinarias que afectan el orden socioeconómico y la paz social" –tratadas

---

[229] Véase el anexo 1 de esta investigación.

[230] *El* Universal (2015, 22 de agosto). "Maduro: Hasta no restablecer la normalidad, yo no voy a abrir esa frontera"; *El Universal* (2015, 30 de agosto). "Diputado Saúl Ortega insta al Gobierno a cerrar 'toda la frontera'" y *El Universal* (2015, 09 de septiembre). "Maduro: No abriré frontera hasta lograr un acuerdo garantizado con Colombia".

[231] *El Universal* (2015, 07 de septiembre). "AD insta a los presidentes Maduro y Santos resolver la situación fronteriza" y *El Universal* (2015, 08 de septiembre). "Candidato wayúu a la AN: 'No podemos permitir que cierren nuestra frontera'".

en el acápite anterior– las declaratorias de excepción tenían por finalidad que:

> (…) el Estado disponga de las medidas oportunas que permitan atender eficazmente la situación coyuntural, sistemática y sobrevenida, del contrabando de extracción de gran magnitud, organizado a diversas escalas, así como la violencia delictiva que le acompaña y delitos conexos, con el objeto de impedir la extensión o prolongación de sus efectos y garantizar a toda la población el pleno goce y ejercicio de los derechos afectados por estas acciones (artículo 1).

Como consecuencia de lo anterior, en el artículo 2 de estos decretos se estipuló que "quedan restringidas (…) las garantías de los derechos establecidos en los artículos 47, 48, 50, 53, 68 y 112 de la Constitución de la República", del siguiente modo.

A. *La inviolabilidad del hogar y los recintos privados*

Conforme al encabezado del artículo 47 de la CRBV, "[e]l hogar doméstico y todo recinto privado de persona son inviolables. No podrán ser allanados, sino mediante orden judicial, para impedir la perpetración de un delito o para cumplir de acuerdo con la ley, las decisiones que dicten los tribunales, respetando siempre la dignidad del ser humano".

Al respecto, los decretos de estado de excepción determinaron que sería posible la "inspección y revisión por parte de los organismos públicos competentes" de cualquier recinto privado de personas jurídicas o naturales, con inclusión del lugar de habitación, "con el fin de ejecutar registros para determinar o investigar la perpetración de delitos o de graves ilícitos administrativos, contra las personas (…) así como delitos o ilicitudes relacionados con (…) la paz, el orden público y Seguridad de la Nación, la fe pública, el orden socioeconómico, la identidad y orden migratorio".

Ello, siempre que en los recintos se llevaran a cabo "actividades económicas, financieras o comerciales de cualquier índole, formales o informales", procediéndose al allanamiento "sin necesidad de orden judicial previa" (numeral 1 del artículo 2), respetando la dignidad e integridad física, psíquica y moral de las personas y el debido proceso, y dando cumplimiento al último aparte del artículo 196 del Código Orgánico Procesal Penal[232].

Con base en esta disposición, en la primera semana del estado de excepción se deportaron más de mil colombianos catalogados como inmigrantes ilegales[233] y se derribó un número importante de construcciones luego de que estas fueron allanadas[234], lo que dio lugar a que orga-

---

[232] La norma indica que "[l]os motivos que determinaron el allanamiento sin orden constarán, detalladamente en el acta".

[233] *El Universal* (2015, 28 de agosto). "CIDH instó a Venezuela a detener deportaciones masivas porque violan DDHH" y *El Universal* (2015, 28 de agosto). "ONU expresó preocupación por deportados colombianos".

[234] *BBC* (2015, 26 de agosto). "'D', la marca que condena al derrumbe las casas de los colombianos deportados de Venezuela". Con posterioridad, el Gobernador del estado Táchira declaró que las construcciones derrumbadas no eran casas de familias colombianas sino "casas de citas, casas de juegos, casas donde estaban los paramilitares colombianos y un grupo de exsoldados de Colombia que fabricaban explosivos, además de algunas casas en las que habían sótanos para meter a colombianos y venezolanos secuestrados". Véase *Noticias 24* (2015, 06 de septiembre). "Vielma niega que casas marcadas y demolidas sean de familias colombianas: 'Había paramilitares'". Esta medida se implementó con base en el artículo 9 del primer decreto y 10 del resto según el cual, "[l]os órganos de

nizaciones como la Comisión Interamericana de Derechos Humanos se pronunciaran indicando que "las expulsiones colectivas generan múltiples violaciones a los derechos humanos" y "el Estado venezolano tiene la obligación de analizar, fundamentar y decidir de forma individual cada una de deportaciones que lleven a cabo", visto que "la declaración de un estado de excepción no puede derogar la prohibición de expulsiones colectivas" ni el "debido proceso migratorio"[235].

Sobre este particular interesa destacar que si bien la inviolabilidad del hogar y recintos privados es una garantía restringible conforme al ordenamiento jurídico vigente, motivo por el cual su allanamiento sin orden judicial era posible, mal podía esta situación dar cabida a la

---

seguridad ciudadana y policía administrativa, así como la Fuerza Armada Nacional Bolivariana, podrán desalojar las ocupaciones ilegales cuando se verifique que se encuentran en bienes públicos o bienes afectos al servicio público, ubicados en los municipios regulados por este Decreto". No obstante, a pesar de que ese artículo señalaba que "[e]stos procedimientos cumplirán con el debido proceso, y deberán contar con la supervisión de funcionarios del Ministerio Público y representantes de la Defensoría del Pueblo conforme al ejercicio de sus respectivas competencias y con estricto respeto de los derechos humanos", de las notas de prensa consultadas se desprende que ellas fueron efectuadas de modo arbitrario y en desconocimiento de los derechos humanos de los afectados.

[235] *Comisión Interamericana de Derechos Humanos* (2015, 28 de septiembre). "CIDH culmina su visita a la frontera de Colombia con Venezuela". El informe presentado por la Comisión fue rechazado por la canciller venezolana que condenó "la parcialización política e ideológica de la CIDH en contra de Venezuela, por ser vulgar e inmoral". *El Universal* (2015, 29 de septiembre). "Venezuela rechaza denuncia de CIDH de 'crisis humanitaria' por deportados".

limitación de garantías no restringibles como lo son la protección de la familia, la integridad personal, física, psíquica y moral y el debido proceso; tal como ocurrió en la frontera al acordarse la deportación de centenares de personas sin atender al procedimiento previsto en la Ley de Extranjería y Migración[236] y, como reportó la prensa en su momento, en condiciones que atentaban contra la dignidad humana[237].

B. *La inviolabilidad de las comunicaciones privadas*

El artículo 48 de la CRBV dispone que "[s]e garantiza el secreto e inviolabilidad de las comunicaciones privadas en todas sus formas. No podrán ser interferidas sino por orden de un tribunal competente, con el cumplimiento de las disposiciones legales y preservándose el secreto de lo privado que no guarde relación con el correspondiente proceso".

A pesar de que el encabezado del artículo 2 de los decretos en cuestión incluyó a este artículo dentro de las garantías a restringir, en el resto de su articulado no se precisó cómo se regularía el ejercicio de este derecho, como lo exige el artículo 339 de la CRBV[238]; por lo que so-

---

[236] Véase, en general, A. Brewer Carías: *Régimen legal de nacionalidad, ciudadanía y extranjería*, Editorial Jurídica Venezolana, Caracas, 2005, pp. 63-67.

[237] *Sumarium* (2015, 25 de agosto). "Dramático... Así cruzan los colombianos el río Táchira".

[238] La doctrina expone que "no basta 'restringir' una garantía constitucional pura y simplemente, sino que es indispensable que en el mismo Decreto se regule (normativamente) en concreto el ejercicio del derecho. Por ejemplo, si se restringe la libertad de tránsito, en el mismo Decreto de restricción debe especificarse en qué consiste la restricción, como podría ser la prohibición de circular a determinadas horas (toque de que-

mos de la opinión que está garantía, en la práctica, no podía ser válidamente restringida y correspondía a la SC/TSJ declarar la nulidad de la disposición por contravenir lo dicho por el Constituyente.

Opinión igual a la nuestra exterioriza BREWER-CARÍAS al manifestar que "[e]n esta materia, sin embargo, nada reguló el decreto sobre las modalidades y el alcance de la garantía del derecho por lo que el ejercicio del mismo no ha sido afectado ni restringido en forma alguna"[239].

C. *El libre tránsito*

De conformidad con el encabezado del artículo 50 de la CRBV, "[t]oda persona puede transitar libremente y por cualquier medio por el territorio nacional, cambiar de domicilio y residencia, ausentarse de la República y volver, trasladar sus bienes y pertenencias en el país, traer sus bienes al país o sacarlos, sin más limitaciones que las establecidas por la ley".

Esta garantía fue restringida en los decretos respecto al "tránsito de mercancías y bienes", a fin de determinar la comisión de los delitos que facultaban también al allanamiento sin orden judicial previa, pudiendo las autoridades competentes "practicar requisas personales, de equipajes y vehículos, dentro del más estricto respeto a la integridad física, psíquica y moral de las personas, me-

---

da), por ejemplo, o en determinados vehículos". Allan Brewer-Carías: *Golpe de Estado y proceso constituyente en Venezuela*, Universidad Nacional Autónoma de México, México D.F., 2001, p. 333.

[239] Allan Brewer-Carías: *La masacre de la constitución... op. cit.*, p. 38.

diante el cumplimiento de los protocolos que garantizan de forma efectiva y eficaz dicho respeto" (numeral 2 del artículo 2)[240].

Aun cuando lo anterior se encontraba, en principio, en consonancia con el ordenamiento jurídico, pues, asumiendo que las circunstancias lo requerían, se trataba de una restricción permitida, hay dos cuestiones que deben ser precisadas.

La *primera*, es que es un hecho conocido y afirmado por el propio Gobierno Nacional que en este caso no operó una simple restricción del tránsito de personas y bienes en la frontera sino que, por el contrario, se procedió a suspender tal garantía mediante un cierre total; lo que resulta inconstitucional a tenor de las consideraciones efectuadas al inicio de esta investigación, aunado a que ello generó, a su vez, la violación de otros derechos fundamentales como lo son la educación y la salud[241], que se han extendido más allá de la propia vigencia de los estados de excepción en estos municipios[242].

Y, la *segunda*, que como se evidencia en el numeral 3 del artículo 2 de los decretos, el Presidente de la Repúbli-

---

[240] Un ejemplo de la implementación de esta medida puede observarse en *El Universal* (2015, 30 de octubre). "Condenan a dos funcionarios del Cicpc por contrabandear alimentos en Apure".

[241] *Noticias RCN* (2015, 23 de septiembre). "Por nuevo cierre en la frontera colombo-venezolana, en riesgo educación de niños" y *Caracol Radio* (2015, 19 de septiembre). "Colombia adopta nuevas disposiciones para el paso de medicamentos hacia Venezuela".

[242] *El Universal* (2016, 03 de octubre). "Cavecol: Gobierno debería abrir la frontera entre Colombia y Venezuela".

ca delegó en los ministros con competencia en materia de relaciones interiores y defensa la creación de otras "restricciones al tránsito de bienes y personas en los municipios afectados por la declaratoria", tales como "el cumplimiento de cambio de domicilio o residencia, la salida de la República o el ingreso de ésta, el traslado de bienes y pertenencias en el país, su salida o entrada".

Somos de la opinión que esta disposición es inconstitucional ya que delegó en los ministros indicados la posibilidad de restringir garantías constitucionales, cuando según la CRBV es el Presidente de la República quien, en dado caso, podía decretar tales limitaciones.

Asimismo, no sería factible alegar que la delegación comentada se fundamentó en lo previsto en el artículo 16 de la LOEE –sobre la facultad del mandatario nacional de delegar la ejecución del decreto, ya analizada– pues, inclusive si ignoráramos la inconstitucionalidad de esta norma, ella se refiere es a la *ejecución* del decreto –es decir, su puesta en marcha– y no a la regulación del ejercicio cuya garantía se restringe que, de acuerdo al artículo 339 de la CRBV, ha de constar en el propio decreto que declare el estado de excepción.

En cualquier caso, esta restricción se hizo patente a través de las resoluciones conjuntas de los ministerios de relaciones interiores y defensa que prohibían –verbo usado en el actos comentado– el desplazamiento de personas y de vehículos de transporte de carga, mercancías de cualquier rubro y pasajeros, con destino a los pasos fronterizos restringidos, en los horarios que estableciere la autoridad única de la zona[243].

D. *El derecho de reunión*

El artículo 53 de la CRBV señala que "[t]oda persona tiene el derecho de reunirse, pública o privadamente, sin permiso previo, con fines lícitos y sin armas. Las reuniones en lugares públicos se regirán por la ley".

Al respecto, los decretos de excepción establecieron una prohibición general según la cual, "[n]o se permitirán reuniones públicas que no hubieran sido previamente autorizadas por el funcionario en quien se delega la ejecución del presente Decreto" (numeral 4 del artículo 2).

Esa autoridad fue el gobernador del estado respectivo (artículos 17 del primer decreto y 18 de los restantes), con la salvedad del decreto que declaró la excepción en el municipio Atures del estado Amazonas donde se acordó que la ejecución se delegaría en la "autoridad única" que se designase (artículo 18). El motivo, asumimos, no es otro sino que el gobernador del estado en cuestión era opositor al Gobierno Nacional[244].

---

[243] Esta redacción la encontramos a partir de la reimpresión de la resolución conjunta referida al segundo estado de excepción en los municipios tachirenses pues, originalmente, no se precisaba que sería ni con "destino a los pasos fronterizos restringidos" ni "en los horarios que estableciere la autoridad única de la zona", por lo que la prohibición era, inclusive, más ambigua.

[244] *El Impulso* (2015, 24 de septiembre). "Gobernador de Amazonas: Estado de Excepción va a incrementar el poderío de los militares".

En cualquier caso, y como señalamos en el capítulo precedente, esta delegación, a pesar de darse en el marco de lo previsto en el artículo 16 de la LOEE, es contraria a la CRBV por vulnerar la distribución vertical del Poder Público y convertir a las autoridades estadales en simples mandatarios del Ejecutivo Nacional.

Lo anterior, aunado a que de la motivación de los decretos de excepción no queda clara cuál es la relación entre los hechos que sirvieron de fundamento a esta declaratoria (paramilitarismo, narcotráfico y contrabando de extracción) y la garantía restringida (reunión), por lo que también se habrían vulnerado los principios de necesidad y proporcionalidad[245].

E. *El derecho de manifestación*

El encabezado del artículo 68 de la CRBV indica que "[l]os ciudadanos y ciudadanas tienen derecho a manifestar, pacíficamente y sin armas, sin otros requisitos que los que establezca la ley".

De este modo, la restricción de esta garantía consistió en destacarse en los decretos de excepción que "[e]l derecho a manifestar, pacíficamente y sin armas, sólo podrá ejercerse previa autorización del funcionario en quien se delega la ejecución del presente Decreto, emitida a solicitud de los manifestantes. Dicha solicitud deberá presen-

---

[245] Sobre este punto, algunos han propugnado que la medida no fue más que un mecanismo para evitar el proselitismo político en estos municipios ante las elecciones parlamentarias de 2015. Véase M. Rojas P.: *Suspensión de garantías, cierre de... op. cit.* y José Ignacio Hernández: "Integridad electoral y estado de excepción en Venezuela", *Revista de Derecho Público* N° 143-144, Editorial Jurídica Venezolana, Caracas, 2015, pp. 131-134.

tarse con una anticipación de 15 días a la fecha fijada para su convocatoria" (numeral 5 del artículo 2).

En cuanto a este particular, en adición a reiterar los comentarios efectuados sobre la restricción de la garantía del derecho de reunión –perfectamente trasladables a este caso– resulta oportuno recordar que el trámite de esta autorización se contrapone a la situación de normalidad en la que no se requiere permiso alguno para manifestar, independientemente de la errada interpretación que dio la SC/TSJ al artículo 68 constitucional, en concordancia con los artículos 41, 43, 44, 46 y 50 de la Ley de Partidos Políticos, Reuniones Públicas y Manifestaciones, al afirmar que "resulta obligatorio para los partidos y/o [sic] organizaciones políticas así como para todos los ciudadanos, –cuando estos decidan efectuar reuniones públicas o manifestaciones– agotar el procedimiento administrativo de autorización ante la primera autoridad civil de la jurisdicción correspondiente, para de esta manera poder ejercer cabalmente su derecho constitucional a la manifestación"[246].

F.   *La libertad económica*

Finalmente, el artículo 112 de la CRBV precisa que "[t]odas las personas pueden dedicarse libremente a la

---

[246]   Fallo N° 276 del 24-04-2014 (caso: *Gerardo Sánchez Chacón*). En realidad, el "procedimiento administrativo" al que se refiere la Sala no es de autorización sino de "participación" del itinerario y hora, con 24 horas de anticipación, según se desprende de la propia letra del artículo 38 de la Ley de Partidos Políticos, Reuniones Públicas y Manifestaciones; hablándose de autorización, únicamente, en caso que la reunión pública o manifestación sea en un sitio prohibido (primer aparte del artículo 41).

actividad económica de su preferencia, sin más limitaciones que las previstas en esta Constitución y las que establezcan las leyes, por razones de desarrollo humano, seguridad, sanidad, protección del ambiente u otras de interés social" (numeral 6 del artículo 2).

Al respecto, de modo similar a como ocurrió en el caso de la libertad de tránsito, el decreto solo señaló que los ministerios con competencia en materia de comercio, alimentación, agricultura y salud podían "establecer normas especiales para la disposición, traslado, comercialización, distribución, almacenamiento o producción de bienes esenciales o de primera necesidad, o regulaciones para su racionamiento; así como restringir o prohibir temporalmente el ejercicio de determinadas actividades comerciales"; por lo que estaríamos, nuevamente, ante una disposición inconstitucional que vulnera la letra del artículo 339 de la CRBV al no prever el decreto la regulación de la garantía restringida y delegar tal determinación en el resto del Poder Ejecutivo.

G. *Medidas adicionales*

A las restricciones ya indicadas hemos de sumarle que "como parte de las medidas para garantizar la seguridad ciudadana y el resguardo de la integridad física de los ciudadanos (…) preservando la paz y el orden público", se suspendió el porte de armas (artículo 5)[247]; a pesar de consistir la excepción en una emergencia económica y no un estado de conmoción se militarizaron estos municipios (artículo 11 del primer decreto y 12 de los restantes); y se determinó que el Presidente de la República podía

---

[247] Ello es frecuente en nuestro país según se evidencia en la gaceta oficial, sin que exista un estado de excepción.

dictar "otras medidas de orden social, económico o político que estime convenientes a las circunstancias (...) con la finalidad de restablecer la normalidad en el menor tiempo posible y superar la situación excepcional que motiva el presente Decreto" (artículo 3, que vendría a reiterar lo previsto en el artículo 15 de la LOEE).

Asimismo, destaca el hecho que el artículo 4 del primer decreto de excepción precisaba que "[e]l Ministerio del Poder Popular de Economía y Finanzas podrá establecer límites máximos de ingreso o egreso de moneda venezolana de curso legal en efectivo" y "restricciones a determinadas operaciones y transacciones comerciales o financieras, así como restringir dichas operaciones al uso de medios electrónicos debidamente autorizados en el país".

No obstante, ante la abierta inconstitucionalidad de este artículo[248], en los siete decretos siguientes la disposición se *suavizó* indicándose que el ministerio en cuestión podría "efectuar las coordinaciones necesarias con el Banco Central de Venezuela" para que se tomasen las medidas comentadas (artículo 4).

Si bien este cambio acercó el decreto al ámbito de la constitucionalidad, ello fue solo de modo parcial pues, reiteramos, al ser el derecho de excepción una facultad

---

[248] Conforme al artículo 318 de la CRBV, "[l]as competencias monetarias del Poder Nacional serán ejercidas de manera exclusiva y obligatoria por el Banco Central de Venezuela", quien goza de "autonomía para la formulación y el ejercicio de las políticas de su competencia", encontrándose entre sus atribuciones el formular y ejecutar la política monetaria, participar en el diseño y ejecutar la política cambiaria y regular la moneda.

exclusiva y excluyente del Presidente de la República, cualquier limitación, restricción o medida en general que se adopte con base al mismo debe provenir de dicho mandatario, no siendo posible que se delegue su ejercicio, o se altere el reparto constitucional de funciones[249].

De igual modo, los decretos en cuestión incluyeron deberes de coordinación en cabeza del Poder Público, los órganos de seguridad ciudadana, la policía administrativa y la Fuerza Armada Nacional a fin de fortalecer el programa de Operación Liberación del Pueblo (OLP) y los controles migratorios –pudiendo el Servicio Administrativo de Identificación, Migración y Extranjería dictar regulaciones especiales–, así como de colaboración para las personas naturales o jurídicas que se encontraran en estas zonas, debiendo ellas realizar los servicios extraordinarios que se les requirieran sin perjuicio de la indemnización a que hubiera lugar.

Finalmente, se tiene que entre las medidas adoptadas se creó una Autoridad Única de Área que sería designada en decreto separado[250], se ordenó a la Defensoría del Pueblo que comisionara defensores delegados, especiales y nacionales[251], y a partir del segundo decreto de excepción,

---

249   Véase, en general, Allan Brewer-Carías: *La masacre de la constitución... op. cit.*, pp. 43-44.

250   Véase el anexo 1 de esta investigación. Conforme a estos decretos, la autoridad única de área dependía del Presidente de la República, no tenía configuración orgánica y su función era coordinar a las autoridades públicas del Ejecutivo Nacional y los distintos entes político-territoriales, dictando para ello lineamientos y directrices.

251   Al igual que como ocurre con el caso de la delegación del Poder Ejecutivo Nacional al Poder Ejecutivo Estadal, la disposición viola el principio de separación de poderes –esta vez, en

en virtud del Registro Único para la Restitución de los Derechos Sociales y Económicos en la Frontera creado por decreto presidencial "con la finalidad de recabar y proporcionar información actualizada con respecto a la población, viviendas, establecimientos comerciales e industriales, infraestructura, servicios públicos, actividades económicas, y áreas agrícolas" en los municipios que conformaban el ámbito de aplicación del primer decreto[252], se incluyó una disposición que acordaba la extensión de este Registro a cada uno de los municipios donde se declaraba la excepción.

II. LOS CONTROLES SOBRE LOS DECRETOS

En aplicación del artículo 339 de la CRBV, los ocho decretos que declararon el estado de excepción en la frontera incluyeron un par de artículos según los cuales, el decreto "será remitido a la Asamblea Nacional, a los fines de su consideración y aprobación, dentro de los ocho (8) días siguientes a su publicación en la Gaceta Oficial (...), de conformidad con el artículo 26 de la Ley Orgánica sobre Estados de Excepción" (artículo 14 del primer decreto

---

su connotación horizontal– ya que el Poder Ejecutivo estaría girando instrucciones al Poder Ciudadano –particularmente, a la Defensoría del Pueblo– cuyos órganos gozan de autonomía funcional, financiera y administrativa (artículo 273 de la CRBV).

[252] Publicado en Gaceta Oficial N° 40.734 del 28-08-2015. El Registro estaría conformado por los datos proporcionados por los órganos y entes de la Administración Pública Nacional, Estadal y Municipal (incluyendo las oficinas de registro público, notarías y oficinas de catastro e ingeniería municipal) y las personas naturales y jurídicas, a petición del ministerio con competencia en materia de planificación.

y 15 del resto) y, adicionalmente, "será remitido a la Sala Constitucional (…), a los fines de que se pronuncie sobre su constitucionalidad, dentro de los ocho (8) días siguientes a su publicación en la Gaceta Oficial (…), de conformidad con el artículo 31 de la Ley Orgánica sobre Estados de Excepción" (artículo 15 del primer decreto y 16 del resto).

Es decir, para que se ejerciese el control político y el control jurídico a los que hicimos referencia en el capítulo anterior. Veamos a continuación cómo ocurrieron los mismos.

1. *El control político*

Los ocho decretos de excepción dictados por el Presidente de la República fueron aprobados por la Asamblea Nacional "en todas y cada una de sus partes", según se constata en los acuerdos publicados en gaceta oficial[253].

Sin embargo, estos acuerdos carecen de una motivación que permita conocer los argumentos que llevaron a la Asamblea Nacional a tomar la decisión comentada[254] –visto que ella se limitó a señalar que aquello lo hacía "[e]n uso de las atribuciones que le confiere la Constitución de la República (…) en los artículos 338 y 339, y en los artículos 26, 28 y 31 de la Ley Orgánica Sobre los Esta-

---

[253] Véase el anexo 1 de esta investigación.

[254] Ello llama la atención, pues basta consultar cualquiera de los acuerdos que solía publicar la Asamblea Nacional en gaceta oficial para observar que no era extraña a *motivar* ampliamente –y muchas veces, sinsentido– sus actuaciones. Estos acuerdos, clasificados por año, pueden consultarse en la página web del *Centro para la Integración y el Derecho Público* (www.cidep.com.ve).

dos de Excepción, en concordancia con lo aprobado en sesión"– por lo que consideramos prudente revisar las notas de prensa publicadas por este órgano, en relación a las sesiones en las que se aprobaron estos acuerdos.

Así, en relación con el primer decreto (municipios Bolívar, Pedro María Ureña, Junín, Capacho Nuevo, Capacho Viejo y Rafael Urdaneta del estado Táchira), la Comisión Delegada de la Asamblea Nacional lo aprobó el 25-08-2016, declarando los parlamentarios que se trataba de una medida "extraordinaria, acertada y de alta política" y que "el Poder Legislativo ratifica su soberanía nacional al respaldar estas medidas que buscan liberar al pueblo venezolano del paramilitarismo"[255].

Anteriormente, al haber dado a conocer el Presidente de la República el estado de excepción, Diosdado Cabello, para entonces Presidente de la Asamblea Nacional, había indicado que "[t]iene el apoyo total en nombre de los diputados revolucionarios ante el decreto de Estado de Excepción en el Táchira"[256].

Sobre este decreto, nótese que el acuerdo fue dictado por la Comisión Delegada y no la Asamblea Nacional que se encontraba en receso[257], a pesar de que no consta que, como lo exige el artículo 29 de la LOEE, le haya sido im-

---

[255] *Asamblea Nacional* (2015, 25 de agosto). "Apoyo por parte del pueblo venezolano al estado de excepción en el Táchira" y *Asamblea Nacional* (2015, 25 de agosto). "Parlamento respalda medidas tomadas por el Presidente Nicolás Maduro".

[256] *Asamblea Nacional* (2015, 22 de agosto). "Comisión Delegada de la Asamblea Nacional sesionará este martes en Táchira".

[257] Conforme al artículo 219 de la CRBV, este abarca del 15 de agosto al 15 de septiembre y del 15 de diciembre al 5 de enero de cada año.

posible a dicha comisión convocar una sesión extraordinaria de la Asamblea Nacional –o que a la misma no concurriera la mayoría absoluta de los diputados– como único supuesto en el que la ley le permite considerar la aprobación del decreto[258].

Igual situación se presentó respecto al segundo decreto (municipios Lobatera, Panamericano, García de Hevia y Ayacucho del estado Táchira), aprobado por la Comisión Delegada el 02-09-2015, que fue catalogado como "una medida para salvaguardar la seguridad y la tranquilidad de las familias de estos municipios y del estado Táchira"[259]; explicando el Presidente de la Asamblea Nacional que "por instrucciones del presidente Nicolás Maduro, se debe administrar política y territorialmente esta región de excepción de manera eficiente con el objeto de garantizar el bienestar del pueblo de Venezuela"[260].

El tercer decreto (municipios Indígena Bolivariano Guajira, Mara, y Almirante Padilla del estado Zulia),

---

[258] Tal es así, que en nota de prensa de la Asamblea Nacional se recogió un *tweet* de Pedro Carreño, diputado oficialista, en el que indicó el 22-08-2016, el día siguiente de haberse dictado el decreto, que "Cumpliendo el Art.339 [sic] CNRBV [sic] Asamblea Nacional (Comisión [sic] Delegada) sesionara [sic] el 25Agosto [sic] en Táchira [sic] y APROBARA [sic] Decreto de Estado de Excepción". *Asamblea Nacional* (2015, 22 de agosto). "Bancada revolucionaria apoya estado de excepción en municipios fronterizos de Táchira".

[259] *Asamblea Nacional* (2015, 02 de septiembre). "Estado de excepción es para salvaguardar la seguridad y tranquilidad de las familias".

[260] *Asamblea Nacional* (2015, 02 de septiembre). "Asamblea Nacional aprueba segundo decreto de estado de excepción en Táchira".

también fue aprobado por la Comisión Delegada de la Asamblea Nacional, esta vez el 09-09-2015, declarando los diputados oficialistas que el decreto era "corajudo, honesto, decidido y justo" y que "de ser necesario aprobaremos todos los Estados de Excepción que el presidente Nicolás Maduro presente, para garantizarle a los venezolanos la paz y la tranquilidad"[261].

Los cuatro decretos siguientes –del 15-09-2015, y referidos a los municipios Machiques de Perijá, Rosario de Perijá, Jesús Enrique Lossada y la Cañada de Urdaneta del estado Zulia; Catatumbo, Jesús María Semprún y Colón del estado Zulia; Páez del estado Apure; y Rómulo Gallegos y Pedro Camejo del estado Apure– fueron aprobados por la Asamblea Nacional el 17-09-2015.

En esta sesión, los diputados oficialistas arguyeron que "[c]on esta medida nacionalista, profundamente humana del presidente Nicolás Maduro se va a resolver definitivamente esta situación" y que se trataba de "una medida apegada a la defensa de los Derechos Humanos. Siempre velando porque no haya exceso, ni atropellos, con la Constitución en la mano, apegado a la ley", por lo que ratificaron que "[a]quí está la Asamblea Nacional resteada a tiempo completo, cuente con ella presidente

---

[261] *Asamblea Nacional* (2015, 09 de septiembre). "Decreto de estado de excepción es corajudo, honesto, decidido y justo" y *Asamblea Nacional* (2015, 09 de septiembre). "AN aprobó el estado de excepción en los municipios Guajira, Mara y Almirante Padilla".

Nicolás Maduro para respaldar todas las iniciativas que vengan del pueblo legislador"[262].

Finalmente, el decreto de excepción del municipio Atures del estado Amazonas fue aprobado por la Asamblea Nacional el 27-10-2015, bajo el pensamiento que "[e]l paramilitarismo, el contrabando de extracción, el sicarito [*sic*], son prácticas comunes en esta zona, por tal razón, se justifica el Estado de Excepción ampliamente" y que "la aprobación de esta política permitirá retomar el orden y la paz en esta zona"[263].

Como se aprecia de las notas de prensa citadas, el control político ejercido por la Asamblea Nacional y su Comisión Delegada giró en torno a la idea del principio de necesidad de los estados de excepción al *valorar* –o, mejor dicho, respaldar sin más– la circunstancia alegada por el Presidente de la República para implementar esta medida.

Esta afirmación puede constatarse en la Gaceta Oficial N° 40.750 del 21-09-2015, en la que la Asamblea Nacional publicó un acuerdo en el marco del día internacional de la paz donde manifestó su *apoyo irrestricto* a estos decretos como "medidas en defensa de la soberanía, la justicia, la independencia, la integridad territorial de nuestra Patria y el bienestar del pueblo venezolano, en el marco de la amenaza compleja a la paz y al pleno goce y ejercicio de los derechos de los habitantes de la República", obede-

---

[262] *Asamblea Nacional* (2015, 17 de septiembre). "Medida nacionalista del Presidente Maduro resolverá situación en la frontera".

[263] *Asamblea Nacional* (2015, 27 de octubre). "AN autorizó estado de excepción en el municipio Atures del estado Amazonas".

ciendo el estado de excepción a "la meritoria necesidad de continuar protegiendo al pueblo venezolano de los flagelos orquestados desde tierras foráneas, medida ésta que garantiza el orden público y los derechos de todas las personas, sin distinción alguna".

No obstante, tal como se advirtió, esta valoración solo puede ser conocida a través de las notas de prensa de la Asamblea Nacional, visto que los acuerdos carecen de una motivación más allá de la alusión a los artículos de la CRBV y la LOEE que se refieren a la materia, y que ello fue "aprobado en sesión". Por este motivo, coincidimos con PEÑA quien –al pronunciarse sobre la inmotivación de estos acuerdos– precisa que es necesario que "el acuerdo contenga las razones que le sirven de base al órgano parlamentario para la adopción", ya que los resultados de la *consideración* a la que alude el artículo 339 de la CRBV "constituyen necesariamente la motivación del acuerdo aprobatorio", atentando contra la seguridad "que el acuerdo (…) sea publicado y se reenvíe el resultado de la «consideración» parlamentaria al acta de la sesión especial, la cual no es publicada simultáneamente, o no es publicada, pues esta situación coloca en un virtual estado de indefensión a los interesados que quieren participar en el procedimiento de control de la constitucionalidad"[264].

2. *El control jurídico*

Al igual que como ocurrió con el control político, la SC/TSJ también se pronunció de forma favorable a los

---

[264] N. Peña C.: *Los controles sobre los decretos… op. cit.,* p. 251.

decretos de estado de excepción y, en todos los casos, declaró su constitucionalidad[265].

Basándonos en lo dicho en el capítulo precedente, la lógica nos llevaría a pensar que en estos fallos la SC/TSJ, visto que declaró la constitucionalidad de las medidas, consideró, luego de haber realizado un examen de hecho (presupuestos fácticos que fundamentan los estados de excepción según la motivación de los decretos) y de derecho (cumplimiento de los principios constitucionales y legales en la materia, así como el haberse cerciorado que las restricciones de garantías operasen sobre aquellas disponibles), que los decretos se ajustaban al marco normativo al que hicimos referencia.

Sin embargo, este *deber ser* dista mucho del *ser* de la Sala, tal como podemos apreciar al sistematizar los argumentos que brindó para motivar su decisión.

A. *La competencia de la SC/TSJ*

El punto no se encuentra sujeto a debate pues tanto el Constituyente como el Legislador venezolano –en la LO-EE y la Ley Orgánica del Tribunal Supremo de Justicia– establecen que corresponde a la SC/TSJ pronunciarse sobre la constitucionalidad de los decretos en cuestión. Asimismo, y aun cuando hemos indicado que la SC/TSJ en el pasado ha negado el carácter normativo de la exposición de motivos del texto constitucional, en todos los

---

[265] Fallos N° 1173 del 28-08-2015 (caso: *Decreto N° 1.950*), 1174 del 08-09-2015 (caso: *Decreto N° 1.969*), 1176 del 15-09-2015 (caso: *Decreto N° 1.989*), 1183 del 22-09-2015 (caso: *Decreto N° 2.013*), 1181 del 22-09-2015 (caso: *Decreto N° 2.014*), 1182 del 22-09-2015 (caso: *Decreto N° 2.015*), 1184 del 22-09-2015 (caso: *Decreto N° 2.016*) y 1353 del 04-11-2015 (caso: *Decreto N° 2.071*).

fallos encontramos que ella reiteró lo dicho por esta en cuanto a que tal revisión se configura como un "control judicial automático".

No obstante, a pesar de que la competencia no es un tema discutido, de su argumentación queremos destacar una cuestión que se hizo reiterativa para otros temas de mayor interés: y es que la SC/TSJ en los casos siguientes se limitó, prácticamente, a señalar que en el pasado ella ya se había pronunciado sobre el tema y, por ende, bastaba con traer al expediente que estuviese conociendo lo dicho en casos anteriores para dar por zanjada la discusión.

Esta situación se constata, por ejemplo, cuando en los fallos N° 1183/2015, 1181/2015, 1182/2015 y 1184/2015 la Sala cita lo dicho en los N° 1173/2015, 1174/2015 y 1176/2015 que, a su vez, llegan a citar a otros por ser este el "criterio mantenido por esta Sala Constitucional".

A simple vista –y en el caso concreto de la competencia– ello no genera inconveniente al ser la aplicación de un precedente judicial que, retrotrayéndonos a los casos que cita, poseen un fundamento jurídico válido.

La cuestión se complica cuando ese precedente es traído a colación pero, al realizar la misma retrospección, nos encontramos con que en el caso decidido –que hoy sirve como argumento de autoridad– en realidad, no tuvo una motivación adecuada[266]. Tal como se verá de seguida.

---

[266] La situación hace preguntamos si hay una correcta motivación cuando la decisión que es llamada a autos por el juez de una causa –valiéndose de un argumento de autoridad– carece, en sí misma, de razonamientos propios que le sirvan para justificar la conclusión del caso original (primario), independientemente que luego ella se pretenda extrapolar a otros supuestos

B. *La participación de los terceros en el control judicial*

Dado las implicaciones de los estados de excepción, el Legislador venezolano consideró prudente que cualquier interesado pudiera acudir ante la SC/TSJ para, durante el juicio de control de constitucionalidad, presentar los alegatos y pruebas que en su criterio sirviesen para demostrar la constitucionalidad –o no– del decreto.

Tal es la importancia de esta participación que el Legislador le dedicó tres de los diez artículos del capítulo II (del control por el Tribunal Supremo de Justicia) del título IV (del control al decreto) de la LOEE.

No obstante la regulación citada, el actuar de la Sala distó de tal proceder ya que solo en uno de los siete expedientes en los que se presentaron escritos abogando por la inconstitucionalidad de los decretos la Sala determinó, sin ningún análisis, que "[e]l escrito no aporta elementos de convicción que sirvan de fundamento a los exiguos alegatos formulados en el mismo; circunstancia que incide negativamente en la admisibilidad del mismo" (fallo N° 1173/2015).

En los casos restantes, la SC/TSJ se limitó a señalar que la interposición de tales escritos resultaba tempestiva y que ella "oportunamente" consideraría su pertinencia o no a los efectos de su decisión.

Pero esa oportunidad parece que nunca llegó. La Sala, en todos los casos, simplemente procedió a desechar los

---

similares (casos segundarios). Sobre el argumento de autoridad en general véase Francisco Ezquiaga Ganuzas: *La argumentación en la justicia constitucional*, Biblioteca Jurídica Dikél, Medellín, 2008, p. 425.

argumentos –sin entrar a considerar lo planteado por los interesados– señalando, por ejemplo, que estos escritos "están dirigidos a cuestionar la constitucionalidad de las medidas (...) sobre la base de razonamientos jurídicos que fueron objeto de control por esta Sala en la sentencia N° 1173 (...) y (...) N° 1174", en la que "se realizaron amplios análisis sobre la constitucionalidad y adecuación de la normativa establecida en el Decreto N° 1.950 y en el Decreto N° 1.969, cuyas circunstancias fácticas derivan de las mismas en las que se fundamenta el decreto objeto de control en esta oportunidad, cuya constitucionalidad aquí se declara" (fallo N° 1176/2015).

Es decir, que valiéndose nuevamente de lo dicho en un caso anterior, la SC/TSJ fue formando una *cadena argumentativa* en la que, como el decreto contra el que se había presentado el escrito de alegatos compartía el fundamento fáctico de uno anterior, en el que se había desechado otro escrito, en este caso también procedía tal actuar dado que las medidas respondían al mismo motivo, con independencia de lo que el interesado alegara (incluso si eran razonamiento totalmente novedosos).

En resumen: ante un escrito "B" presentado por un interesado "B" respecto a un decreto "B" en un expediente "B", la SC/TSJ optó por desechar tales alegatos y pruebas por el hecho que ese decreto "B" compartía la fundamentación de un decreto "A" y, como ese decreto "A" había sido declarado como constitucional, no podía decidirse diferente en el caso del decreto "B" admitiendo la participación de quienes resultaran interesados.

Y así se afirmó sucesivamente para los decretos "C", "D", "E" y siguientes, por lo que la participación, en la práctica, quedó reducida a poco más de unas líneas en cada fallo donde se hacía saber que contra el decreto se había presentado un escrito, pero que ello poca –o ninguna– relevancia tendría a los efectos de la decisión y el control que le correspondía llevar a cabo a la Sala[267].

C. *Las circunstancias fácticas señaladas por el Presidente de la República como justificativas de los decretos*

Este control lo entendemos referido a la verificación material de los hechos que enuncia el decreto en su motivación como justificativo para implementar la medida.

En este sentido, para tal confirmación no sería necesario la presentación de un extenso acervo probatorio sino que el Poder Judicial, basado en la teoría de los hechos notorios o comunicacionales –y que aquellas circunstancias que justifican un estado de excepción, por su propia naturaleza, se compaginan con las connotaciones de tales hechos–, estaría capacitado para determinar, por ejemplo, si el país se encuentra en guerra u ocurrió un desastre natural[268].

En el caso de los estados de excepción en la frontera colombo-venezolana los mismos fueron fundamentados fácticamente, como se vio, en "la presencia de circunstan-

---

[267] Nótese que el desprecio de la SC/TSJ hacia la participación de terceros en el control de los estados de excepción no se limitó, únicamente, a los hechos aquí narrados. Ejemplo de ello es el fallo N° 597 del 12-07-2016 por medio del cual la Sala declaró como inadmisible un amparo constitucional intentado por la Confederación Indígena Bolivariana de Amazonas contra el decreto del municipio Atures, visto que "el acto objeto de la acción de amparo perdió la vigencia que poseía". Esta acción, intentada el 26-11-2015 y que se caracteriza –en teoría– por su celeridad, no fue decidida sino ocho meses después.

[268] Para la emergencia económica, a pesar de ser más difícil de constatar, se consideran de valor los índices inflacionarios, de producto interno bruto y otros indicadores macroeconómicos.

cias delictivas y violentas vinculadas a fenómenos como el paramilitarismo, el narcotráfico y el contrabando de extracción, organizado a diversas escalas, entre otras conductas delictivas análogas" y los "atentados cometidos contra la moneda venezolana y contra los bienes adquiridos con divisas de nuestro pueblo, así como el tráfico ilícito de mercancías producidas o importadas por Venezuela"; por lo que el control por parte de la SC/TSJ consistiría en precisar objetivamente tales hechos, sin realizar valoraciones que correspondan al Poder Legislativo (control político).

Así, la SC/TSJ procedió en los fallos analizados a citar extractos de unas cuatro noticias por decreto en los que se hacía mención, por ejemplo, a los operativos de las fuerzas armadas para desmantelar contrabando de productos y medicinas[269], el hallazgo de una trocha de contrabando en la frontera con Colombia[270], la incautación de gasolina destinada al contrabando[271] y la detención de miembros de las FARC en el territorio venezolano[272].

Es decir que, al menos según la prensa nacional, efectivamente en la frontera colombo-venezolana se presentaron "circunstancias delictivas y violentas", motivo por el cual habría una consonancia entre lo dicho en el decreto y la realidad, aun cuando algunas de las notas de prensa en

---

[269] *AVN* (2015, 27 de mayo). "Realizan en Táchira operativo para desmantelar contrabando de productos y medicinas".

[270] *Globovisión* (2015, 29 de agosto). "Hallan trocha de contrabando en la frontera con Colombia".

[271] *2001* (2015, 15 de agosto). "Incautan 96 mil litros de gasolina para contrabando en el Zulia".

[272] *Noticia al día* (2014, 30 de diciembre). "CICPC captura a 'El Piloto' miembro activo de las FARC en Apure".

las que se apoyó la SC/TSJ para llegar a tal conclusión eran de fechas muy distantes a cuando se dictaron los decretos[273].

D. *Los principios de necesidad, proporcionalidad y temporalidad*

Ocurridos los hechos argumentados había entonces de precisarse si los mismos se configuraban como motivo suficiente para la implementación de un estado de excepción, pues es indiscutible que la sola constatación de un suceso –sin importar su naturaleza– no justifica por sí sola la declaratoria de tal estado.

Es este aspecto –junto al que veremos en el acápite siguiente– el que conforma el núcleo del control judicial de constitucionalidad de los estados de excepción; ya que corresponde a la SC/TSJ determinar, de modo objetivo y sin valoraciones de oportunidad, si el ordenamiento jurídico ordinario da medios suficientes para resolver la problemática y, en caso que la respuesta sea negativa, si las medidas que adopta el Presidente de la República tienden a tal fin. Todo ello, dentro del margen temporal que acuerda la CRBV.

Pues bien, al revisar los fallos que declararon la constitucionalidad de todos y cada uno de los estados de excepción decretados por el Ejecutivo Nacional, nos encontramos que tal control nunca se materializó dado que la Sala se limitó, simplemente, a repetir los considerandos y

---

[273] Solo a modo de ejemplo colocamos el caso del municipio Atures del estado Amazonas en el que el decreto de excepción fue publicado en gaceta oficial el 23-10-2015 pero los hechos a los que hace mención la SC/TSJ en su fallo N° 1184/2015 ocurrieron durante el año 2014.

los artículos de cada decreto para luego afirmar que "una vez analizado el contenido del Decreto" –análisis que, reiteramos, consistió en transcribir el texto del acto– este abordaba el mismo objetivo que los que le fuesen anteriores "con la salvedad de que en esta ocasión el Ejecutivo Nacional consideró necesario extenderlo" a los municipios a los que hiciera referencia el decreto *controlado*[274].

De este modo, al ser "las mismas circunstancias (...) en las mismas condiciones", ello "conllevó a que se tomaran medidas de igual magnitud para restituir el orden público en esas poblaciones"; por lo que al haberse afirmado la constitucionalidad de los decretos previos "sobre la base de las consideraciones que se asumen", estas últimas serían "igualmente válidas y se dan por reproducidas" para los siguientes[275].

Así, el control del cumplimiento de los principios que han de regir la materia de excepción quedó relegado a afirmar que como el decreto analizado era igual a otro anteriormente declarado constitucional, no quedaba más que reiterar tal conformidad a derecho.

Pero el *quid* del asunto es que si vamos hasta el fallo del primer decreto –el N° 1173/2015, para el cual ya no sería posible la argumentación de *antes se dijo que era constitucional*– tampoco encontraremos un pronunciamiento sobre estos principios, más allá de algunas consideraciones de carácter doctrinal según las cuales "los estados de excepción solamente pueden declararse ante situaciones

---

[274] Véanse los fallos N° 1174/2015, 1176/2015, 1183/2015, 1181/2015, 1182/2015, 1184/2015 y 1353/2015.

[275] Véanse los fallos N° 1174/2015, 1176/2015, 1183/2015, 1181/2015, 1182/2015 y 1184/2015.

objetivas de suma gravedad que hagan insuficientes los medios ordinarios que dispone el Estado para afrontarlos" y que "las medidas tomadas en el marco de un estado de excepción, deben ser proporcionales a la situación que se quiere afrontar en lo que respecta a gravedad, naturaleza y ámbito de aplicación".

No hay duda que la Sala se refirió a la necesidad y proporcionalidad, pero ella no señaló cómo se cumplieron estos principios en el decreto visto que, luego de afirmar que "ha de ponderarse (...) las medidas decretadas respecto de la ratio o las situaciones de hecho acontecidas, vinculadas a la criminalidad organizada", solo manifestó "el respaldo orgánico de este cuerpo sentenciador" a las medidas "en reconocimiento por su pertinencia, proporcionalidad y adecuación".

Proporcionalidad y necesidad que, reiteramos, no fueron ponderadas por la Sala pues, lejos de realizar un análisis y verdadero control jurídico, sus fallos parecieran coincidir más con el llamado control político del Poder Legislativo al indicar –dentro de infinidad de frases superfluas como "acto con proyección política" y "sólido basamento jurídico y con elevada significación popular"– que los decretos eran "necesarios para la construcción de una sociedad justa y amante de la paz" y que la proporcionalidad se materializaba al atender el decreto a aspectos de seguridad ciudadana, económicos y de seguridad y defensa integral de la Nación, cuando el Ejecutivo "dispuso de manera ponderada las medidas que consideró necesarias" ante la "meritoria necesidad de proteger a las instituciones, expresión directa del Poder Público y a la sociedad, que fueron rebasados en sus funciones y derechos de control y paz social"[276].

De este modo, el Poder Judicial *juzgó* como "necesarias, adecuadas y proporcionales" unas regulaciones de excepción que, en realidad, no controló, puesto que consideró suficiente atenerse a lo expuesto por el Ejecutivo en su motivación recordando, en caso que esto fuese considerado como insuficiente, que ello "ha sido ampliamente difundido por el Presidente de la República en diversas alocuciones".

E. *La regulación de las garantías que se restringen*

Como era de esperarse, al igual que como ocurrió respecto a los principios que han de regir los estados de excepción, la Sala no controló si los decretos regulaban el ejercicio del derecho cuya garantía se restringía a tenor de lo previsto en el artículo 339 de la CRBV.

Ello, a pesar que la SC/TSJ indicó que, teóricamente, esas medidas deben ser de tal modo razonables que "justifiquen la injerencia del Estado en el ámbito de los derechos y garantías constitucionales de sus ciudadanos".

Decimos teóricamente pues, si bien la Sala realizó esa afirmación, calló –por ejemplo– respecto a la restricción de garantías del derecho de manifestación y reunión que se preveía en todos los decretos de estados de excepción y sobre las cuales no se observa una relación que "justifique la injerencia del Estado" si se tiene en cuenta que los de-

---

[276] Véase, en general, Antonio Silva Aranguren: "El Tribunal Supremo de Justicia y los decretos de estado de excepción de 2015: ningún control y numerosos excesos", *Revista de Derecho Público* N° 143-144, Editorial Jurídica Venezolana, Caracas, 2015, pp. 109-118.

cretos pretendían poner fin al contrabando de extracción, el narcotráfico y el paramilitarismo en la frontera.

De este modo, la SC/TSJ parece haber entendido que el control en cuanto a las garantías se circunscribía a establecer que no se hubiesen limitado "de ninguna forma o intensidad, expresa ni tácita"[277] alguna de las que el ordenamiento jurídico nacional e internacional prohíbe restringir cuando, lo cierto del caso, es que dicho control no se encuentra reducido a ello sino, también, a que en el decreto se determine bajo qué modalidades se limitarán las garantías ya que el decreto en cuestión será el ordenamiento jurídico aplicable en sustitución del ordinario –que pasa a segundo plano por ineficiente– y, como tal, requiere estar dotado de un grado de precisión que permita al individuo conocer cómo ha de regir su comportamiento a fin de evitar sanciones.

Y tal grado de precisión, como se vio, indubitablemente no era una de las características de los decretos del estado de excepción.

Solo por nombrar algunos ejemplos, en ellos se enunciaba la restricción de garantías que no fueron desarrolladas en el decreto –inviolabilidad de las comunicaciones– e, inclusive, se llegó a estipular que la regulación de la restricción en cuestión sería establecida por los ministerios de la materia –libre tránsito y libertad económica–, contraviniendo así la norma constitucional que es clara al indicar que el régimen de excepción es una competencia que corresponde ejercer al Presidente de la República, sin que este pueda facultar a parte de su tren ejecutivo para que regule con base en el mismo.

---

[277] Véanse los fallos N° 1173/2015, 1174/2015, 1176/2015, 1183/2015, 1181/2015, 1182/2015, 1184/2015 y 1353/2015.

III.   LA PRÓRROGA DE LOS DECRETOS

Por último, en cuanto al estado de excepción en la frontera colombo-venezolana, hemos de señalar que los ocho decretos fueron prorrogados una vez se cumplieron los sesenta días de su vigencia original.

Estos decretos de prórroga fueron dictados y publicados en la gaceta oficial el mismo día que el decreto prorrogado cesaría sus efectos[278], a excepción de la prórroga del municipio Atures del estado Amazonas que se dictó y "publicó" luego de transcurridos dos días de tal vencimiento (a saber, el 23-12-2015, cuando los sesenta días del decreto se cumplieron el 21 del mismo mes), por lo que el decreto había cesado en sus efectos y, en consecuencia, no podía ser prorrogado.

Adicionalmente, colocamos el énfasis en la adopción y publicación de este último decreto dado que, aun cuando la gaceta en la que fue publicado tiene por fecha el 23-12-2015, todo parece indicar que se trata de un acto *posdatado* ya que la gaceta oficial contentiva del decreto –la N° 6.206 Extraordinario del 23-12-2015– no circuló sino hasta el 29-12-2016, sin que en el sumario de la gaceta oficial ordinaria de ese día se hubiese anunciado siquiera su existencia[279].

Asimismo, y a diferencia de las prórrogas anteriores en las que la SC/TSJ –al ejercer el control jurídico– se había

---

[278]   Véase el anexo 1 de esta investigación.

[279]   Las gacetas oficiales posdatadas no son una novedad en nuestro ordenamiento. Uno de los casos más recientes y relevantes aconteció con los decretos leyes dictados con ocasión de la ley habilitante del año 2013. Véase A. Silva A. y G. Sira S.: *Decretos-Leyes dictados por el Presidente... op. cit.*

dado cuenta del decreto en la misma oportunidad de su publicación, en esta ocasión no fue sino hasta que el Presidente de la República remitió el decreto "[m]ediante oficio s/n° recibido por esta Sala en fecha 30 de diciembre de 2015" –curiosamente, el mismo día que circuló la gaceta oficial fechada como del 23 del mismo mes– en que ella pasó a conocer de la constitucionalidad de esta prórroga.

En cualquier caso, todos los decretos de prórroga compartieron su fundamentación jurídica al invocar el artículo 226, el numeral 7 del artículo 236 y los artículos 337, 338 y 339 de la CRBV, así como los artículos 2 al 7, 10, 17 y 23 de la LOEE –es decir, los mismos que se citaron al dictarse los decretos que ahora se prorrogaban– en adición al artículo 16 del primer decreto y 17 del resto, según el caso, que hacía mención a la posibilidad de prorrogar el decreto "por sesenta (60) días más de acuerdo al procedimiento constitucionalmente establecido".

Por lo que respecta a las razones de hecho, los decretos indicaron, simplemente, que "subsisten los motivos que originaron que se decretara el estado de excepción en los municipios", motivo por el cual era procedente su prórroga por sesenta días.

Finalmente, los decretos señalaron que su ejecución, tal como ocurrió con los decretos originales, se delegaba en los gobernadores de los estados respectivos (salvo en el caso del municipio Atures del estado Amazonas, que seguiría correspondiendo a la Autoridad Única de Área), y que el decreto se remitiría a la Asamblea Nacional "a los fines de su consideración y aprobación" y a la SC/TSJ "a los fines de que se pronuncie sobre su constitucionalidad", dentro de los ocho días siguientes a su publicación en la gaceta oficial.

1. El control político

A diferencia de lo acontecido con los decretos de estado de excepción primigenios, en los que la Asamblea Nacional (o su Comisión Delegada) se pronunció respecto a cada uno de ellos aprobándolos, en el caso de las prórrogas estos pronunciamientos solo ocurrieron en dos ocasiones, según consta en la gaceta oficial.

Así, la Asamblea Nacional ejerció este control, únicamente, en cuanto a las dos prórrogas del estado de excepción referidas al estado Táchira aprobándolas "en todas y cada una de sus partes", de acuerdo con la atribución prevista en los artículos 338 y 339 de la CRBV y 26, 28 y 31 de la LOEE, y "en concordancia con lo aprobado en sesión ordinaria"[280].

En los seis casos restantes este cuerpo no se pronunció, a pesar de que, como se vio, el artículo 27 de la LOEE establece que el único supuesto en el que se entiende posible la falta de pronunciamiento por parte del Poder Legislativo –y, por ende, que opera una aprobación tácita del decreto– es por "caso fortuito o fuerza mayor".

Supuesto de hecho que claramente no se dio en cuanto a estas prórrogas ya que, al consultar los que en su momento eran los medios de comunicación oficiales de la

---

[280] Nótese que, según los dichos de la Asamblea, la aprobación se dio en una sesión ordinaria contradiciendo la letra del artículo 27 de la LOEE que se refiere a una "sesión especial que se realizará sin previa convocatoria", lo que *confirmaría* la SC/TSJ luego del cambio de fuerzas políticas en el Parlamento al manifestar que "debe cumplirse con la realización de la sesión especial, que además solo puede tratar ese único objeto– artículo 59 del Reglamento Interior y de Debates de la Asamblea Nacional" (fallo N° 7/2016, destaca-dos del original).

Asamblea Nacional[281], se encuentra que este órgano, si bien en la sesión del 24 de noviembre tenía previsto "tratar y aprobar las prórrogas de estado de excepción, según decretos emitidos por el presidente Nicolás Maduro, en diversos municipios fronterizos con Colombia"[282], las notas de prensa del propio Poder Legislativo solo recogen que se aprobaron acuerdos "con motivo del 95 Aniversario de la creación de la Fuerza Aérea Nacional Bolivariana y 23 años de la Rebelión Militar del 27 de noviembre de 1992" y "en celebración del quingentésimo aniversario de la Fundación de la Primogénita, Cumaná, Cuna del Gran Mariscal de Ayacucho", así como 30 créditos adicionales.

2. *El control jurídico*

Finalmente sobre las prórrogas de los estados de excepción en la frontera hemos de hacer referencia al control jurídico ejercido por la SC/TSJ.

En este sentido, esta Sala declaró la constitucionalidad de las ocho prórrogas decretadas[283] partiendo, para ello, de un *análisis* similar al efectuado para los decretos prorrogados.

---

[281] A saber, su página web (www.asambleanacional.gob.ve) y su usuario en la red social Twitter (@SecretariaAN) antes de que el mismo fuese *tomado* por la bancada del oficialismo producto de los resultados de los comicios del 06 de diciembre. Véase al respecto *El Nacional* (2016, 12 de enero). "Asamblea Nacional estrenó nueva cuenta en Twitter".

[282] *Asamblea Nacional* (2015, 23 de noviembre). "AN sesiona este martes para aprobar recursos y prorrogar estado de excepción".

[283] Fallos N° 1351 del 30-10-2015 (caso: *Decreto N° 2.054*), 1369 del 12-11-2015 (caso: *Decreto 2.076*), 1465 del 20-11-2015 (caso: *Decreto N° 2.089*), 1547 del 27-11-2015 (caso: *Decreto N° 2.095*), 1545 del 27-11-2015 (caso: *Decreto N° 2.096*), 1546 del 27-11-2015 (caso: *Decreto N° 2.097*), 1548 del 27-11-2015 (caso: *Decreto N° 2.098*) y 2 del 08-01-2016 (caso: *Decreto N° 2.157*).

De este modo, la Sala determinó su competencia e hizo alusión a los artículos 337, 338 y 339 de la CRBV, procediendo con posterioridad a parafrasear el contenido del decreto y mencionar la existencia de los principios de necesidad y proporcionalidad, concluyendo, en todos los casos, que "se aprecia claramente que la prórroga de la medida declarativa del estado de excepción, obedece a que subsisten los motivos que la originaron, presentando de modo sistemático, inédito, sobrevenido y progresivo, un impedimento continuado al pleno goce y ejercicio de los derechos de los habitantes de la República", por lo que esta:

> (...) atiende de forma prioritaria aspectos de seguridad ciudadana, económicos, y de seguridad y de defensa integral de la Nación, y de su territorio, resulta proporcional, pertinente, útil y necesario para el ejercicio y desarrollo integral del derecho constitucional a la protección por parte del Estado, especialmente, los derechos al acceso a bienes y servicios de calidad, a la salud, así como los derechos a la vida, a la integridad personal, a la libertad, entre otros tantos necesarios para garantizar los valores fundamentales de integridad territorial, soberanía, autodeterminación nacional, igualdad, justicia y paz social, necesarios para la construcción de una sociedad justa y amante de la paz, y para la promoción de la prosperidad y bienestar del pueblo, conforme a lo previsto en el artículo 3 Constitucional.

> De allí que se estime ajustado al orden constitucional y por ende procedente, que el Ejecutivo Nacional, constatadas las circunstancias suscitadas y que se mantienen en la región fronteriza (...), emplee las herramientas que la Constitución de la República Bolivariana de Venezuela ha dispuesto, en cumplimiento –tal como lo manifiesta el Decreto- del deber irrenunciable e ineludible del Estado Venezolano de defender y asegurar la vida digna de su ciudadanos y ciudadanas, protegerles frente a las amenazas, haciendo efectivo el orden constitucional, el restablecimiento de la paz

social que garantice el acceso oportuno de la población a bienes y servicios básicos y alimentos de primera necesidad, así como el disfrute de sus derechos en un ambiente pleno de tranquilidad y estabilidad.

Así, la SC/TSJ declaró la constitucionalidad de estos decretos sin efectuar ninguna valoración jurídica sobre la circunstancia excepcional alegada por el Presidente de la República y las medidas adoptadas en consecuencia, ya que le bastó la afirmación hecha por este mandatario de que subsistían los motivos que habían originado la declaratoria.

Situación que, al menos, consideramos debía ser tomada en cuenta por la Sala a fin de determinar si las medidas adoptadas –y que ahora se pretendían prorrogar– eran las adecuadas para hacer frente a la crisis planteada, visto que el Presidente de la República había restringido un número de garantías por sesenta días, y todavía era incapaz de lograr una *vuelta ordenada* al orden constitucional.

No obstante lo anterior, la Sala calló sobre este punto y se limitó a confirmar la prórroga por ser ella, como en su momento lo fue el decreto, "proporcional, pertinente, útil y necesario".

Este reconocimiento, vale resaltar, se hizo extensivo a la aprobación otorgada por la Asamblea Nacional respecto a todas las prórrogas (a excepción del caso del municipio Atures del estado Amazonas) a pesar de que, como indicamos en el acápite anterior, el Parlamento solo se pronunció en dos ocasiones.

CAPÍTULO III

EL ESTADO DE EXCEPCIÓN EN TODO EL TERRITORIO NACIONAL

I. LOS DECRETOS DE EXCEPCIÓN

El 15-01-2016, luego de que la SC/TSJ determinase –en virtud de una solicitud de declaratoria de omisión inconstitucional por parte de la Asamblea Nacional presentada por la Procuraduría General de la República[284]– que la omisión "que incapacita al Poder Legislativo para ejercer sus atribuciones constitucionales de control político de gestión" cesó cuando la Asamblea Nacional había desincorporado a los diputados de Amazonas; por lo que ya no había impedimento para que el Presidente de la República pudiese "dar cuenta ante el Poder Legislativo de los aspectos políticos, económicos, sociales y administrativos de su gestión durante el año 2015, tal como lo ordena el artículo 237 del Texto Fundamental"[285], dicho mandatario acudió a la Asamblea Nacional para presentar

---

[284] En criterio de la Procuraduría, hasta tanto la Asamblea Nacional no cumpliera con la desincorporación ordenada por la Sala Electoral, en relación con el caso de los diputados de Amazonas, ella no podía dictar actos válidos y, en consecuencia, el Presidente de la República no debía rendirle cuentas dado que "estaría validando actos que han sido declarados como absolutamente nulos por el Poder Judicial". Véase Allan Brewer-Carías: *Dictadura Judicial y perversión del… op. cit.,* pp. 137-194.

[285] Fallo N° 3 del 14-01-2016 (caso: *Procuraduría General de la República*).

su memoria y cuenta[286] y, adicionalmente, entregar a su directiva el Decreto N° 2.184[287] mediante el cual se declaró la emergencia económica en el territorio nacional por un lapso de sesenta días.

Este decreto fue prorrogado en marzo por otros sesenta días, pero, al subsistir según el Ejecutivo Nacional las circunstancias que lo motivaron luego de esa prórroga, y dado que la CRBV plantea la posibilidad de una sola *extensión* hasta por treinta, sesenta o noventa días según la naturaleza del decreto (alarma, emergencia económica, o conmoción interior o exterior), el Presidente de la República declaró en mayo, por medio del Decreto N° 2.323, una segunda emergencia económica nacional que también fue prorrogada, en julio y por el mismo lapso, cumplidos los sesenta días previstos originalmente. Situación que se repitió en septiembre con el tercer decreto de estado de excepción nacional (el N° 2.452) y que fue prorrogado en noviembre, manteniéndose el país bajo un régimen de excepción durante todo el año 2016 e inicios de 2017[288].

---

[286]   *El Nacional* (2016, 15 de enero) "Lo que debes saber sobre la Memoria y Cuenta 2015 de Nicolás Maduro".

[287]   Publicado en Gaceta Oficial N° 6.214 Extraordinario del 14-01-2016.

[288]   Esta situación nos hace pensar que, en caso de una eventual reforma constitucional, podría ser conveniente incluir un artículo similar al 138 de la Constitución de Bolivia según el cual, "[u]na vez finalizado el estado de excepción, no podrá declararse otro estado de excepción dentro del siguiente año, salvo autorización legislativa previa"; aunque en el caso venezolano esa aprobación por parte del parlamento ya existiría en todos los casos, según se vio.

Así, si bien estos decretos tienen características que lo diferencian uno del otro, a continuación efectuaremos ciertas precisiones globales sobre su contenido, destacando, cuando ello sea procedente, sus particularidades.

1. *La motivación de los decretos*

Al igual que como ocurrió en el caso de los decretos de excepción en la frontera, el fundamento jurídico invocado por el Presidente de la República para dictar estos decretos fueron los artículo 226, el numeral 7 del artículo 236 y los artículos 337, 338 y 339 de la CRBV, así como los artículos 2 al 7, 10, 17 y 23 de la LOEE.

En cuanto a las razones de hecho, los argumentos dados por el Ejecutivo Nacional pueden simplificarse del siguiente modo:

i. Como consecuencia de la muerte del Presidente de la República anterior (hecho que se dio a conocer a inicios de 2013, tres años antes de que se declarara la excepción), sectores nacionales e internacionales *atacaron* la economía nacional, con la finalidad de "desestabilizar" las instituciones del Estado.

ii. Gracias a esa *guerra económica*, a los ciudadanos se les dificultó "el ejercicio de su derecho a disponer y acceder libremente a bienes y servicios esenciales, en detrimento de sus derechos constitucionales a la salud y a la alimentación" (Decreto N° 2.184), a través de prácticas como "el acaparamiento, el boicot, la usura, el desabastecimiento y la inflación inducida" (Decreto N° 2.323) –aunado a la caída de los precios del petróleo– tal como fue reconocido "por los Poderes Públicos, quienes han unido esfuerzos y diferentes acciones para contrarrestar sus efectos", con la salvedad de la Asamblea Nacional que, "por encontrarse (…) en Desacato y en flagrante violación del Orden

Público Constitucional", el TSJ había declarado la "Invalidez, Inexistencia e Ineficacia Jurídica, de todos [sus] actos y actuaciones" (Decreto N° 2.452).

iii. Esa *guerra* puso en peligro, a su vez, la estabilidad económica y seguridad de la Nación, sus ciudadanos e instituciones, visto que la Asamblea Nacional *desconoció* al resto del Poder Público, el Presidente de los Estados Unidos de América prorrogó la Orden Ejecutiva 13.692[289] y los cuerpos de seguridad del Estado detectaron grupos criminales armados y paramilitares en el territorio de la República, cuya finalidad era "generar en Venezuela problemas de orden público que causen malestar en el pueblo venezolano, vulneren la Seguridad Nacional y justifiquen una intervención de poderes extranjeros contra el país" (Decreto N° 2.323).

iv. Existía una "crisis climática" provocada por el fenómeno "El Niño", que limitó el abastecimiento interno de alimentos y afectó el sistema nacional de producción de energía eléctrica (Decreto N° 2.323).

v. La situación, que impedía el cumplimiento de los objetivos trazados en el Plan de la Patria, requería de medidas urgentes y de carácter extraordinario que "garanticen al Pueblo venezolano la sostenibilidad de la economía, hasta restablecer satisfactoriamente tal anormalidad e impedir la extensión de sus efectos"

---

[289] Véase Gerson Revanales: "Comentarios sobre la Orden Ejecutiva 13.692 del Presidente de los Estados Unidos de América de fecha 8 de marzo de 2015, sobre sanciones a funcionarios venezolanos: un expediente en defensa de la democracia", *Revista de Derecho Público* N° 141, Editorial Jurídica Venezolana, Caracas, 2015, pp. 137-152.

(Decreto N° 2.184), a fin de "evitar la ruptura del equilibrio económico financiero" (Decreto N° 2.323), al "implementar mecanismos alternos de producción, distribución y abastecimiento de alimentos, bienes y servicios indispensables para la vida digna y el bienestar del pueblo" (Decreto N° 2.452), siendo tales medidas de gran magnitud e impacto en la economía nacional y de carácter estructural, sin afectar los *derechos reivindicados por la Revolución*.

vi. A pesar de los múltiples *logros* alcanzados con los estados de excepción anteriores, había "arreciado el ataque de ciertos sectores de la economía nacional con vista en la toma del control político del país (...) con el fin de concentrar (...) la riqueza producida por la Nación, que solo pertenece al Pueblo" (Decreto N° 2.452).

vii. De este modo, el estado de excepción era un accionar "ineludible, proporcional, pertinente y necesario" para "la recuperación económica del País y la construcción de un nuevo modelo económico sustentable, productivo, independiente y diversificado", caracterizado, entre otros, por la unión cívico militar y la labor de los Comité Locales de Abastecimiento y Producción (Decreto N° 2.452).

Como se aprecia de las consideraciones parafraseadas, estos decretos versaron, principalmente, sobre lo que el Ejecutivo Nacional ha denominado *guerra económica*, en adición a cuestiones naturales –que, en dado caso, compaginarían más con un estado de alarma que de emergencia económica– y contrarias al orden público que, por la redacción del Presidente de la República, harían pensar en un estado de conmoción interior o exterior[290].

En cualquier caso, los decretos –que a diferencia de sus antecedentes fronterizos hacen mención expresa a que se trata de un estado de excepción por emergencia económica, sin que ello deba extraerse del hecho que se haya citado el artículo 10 de la LOEE– tenían por objeto la defensa de la economía nacional.

Ahora bien, tal *defensa* podría encuadrar dentro de los supuestos que dan pie a un estado de emergencia económica según el segundo aparte del artículo 338 de la CRBV y el artículo 10 de la LOEE –en parte, vista la vaguedad con la que ambos artículos regulan la cuestión–, siempre que, como hemos señalado a lo largo de esta investigación, existieran circunstancias de gravedad que hicieran insuficiente al ordenamiento jurídico ordinario.

Por lo que no bastaba que el Presidente de la República señalara que existe una situación "A", sino que él debía precisar por qué el derecho vigente no lo dotaba de mecanismos y herramientas idóneas para atacar el problema e impedir que se extiendan sus efectos.

---

[290]   Recordamos que según los artículos 13 y 14 de la LOEE, el primero procede ante "circunstancias excepcionales que impliquen grandes perturbaciones del orden público interno y que signifiquen un notorio o inminente peligro para la estabilidad institucional, la convivencia ciudadana, la seguridad pública, el mantenimiento del orden libre y democrático, o cuando el funcionamiento de los Poderes Públicos esté interrumpido" y el segundo frente a "situaciones que impliquen una amenaza a la Nación, la integridad del territorio o la soberanía"; tal como serían las alegadas por el Presidente de la República al hacer referencia a la intervención de poderes extranjeros y la existencia de grupos criminales armados.

Este, entendemos, es el sentido que debe dársele a la motivación de un estado de excepción y que, sin lugar a dudas, en los decretos comentados no se cumplió pues el mandatario nacional se limitó a enunciar, de forma genérica y ambigua, unos hechos que en su criterio amenazaban la integridad de la República, sin vincularlos con sustrato jurídico alguno.

Así, como bien lo expone PEÑA SOLÍS, solo si el Poder Ejecutivo demuestra de manera objetiva en la motivación del Decreto, que el mismo cumple con el presupuesto material de la existencia de una circunstancia extraordinaria de gravedad que no puede conjurarse con los medios o potestades del ordenamiento jurídico, es que él podrá "declarar válidamente el estado de emergencia económica"[291].

Los planteamientos anteriores se consolidan cuando revisamos las medidas que se adoptaron como consecuencia de estos decretos y que, en la mayoría de los casos, podían ser implementadas sin necesidad que se declárese un estado de excepción. Y mucho menos tres, con sus respectivas prórrogas.

---

[291] José Peña Solís: *Razones constitucionales y legales para que la Asamblea Nacional "impruebe" el decreto de emergencia económica.* Artículo circulado en el Grupo de Profesores de Derecho Público Venezolano el 17-01-2016. El autor indica que, en este caso, en vez de una motivación nos encontramos ante una "mera proclama" del Presidente de la República que de modo asistemático se refiere a una serie de circunstancias que no pueden ser catalogadas como sobrevenidas ni sumamente graves, aunado al hecho que "en la motivación del Decreto no aparecen por ningún lado los denominados indicadores macroeconómicos (inflación, PIB, crecimiento y sus repercusiones sociales), así como las variables relativas a las políticas fiscal, cambiaria y monetaria"; lo que refleja la falta de una valoración objetiva de la crisis alegada.

2. *Las medidas que implementaron los decretos*

Como consecuencia de los supuestos de hecho alegados por el Presidente de la República, se dictaron los estados de excepción que comentamos, cuya finalidad era que:

(…) el Ejecutivo disponga de la atribución para adoptar las medidas oportunas que permitan atender eficazmente la situación excepcional, extraordinaria y coyuntural por la cual atraviesa la economía venezolana y que permita asegurar a la población el disfrute pleno de sus derechos y el libre acceso a bienes y servicios fundamentales e igualmente, mitigar los efectos de la inflación inducida, de la especulación, del valor ficticio de la divisa, el sabotaje a los sistemas de distribución de bienes y servicios, así como también contrarrestar las consecuencias de la guerra de los precios petroleros, que ha logrado germinar al calor de la volátil situación geopolítica internacional actual, generando una grave crisis económica[292].

---

[292] Esta redacción, del Decreto N° 2.184, fue simplificada en el Decreto N° 2.323 mencionando como finalidad que el "Ejecutivo Nacional adopte las medidas oportunas excepcionales y extraordinarias, para asegurar a la población el disfrute pleno de sus derechos, preservar el orden interno, el acceso oportuno a bienes y servicios fundamentales, e igualmente disminuir los efectos de las circunstancias de orden natural que han afectado la generación eléctrica, el acceso a los alimentos y otros productos esenciales para la vida". El Decreto N° 2.452, por su parte, simplificó aún más esta finalidad haciendo alusión a que "el Ejecutivo Nacional adopte las medidas urgentes, contundentes, excepcionales y necesarias, para asegurar a la población el disfrute pleno de sus derechos, preservar el orden interno, el acceso oportuno a bienes, servicios, alimentos, medicinas y otros productos esenciales para la vida".

En este sentido, el Presidente de la República quedó facultado para dictar –a futuro– una serie de medidas que no se precisaron en el decreto, contraviniendo así el ya citado artículo 339 de la CRBV según el cual el decreto que declare el estado de excepción habrá de regular el ejercicio del derecho cuya garantía se restringe. Situación que se agrava al constatar que, a diferencia de los decretos fronterizos, en esta oportunidad no se estipularon de modo expreso las garantías que quedaban restringidas.

A. *Facultades según el Decreto N° 2.184*

Si bien el artículo 3 del decreto *habilitó* al Presidente de la República para dictar "otras medidas de orden social, económico o político que estime convenientes a las circunstancias (…) con la finalidad de resolver la situación extraordinaria y excepcional que constituye el objeto de este Decreto e impedir la extensión de sus efectos", y que debían estar "orientadas a proteger y garantizar los derechos y el buen vivir de las familias, de los niños, niñas, adolescentes y de los adultos mayores", el artículo 2 del mismo determinó que el mandatario podía:

i.   Disponer los remanentes del presupuesto del año 2015 para las misiones, la agricultura, la industria y el abastecimiento de bienes de primera necesidad (numeral 1) y asignar recursos extraordinarios a proyectos previstos o no en la ley de presupuesto (numeral 2).

ii. Implementar medidas para reducir la evasión y elusión fiscal (numeral 3).

iii. Dispensar del régimen de contrataciones públicas para compras de urgencia (numeral 4).

iv. Facilitar la importación y nacionalización de productos eximiendo trámites y procedimientos (numeral 5) y agilizando el tránsito de mercancía en puertos y aeropuertos (numeral 6), siempre que se cumplieran las normas sanitarias. Asimismo, podía relevar los trámites cambiarios establecidos por el CENCOEX y el Banco Central de Venezuela (numeral 7).

v. Requerir a las empresas del sector público y privado que incrementaran sus niveles de producción y el abastecimiento de determinados insumos (numeral 8).

vi. Asegurar el acceso oportuno a los bienes y servicios de primera necesidad, pudiendo *requerirle* a propietarios o poseedores sus medios de transporte, canales de distribución, centros de acopio, beneficiadoras, mataderos y demás establecimientos, bienes muebles y mercancías (numeral 9).

vii. Estimular la inversión extranjera y las exportaciones de rubros no tradicionales (numeral 10).

viii. Desarrollar el sistema de misiones incorporando a los pequeños y medianos productores comunales, privados, estatales o mixtos (numeral 11).

Estas facultades, al menos en los términos en que fueron redactadas en el decreto de emergencia económica, carecían de excepcionalidad; ya que las mismas podían tomarse con base al ordenamiento jurídico ordinario.

Así las cosas, conforme al numeral 13 del artículo 236 de la CRBV, es atribución del Presidente de la República "[d]ecretar créditos adicionales al Presupuesto, previa autorización de la Asamblea Nacional o de la Comisión Delegada". Lo que debe leerse en concordancia con el artículo 314 *ejusdem* según el cual, "[n]o se hará ningún tipo de gasto que no haya sido previsto en la ley de presupuesto. Sólo podrán decretarse créditos adicionales al presupuesto para gastos necesarios no previstos o cuyas partidas resulten insuficientes, siempre que el tesoro nacional cuente con recursos para atender la respectiva ero-gación", requiriéndose, para ello, "el voto favorable del Consejo de Ministros y la autorización de la Asamblea Nacional o, en su defecto, de la Comisión Delegada".

En este sentido, y visto que nos encontrábamos a ini-cios de año, por lo que difícilmente podía sostenerse que era necesario que se efectuará una modificación de los límites de gasto, de endeudamiento y de resultados finan-cieros establecidos en la Ley del Marco Plurianual del Presupuesto a tenor de lo previsto en el artículo 32 del Decreto con Rango, Valor y Fuerza de Ley Orgánica de la Administración Financiera del Sector Público como me-dida adoptable en un estado de excepción, somos de la opinión que las facultades en cuestión no eran más que un mecanismo implementado por el Ejecutivo Nacional para abstraerse del control del Parlamento –dada su nue-va configuración política– bajo la retórica de que este no aprobaría tales créditos[293].

Por lo que respecta a las contrataciones públicas (nu-meral 4 del artículo 2 del decreto), el Decreto con Rango, Valor y Fuerza de Ley de Contrataciones Públicas prevé en su artículo 101 que "[s]e podrá proceder excepcional-mente por Contratación Directa, independientemente del monto de la contratación, siempre y cuando la máxima autoridad del contratante, mediante acto motivado, justi-

---

[293] Sin embargo, como prueba de que este no era el caso, se tiene que en Gaceta Oficial N° 40.870 del 16-03-2016 se publicó un acuerdo de la Asamblea Nacional mediante el cual se autorizó al Ejecutivo Nacional para decretar un crédito adicional al presupuesto de gastos vigente del ministerio de relaciones in-teriores, por la cantidad de Bs. 21.235.469.625,00, publicándose en esa misma gaceta el Decreto N° 2.279 que dictó el crédito en cuestión.

fique adecuadamente su procedencia, en los siguientes supuestos: (…) 4. Cuando se trate de emergencia comprobada"; definiéndose tal emergencia como "hechos o circunstancias sobrevenidas que tienen como consecuencia la paralización, o la amenaza de paralización total o parcial de las actividades, o del desarrollo de las competencias del contratante" (numeral 20 del artículo 6 *ejusdem*).

Es decir, que el ordenamiento jurídico ordinario dotaba al Ejecutivo Nacional de medios suficientes para atender la circunstancia presentada, sin que fuese necesario acudir al derecho de excepción.

Afirmación similar podemos sostener en el caso de los numerales 5, 6 y 7 del artículo 2 del decreto por corresponder todos a supuestos manejables bajo el amparo del Decreto con Rango, Valor y Fuerza de Ley de Reforma de la Ley Orgánica de Aduanas y el Decreto con Rango, Valor y Fuerza de Ley de Simplificación de Trámites Administrativos[294], aunado a que, en cuanto a los trámites cambiarios ante el CENCOEX –ente descentralizado adscrito al ministerio con competencia en materia de banca y finanzas– el tema ha sido manejado con absoluta ligereza por parte del Ejecutivo mediante resoluciones y providencias, por lo que tampoco podría considerarse una facultad extraordinaria[295].

---

[294] Véase, por ejemplo, el Decreto N° 451 publicado en Gaceta Oficial N° 40.264 del 03-10-2013 mediante el cual se estableció un "procedimiento simplificado para la agilización de los Trámites y el Despacho Aduanero de las Mercancías, correspondientes a los Sectores de Alimentos y Salud", dictado en *tiempos de normalidad*.

[295] Aunque comentar sobre la legalidad de esta normativa y controles excede nuestro objeto de estudio, en adición a los actos

Igual situación se presenta respecto a la materia tributaria dado que el Decreto con Rango, Valor y Fuerza de Ley del Servicio Nacional Integrado de Administración Aduanera y Tributaria (SENIAT) prevé, como una atribución del mismo, "[d]efinir y ejecutar las políticas administrativas tendentes a reducir los márgenes de evasión fiscal".

Los numerales 10 y 11 del artículo 2 –sobre el estímulo a la inversión extranjera, las exportaciones y el sistema de misiones– son, quizá, los más ambiguos del decreto, por lo que se imposibilita cualquier análisis más allá de indicar que todos ellos responden a políticas de Estado y, como tales, no requieren de la declaratoria de emergencia para ser implementadas sino la aplicación del ordenamiento jurídico vigente[296].

---

administrativos que pueden encontrarse en la página web del CENCOEX (www.cencoex.gob.ve), véase el Decreto N° 1.192 publicado en Gaceta Oficial N° 40.482 del 25-08-2014 mediante el cual se estableció que la "emisión, modificación, otorgamiento y revocación de Licencias de Importación, Certificados de No Producción Nacional (CNP) y Certificados de Insuficiencia de Producción (CIP), serán centralizados por el Centro Nacional de Comercio Exterior (CENCOEX), y su autorización sólo podrá efectuarse previa aprobación del Vicepresidente Ejecutivo", revelando así que el Presidente de la República no ha sido extraño a normar este sector en condiciones de normalidad.

[296] Entre ellos, el Decreto con Rango, Valor y Fuerza de Ley de Inversiones Extranjeras, el Decreto con Rango, Valor y Fuerza de Ley Orgánica de Misiones, Grandes Misiones y Micro-Misiones y la Ley de Simplificación de Trámites para las Exportaciones e Importaciones Realizadas por las Empresas del Estado.

Finalmente encontramos los numerales 8 y 9 del artículo 2 del decreto que, a pesar de no mencionarlo de forma expresa, podían traducirse en una restricción a la garantía de libertad económica prevista en el artículo 112 de la CRBV, según el cual "[t]odas las personas pueden dedicarse libremente a la actividad económica de su preferencia", siendo obligación del Estado promover "la libertad de trabajo, empresa, comercio, industria, sin perjuicio de su facultad para dictar medidas para planificar, racionalizar y regular la economía e impulsar el desarrollo integral del país".

Lo anterior, visto que los numerales indicados facultaban al Ejecutivo Nacional para requerir a las empresas que incrementen sus niveles de producción –o que abastecieran determinados insumos– así como permitían que se llevaran a cabo procedimientos de requisición.

Sin embargo –y sin que ello pueda ser considerado como una aprobación del alto grado de intervención del Gobierno Nacional en la economía de nuestro país[297]– es una realidad que en condiciones *normales* el Poder Ejecutivo, en ocasiones por las potestades que se ha concedido a sí mismo mediante decretos leyes dictados en virtud de leyes habilitantes o que le concedió el propio Poder Legislativo, ha llegado a determinar, por ejemplo, que "[q]ueda prohibida toda fabricación y comercialización de harinas

---

[297] Véase Antonio Canova: "El papel de la propiedad privada en el derecho", *Enfoques sobre derecho y libertad en Venezuela*, Academia de Ciencias Políticas y Sociales, Caracas, 2013 y Luis Alfonso Herrera Orellana: "Derecho Administrativo y libertad: o de por qué el Derecho Administrativo Venezolano no ha respetado ni promovido la libertad", *Revista Electrónica de Derecho Administrativo Venezolano* N° 2, Universidad Monteávila, Caracas, 2014, pp. 71-94.

mejoradas o mezcladas, a partir de la harina de maíz pre-cocida, de maíz blanco y maíz amarillo" y "[e]l productor e importador, así como todo comerciante, mayorista y detallista de productos, deberán garantizar en los eslabo-nes de la cadena de comercialización nacional, según co-rresponda, la existencia y expendio de los productos seña-lados en la presente Resolución"[298], lo que claramente encuadraría en la ahora *medida excepcional* de "[r]equerir a empresas del sector público y privado incrementar sus niveles de producción así como el abastecimiento de de-terminados insumos a los centros de producción de ali-mentos o de bienes esenciales".

En cuanto a la requisición, entendida como el "acto de la Administración adoptado por motivos extraordina-rios, derivados de la urgencia y la necesidad, expresa-mente previsto en un instrumento de rango legal, me-diante el cual se sustrae autoritariamente a los particula-res de un bien de su propiedad, pagándole la correspondiente indemnización"[299], la misma se encuentra prevista en el numeral 4 del artículo 147 del Decreto con Rango, Valor y Fuerza de Ley Orgánica de Seguridad y Soberanía Agroalimentaria como una de las medidas pre-ventivas que pueden tomarse durante la inspección y fis-calización de la producción, intercambio, distribución, comercialización, almacenamiento, importación, exporta-ción, regulación y control de alimentos, productos y ser-

---

[298] Resolución N° 003-15 del Ministerio del Poder Popular del Despacho de la Presidencia y Seguimiento de la Gestión de Gobierno, publicada en Gaceta Oficial N° 6.170 Extraordinario del 04-02-2015.

[299] José Peña Solís: *Manual de Derecho Administrativo*, Vol. 3, 2da reimpresión, Tribunal Supremo de Justicia, Caracas, 2009, pp. 192-223.

vicios agrícolas, así como de los insumos necesarios para su producción[300].

Asimismo, visto el modo en cómo se ha implementado la figura de la ocupación temporal prevista en el Decreto con Rango, Valor y Fuerza de Ley Orgánica de Precios Justos[301], calificada por algunos en el foro como re-

---

[300] Según el primer aparte de este artículo, "[c]uando se dicten preventivamente la requisición o la ocupación temporal, tal medida se materializará mediante la posesión inmediata, la puesta en operatividad y el aprovechamiento del establecimiento, local, vehículo, nave o aeronave, por parte del órgano o ente competente o, el uso inmediato de los bienes necesarios para la continuidad de las actividades de la cadena agroalimentaria, a objeto de garantizar la seguridad agroalimentaria".

[301] Según el artículo 70, "[s]i durante la inspección o fiscalización, o en cualquier etapa, fase o grado del procedimiento, la funcionaria o el funcionario actuante detectara indicios de incumplimiento de las obligaciones previstas en este Decreto con Rango, Valor y Fuerza de Ley Orgánica, y existieren elementos que pudieran presumir que se puedan causar lesiones graves o de difícil reparación a la colectividad; podrá adoptar y ejecutar en el mismo acto, medidas preventivas destinadas a impedir que se continúen quebrantando las normas que regulan la materia. Dichas medidas podrán consistir en: (…) 2. Ocupación temporal de los establecimientos o bienes indispensables para el desarrollo de la actividad", a lo que el primer aparte agrega que "[c]uando se dicte la ocupación temporal, tal medida se materializará mediante la posesión inmediata, la cual se hará hasta por ciento ochenta (180) días prorrogables. Esta medida asegurará la puesta en operatividad y el aprovechamiento del establecimiento, local, vehículo, nave o aeronave, por parte del órgano o ente competente; y el uso inmediato de los bienes necesarios para la continuidad de la producción o comercialización de bienes, o la prestación de los servicios, garantizando el abastecimiento y la disponibilidad de estos durante el curso del procedimiento".

quisición *de facto*[302], nos encontraríamos con otra facultad que, en realidad, no requería ser acordada mediante un estado de excepción por encontrarse inserta en el ordenamiento ordinario (al menos según la interpretación dada por el Gobierno Nacional).

Es decir, que el decreto en cuestión no solo se basó en unos supuestos de hechos que no eran meritorios de la declaración de una emergencia económica (en los términos expuestos por el Presidente de la República), sino que las medidas *aprobadas* para atacar el problema tampoco requerían que se activase este mecanismo de derecho extraordinario[303].

Por último, y como ocurrió en el caso de la frontera, el decreto acordó que los ministerios con competencia en la materia bancaria podían "efectuar las coordinaciones necesarias con el Banco Central de Venezuela a los fines de establecer límites máximos de ingreso o egreso de moneda venezolana de curso legal en efectivo, así como restricciones a determinadas operaciones y transacciones comerciales o financieras" (artículo 4) y que el resto del Poder Público y los órganos de seguridad estaban obligados a colaborar con el cumplimiento del decreto (artículo 5),

---

[302] José Peña Solís: *Razones constitucionales y legales para... op. cit.*

[303] La situación invita a la reflexión al constatar el poderío con el que cuenta el Ejecutivo Nacional en situaciones de normalidad para limitar a mansalva los derechos y libertades de los particulares, y que ha motivado que sectores doctrinales consideren que, en Venezuela, existe un estado de excepción perenne. Un ejemplo de ello, en materia tributaria, puede consultarse en Alberto Blanco-Uribe: "El Código Orgánico Tributario de 2014... un estado de excepción permanente", *Revista de Derecho Público* N° 143-144, Editorial Jurídica Venezolana, Caracas, 2015, pp. 119-129.

convocándose a la población –mediante las organizaciones del llamado Poder Popular[304]– "a la consecución de los más altos objetivos de consolidación de la Patria productiva y económicamente independiente, como fiel manifestación de la cohesión existente entre los venezolanos (...) en el desarrollo económico nacional, y contra las acciones ejercidas por factores internos y externos que pretenden la desestabilización económica del país" (artículo 7).

Así las cosas, ante la interrogante de para qué dictar un estado de excepción si las medidas a adoptar concordaban con aquellas que ya prevé el ordenamiento ordinario, coincidimos con la posición de PEÑA SOLÍS para quien, "lo más peligroso del Decreto son las medidas no enunciadas o residuales, a que se contrae el artículo 2, encabezamiento, que las identifica como aquellas que considere conveniente dictar el Ejecutivo Nacional, porque una vez que el Parlamento apruebe el Decreto concede una especie de 'cheque en blanco' al Ejecutivo"[305].

Ello, aunado al artículo 3 del decreto y 15 de la LOEE que, como se recordará, facultaban al Presidente de la República, una vez el estado de excepción fuese decretado, para dictar cualquier clase de medidas con la finalidad de resolver la situación extraordinaria y excepcional e impedir la extensión de sus efectos. Planteamiento que no resulta meramente teórico, como se verá más adelante.

---

[304] Véase, en general, Jesús María Alvarado Andrade; Allan Brewer-Carías; José Ignacio Hernández; Luis Herrera Orellana; Claudia Nikken; Adriana Vigilanza: *Leyes orgánicas sobre el Poder Popular y el Estado comunal*, Editorial Jurídica Venezolana, Caracas, 2011.

[305] José Peña Solís: *Razones constitucionales y legales para... op. cit.*

B. *Facultades según el Decreto N° 2.323*

Al igual que con el Decreto N° 2.184, aunque se incluyó en el artículo 3 que el Presidente de la República podía "dictar otras medidas de orden social, ambiental, económico, político y jurídico que estime convenientes a las circunstancias (...) con la finalidad de resolver la situación extraordinaria y excepcional que constituye el objeto de este Decreto e impedir la extensión de sus efectos", en el artículo 2 del decreto se advirtió que el mandatario podía "dictar las medidas que considere convenientes, particularmente relacionadas con los siguientes aspectos"[306]:

En materia económica:

i. Asegurar el apoyo del sector privado en la producción, comercialización y distribución de bienes, combatiendo el acaparamiento, la usura, el boicot, la alteración de precios y el contrabando de extracción (numeral 1).

---

[306] Esta imprecisión por parte del Presidente de la República, al contener el decreto únicamente una serie de postulados que él podía desarrollar con posterioridad, sin que adoptara ninguna medida en específico, llevó a autores como BREWER-CARÍAS a recordar que "el decreto de estado de excepción que se regula en la Constitución, no es un acto para que el Ejecutivo se pueda autorizar a sí mismo para dictar medidas diversas. El decreto de emergencia debe ser el que contenga las medidas a dictar; no puede ser un simple anuncio de medidas imprecisas y futuras. No. Su texto tiene que contener las medidas que se consideren necesarias; es decir, el decreto de estado de excepción 'es' el acto que debe contener las medidas que se estime son necesarias para afrontar las circunstancias excepcionales". Véase Allan Brewer-Carías: *Nuevo golpe contra la representación popular: la usurpación definitiva de la función de legislar por el Ejecutivo Nacional y la suspensión de los remanentes poderes de control de la Asamblea con motivo de la declaratoria del estado de excepción y emergencia económica.*

ii. Suministrar lo necesario para el desarrollo agrícola y ganadero (numeral 2).

iii. Garantizar "incluso mediante la intervención de la Fuerza Armada Nacional Bolivariana y los órganos de seguridad ciudadana, con la participación de los Comités Locales de Abastecimiento y Distribución (CLAP) (...) la correcta distribución y comercialización de alimentos y productos de primera necesidad" (numeral 3), teniendo dichos comités, junto al Poder Popular, "funciones de vigilancia y organización (...) para mantener el orden público y garantizar la seguridad y soberanía en el país" (numeral 9).

iv. Aprobar erogaciones con cargo al Tesoro Nacional que no estén previstas en la ley de presupuesto (numeral 4), suscribir contratos de interés público sin requerir la autorización de la Asamblea Nacional (numeral 5) y suspender temporalmente la ejecución de sanciones políticas (numeral 7).

v. Determinar cuáles productos son de primera necesidad y establecer políticas para su producción, distribución y comercialización, con inclusión de la asignación directa de divisas (numerales 6 y 8).

vi. Autorizar a los ministros para que dicten medidas adicionales que garanticen la venta de productos regulados sin acaparamiento o reventa (numeral 10).

vii. Celebrar contratos a nivel nacional o internacional para la adquisición de bienes que permitan garantizar de modo expedito los servicios básicos, la salud y la alimentación en el territorio nacional (numeral 11).

En materia energética:

i. Contrarrestar los efectos de "El Niño" mediante el ajuste de la jornada laboral y otras medidas similares (numeral 12).

ii. Requerir asesoría técnica a nivel nacional e internacional para recuperar el Sistema Eléctrico Nacional y los ecosistemas involucrados en él (numerales 12 y 13).

iii. Restablecer y recuperar las fuentes de energía eléctrica (numeral 14), protegiendo para ello las zonas boscosas (numeral 15).

En materia de seguridad:

i. Ejecutar planes especiales de seguridad pública en pro del orden público y la restitución de la paz (numeral 16), así como de política exterior en defensa de la soberanía nacional (numeral 17).

ii. Instruir al ministerio con competencia en materia de relaciones exteriores para que audite e inspeccione los convenios firmados por nacionales con organismos extranjeros para ejecutar proyectos en el país y suspender los financiamientos si se presumen fines políticos (numeral 18).

Por último, el decreto hizo referencia a la posibilidad de suspender el porte de armas (artículo 5), que los ministerios con competencia en la materia podían "efectuar las coordinaciones necesarias con el Banco Central de Venezuela a los fines de establecer límites máximos de ingreso o egreso de moneda venezolana de curso legal en efectivo, así como restricciones a determinadas operaciones y transacciones comerciales o financieras" (artículo 4) y que el Poder Público debía actuar de forma coordinada (artículo 6), correspondiéndole al Poder Judicial y el Ministerio

Público "realizar las actividades propias de su competencia a fin de garantizar la aplicación estricta de la Constitución y la ley" (artículo 7)[307] y al Vicepresidente Ejecutivo y los ministros la ejecución del decreto (artículo 11).

De las disposiciones traídas a colación podemos apreciar que, nuevamente, mediante el decreto de estado de excepción se adoptaron una serie de medidas que, o bien podían ser implementadas con base al derecho ordinario, o se trata de mecanismos que pretendieron diezmar –con éxito, gracias al apoyo de la SC/TSJ– el control que según la CRBV le corresponde a la Asamblea Nacional sobre el Ejecutivo.

Ejemplo de este último grupo eran la posibilidad de que el Presidente de la República celebrase contratos de interés nacional sin contar con la autorización del cuerpo Legislador[308] o que el mismo pudiese "[d]ecidir la suspensión temporal y excepcional de la ejecución de sanciones de carácter político contra las máximas autoridades del Poder Público y otros altos funcionarios, cuando dichas sanciones puedan obstaculizar la continuidad de la im-

---

[307] Disposición que consideramos innecesaria, ya que la obligación de cualquier rama del Poder Público de "realizar las actividades propias de su competencia" deriva es del texto constitucional, y no de lo que tenga a bien decretar el Ejecutivo.

[308] Según el encabezado y primer aparte del artículo 150 de la CRBV, "[l]a celebración de los contratos de interés público nacional requerirá la aprobación de la Asamblea Nacional en los casos que determine la ley" y "[n]o podrá celebrarse contrato alguno de interés público municipal, estadal o nacional con Estados o entidades oficiales extranjeras o con sociedades no domiciliadas en Venezuela, ni traspasarse a ellos sin la aprobación de la Asamblea Nacional".

plementación de medidas económicas (…) o vulnerar la seguridad de la nación"[309].

Esta situación, que contraviene lo previsto en el ya citado último aparte del artículo 339 de la CRBV sobre la no interrupción del ejercicio del Poder Público en un estado de excepción, llevó a algunos en el foro a afirmar que el

---

[309] Conforme al numeral 10 del artículo 187 de la CRBV, es atribución de la Asamblea Nacional "[d]ar voto de censura al Vicepresidente Ejecutivo (…) y a los Ministros (…). La moción de censura sólo podrá ser discutida dos días después de presentada a la Asamblea, la cual podrá decidir, por las tres quintas partes de los diputados (…), que el voto de censura implica la destitución del Vicepresidente Ejecutivo (…) o del Ministro". Nótese que la inclusión de esta medida en el decreto respondió al hecho que, el 28-04-2016, la Asamblea Nacional aprobó una moción de censura contra el ministro de alimentación, lo que generó que el Presidente de la República dictase el Decreto N° 2.309, publicado en Gaceta Oficial N° 6.225 Extraordinario del 02-05-2016, mediante el cual "se restringe y difiere (…) las mociones de censura que pudiera acordar la Asamblea Nacional contra los Ministros y Ministras del Poder Popular, o contra el Vicepresidente Ejecutivo, en las cuales solicitaren su remoción, hasta tanto cesen los efectos del Decreto de Emergencia Económica". Sobre este decreto, dictado en ejecución del primer estado de excepción nacional que no preveía una medida de este tipo, véase Allan Brewer-Carías: *La inconstitucional "restricción" impuesta por el Presidente de la República a la Asamblea Nacional, respecto de su potestad de aprobar votos de censura contra los ministros*. Posteriormente, la SC/TSJ admitiría un recurso de nulidad intentado por diputados oficialistas en contra de la sesión de la Asamblea Nacional en la que se dictó esta moción de censura, acordándose como amparo cautelar la suspensión de los efectos de la sesión y de los actos en ella producidos (fallo N° 797 del 19 de agosto de 2016, caso: *Pedro Carreño y otros*).

decreto incurrió en desviación de poder y, por lo tanto, se encontraba viciado de inconstitucionalidad[310].

En cuanto a las medidas que podían ser implementadas sin necesidad de un estado de excepción, encontramos las facultades en materia energética, ya que ellas responden a políticas públicas previstas, por ejemplo, en la Ley de Bosques[311] y la Ley Orgánica del Sistema y Servicio Eléctrico[312]; siendo de interés que la reducción de la jornada de trabajo ya se había implementado durante los meses anteriores a la vigencia de este decreto con base en el artículo 3 del decreto anterior y el artículo 184 del Decreto con Rango, Valor y Fuerza de Ley Orgánica del Trabajo, los Trabajadores y las Trabajadoras.

---

[310] José Ignacio Hernández: *¿Qué es lo que más debe preocuparnos del nuevo estado de excepción?*

[311] Conforme a su artículo 69, al ministerio con competencia en materia de ambiente le corresponde velar por la protección efectiva del patrimonio forestal, en virtud de lo cual podrá delimitar, administrar y resguardar espacios boscosos, restringir o prohibir actividades capaces de generar daños, y prevenir y reparar los mismos en caso que se materialicen por factores naturales o humanos.

[312] Según esta ley, el Estado "dictará medidas que propicien la inversión nacional para fortalecer el sector eléctrico" y "fomentará los convenios internacionales que tiendan a incrementar, entre otros, los intercambios internacionales de electricidad, la integración de los sistemas eléctricos de la región, la transferencia tecnológica, la optimización global de los recursos y la armonización de los marcos normativos e institucionales" (artículos 10 y 11, respectivamente), correspondiéndole al Ejecutivo Nacional, "la formulación de políticas, la planificación y el ordenamiento de las actividades del Sistema Eléctrico Nacional para la prestación del servicio" (artículo 17).

Igual consideración podemos efectuar respecto al suministro de recursos para el desarrollo agrario y los bienes de primera necesidad –así como el combate del acaparamiento, la usura, el boicot, la alteración de precios y el contrabando de extracción– ya que estos temas se encuentran regulados ampliamente por el *Legislativo*[313] y el Ejecutivo, por resoluciones de los ministerios con competencia en la materia, por lo que la implementación de estas medidas no requería la declaratoria de excepción.

En este sentido, el estado de excepción, más que ser un mecanismo para atender a la crisis económica, se presentó como una oportunidad para que el Ejecutivo se abstrajera del Poder Legislativo –ahora de mayoría opositora– y, no conforme con ello, ante el clima de inconformidad existente en el país, poder dictar y ejecutar "planes especiales de seguridad pública" que garantizaran "el sostenimiento del orden público ante acciones desestabi-

---

[313] Entendiendo por este tanto a la Asamblea Nacional como al Presidente de la República cuando actúa en el marco de una ley habilitante, dado que en nuestro país 4 de cada 10 leyes son dictadas por la rama ejecutiva. Véase Tomás Arias Castillo: "Las cuatro delegaciones legislativas hechas al Presidente de la República", *Revista de Derecho Público* N° 130, Editorial Jurídica Venezolana, Caracas, 2012, pp. 394-399 y Antonio Silva Aranguren y Gabriel Sira Santana: "Decretos-Leyes dictados por el Presidente de la República, con base en Ley Habilitante, en el año 2015", *Revista de Derecho Público* N° 143-144, Editorial Jurídica Venezolana, Caracas, 2015, pp. 191-204. Ejemplo de las atribuciones previstas en el derecho ordinario pueden encontrarse en el Decreto con Rango, Valor y Fuerza de Ley Orgánica de Seguridad y Soberanía Agroalimentaria, el Decreto con Rango, Valor y Fuerza de Ley del Sistema Nacional Integral Agroalimentario, el Decreto con Rango, Valor y Fuerza de Ley de Atención al Sector Agrario y el Decreto con Rango, Valor y Fuerza de Ley Orgánica de Precios Justos.

lizadoras que pretendan irrumpir en la vida interna del país o en las relaciones internacionales de éste y que permitan avances contundentes en la restitución de la paz de la ciudadanía, la seguridad personal y el control de la fuerza pública sobre la conducta delictiva".

Facultad que, al ser leída junto a la motivación del decreto en la que se hace referencia a una "actitud hostil y desestabilizadora de ciertos sectores privados de la economía y de políticos opuestos a la gestión de Gobierno", podía ser considerada como el *título habilitante* para criminalizar la oposición, restringiendo de modo indirecto las garantías de los derechos de manifestación y la libertad de expresión[314].

Todo ello de forma claramente inconstitucional pues, como señalamos al inicio de esta investigación, el estado de excepción es un mecanismo para garantizar la vigencia del texto constitucional y el Estado de Derecho cuando el ordenamiento jurídico se ve excedido por circunstancias de gravedad; sin que ello equivalga a que el Ejecutivo Nacional pueda, en consecuencia, trastornar completamente el ordenamiento jurídico, el reparto de atribuciones del Poder Público y los derechos y garantías de los particulares a través de la *auto concesión* de una serie de facultades a título enunciativo –que no impedirán que tome otras medidas que siquiera han sido explicadas– sin que exista una relación de necesidad y proporcionalidad entre los hechos alegados y las medidas adoptadas.

Esta afirmación se hace extensiva al hecho que el Ejecutivo podía intervenir en las contrataciones de los parti-

---

[314] El primero previsto en el artículo 68 de la CRBV y el segundo en el artículo 57 del mismo texto.

culares llegando, incluso, a "ordenar la suspensión de los financiamientos" relacionados con proyectos de cualquier naturaleza, si *presumía* que tales recursos estaban siendo utilizados con "fines políticos o de desestabilización de la República", restringiendo así, aunque el decreto no lo dijese de modo expreso, la garantía del derecho de asociación[315].

Por último, hemos de destacar que por medio de este decreto se crearon los Comités Locales de Abastecimiento y Distribución (CLAP)[316] que, dentro de sus funciones, encontraban el garantizar "la correcta distribución y comercialización de alimentos y productos de primera necesidad" y "mantener el orden público y garantizar la seguridad y soberanía en el país", con el apoyo de la Fuerza Armada Nacional y los órganos de seguridad ciudadana.

Al respecto, interesa destacar que según el artículo 332 de la CRBV, el mantenimiento del orden público es

---

[315] Conforme al artículo 52 de la CRBV, "[t]oda persona tiene derecho de asociarse con fines lícitos, de conformidad con la ley. El Estado estará obligado a facilitar el ejercicio de este derecho". Ello es reiterado en el artículo 67 *ejusdem* en relación con la asociación con fines políticos. En todo caso, el financiamiento extranjero para el ejercicio de actividades políticas se encuentra sancionado en la Ley de Defensa de la Soberanía Política y Autodeterminación Nacional, por lo que el supuesto no había de ser incluido como una medida de excepción y, mucho menos, por medio de una previsión tan vaga que se basara en meras presunciones sin que se garantizara un debido proceso que, como se recordará, no puede ser restringido siquiera en caso de verdadera excepción.

[316] Para HERNÁNDEZ, "lo único nuevo de los CLAP es el nombre", ya que la figura anteriormente se conocía como Comités de Contraloría Social para el Abastecimiento. Véase José Ignacio Hernández: *Sobre la inconstitucionalidad de los CLAP*.

una competencia exclusiva de los órganos de seguridad ciudadana que serán de carácter civil –por lo que mal podría considerarse a la Fuerza Armada Nacional como uno de ellos– y se encuentran organizados en diferentes cuerpos (policía nacional; investigaciones científicas, penales y criminalísticas; bomberos y administración de emergencias de carácter civil) y organizaciones (protección civil y administración de desastres) dentro de las que no figuran los llamados Comités Locales de Abastecimiento y Distribución como "organizaciones comunitarias que junto al Ministerio de Alimentación tiene como objetivo principal la distribución casa por casa de los productos alimenticios regulados de primera necesidad"[317].

Es decir, que se trata de otra disposición inconstitucional que, basándose en una emergencia inexistente –al menos, en los términos en que fue expuesta por el Presidente de la República– dotó a unos individuos, que comparten los ideales del oficialismo[318], de funciones de supervisión y control, reservadas al Estado, en perjuicio de otros particulares que verían mermado, entre otros, su derecho de libertad económica y libre acceso a bienes y servicios de calidad. Justamente, lo que el decreto decía iba a evitar.

C. *Facultades según el Decreto N° 2.452*

Tal como ocurrió con en los decretos del primer y segundo estado de excepción nacional, en esta oportunidad –en adición a un artículo según el cual el Presidente de la

---

[317] *Instituto Nacional de Nutrición* (2016, 06 de agosto). "¿Qué son los CLAP?"

[318] *BBC* (2016, 03 de junio). "Qué son los polémicos CLAP, el sistema paralelo de distribución de alimentos del gobierno de Venezuela".

República podía "dictar otras medidas de orden social, económico, político y jurídico que estime convenientes a las circunstancias, de conformidad con (…) Constitución de la República (…), con la finalidad de resolver la situación extraordinaria y excepcional que constituye el objeto de este Decreto e impedir la extensión de sus efectos, dentro de los extremos fijados de conformidad con el encabezado del artículo precedente"– se enlistaron en el artículo 2 cuáles serían las medidas excepcionales que el Presidente de República estaría facultado para aplicar, con el agregado que "podrán ser restringidas las garantías para el ejercicio de los derechos consagrados en la Constitución de la República".

Al respecto, resulta de interés que esta es la primera vez que un decreto de emergencia económica nacional hace referencia expresa a la restricción de garantías, al contrario de lo ocurrido en la frontera que todos lo decían.

Sin embargo, somos de la opinión que tal previsión no satisface las exigencias constitucionales por el hecho que, según el artículo 339 de la CRBV, el decreto de excepción debe regular el ejercicio del derecho cuya garantía se restringe; y ello no ocurre en el presente caso que, más bien, se asemeja a una *ley habilitante* donde se estipularon las áreas en las que el Presidente de la República *legislaría*. Áreas que no son pocas pues, según el decreto de excepción, el mandatario podía:

En relación directa con la Asamblea Nacional:

i.   Dictar la normativa presupuestaria, "si por situaciones de hecho o impedimentos jurídicos resultare imposible tramitar el Presupuesto 2017 oportunamente, con el objeto de evitar daños irreparables al Patrimonio Público, a los venezolanos y venezolanas, así como garantizar el adecuado funcionamiento de los órganos y entes públicos" (numeral 4).

ii. Autorizar erogaciones con cargo al Tesoro Nacional y otras fuentes de financiamiento que no estén previstas en la Ley de Presupuesto (numeral 11), pudiendo aprobar y suscribir contratos de interés público "sin sometimiento a autorizaciones o aprobaciones de otros Poderes Públicos" (numeral 12).

iii. Suspender temporalmente la "ejecución de sanciones de carácter político contra las máximas autoridades del Poder Público y otros altos funcionarios, cuando dichas sanciones puedan obstaculizar la continuidad de la implementación de medidas económicas para la urgente reactivación de la economía nacional, el abastecimiento de bienes y servicios esenciales para el pueblo venezolano, o vulnerar la seguridad de la nación" (numeral 15).

Otras medidas:

i. Regular la materia prima, producción, almacenamiento, comercialización y distribución de bienes estratégicos –tales como alimentos, fármacos, de higiene y aseo (numerales 1, 2 y 8)– estableciendo rubros prioritarios para la asignación directa de divisas (numeral 13) y la posibilidad de contratar mediante mecanismos expeditos (numeral 16).

ii. Controlar los precios e inspeccionar y fiscalizar los ilícitos contra el acceso a los bienes y servicios (numerales 3 y 6), pudiendo implementar registros para los agentes económicos (numeral 5).

iii. Normar el financiamiento por parte de la banca pública y privada de programas sociales; particularmente, la Gran Misión Abastecimiento Soberano (numeral 7).

iv. Promover la agricultura urbana (numeral 10), la cooperación entre los entes públicos y privados y el Poder Popular para la distribución de alimentos y fármacos (numeral 9) y el normal desenvolvimiento del Sistema Eléctrico Nacional (numeral 14).

v. Dictar medidas y planes "de seguridad pública que garanticen el sostenimiento del orden público ante acciones de desestabilización del orden económico y la normal satisfacción de las necesidades básicas del pueblo venezolano, que pretendan irrumpir en la vida interna del país o en las relaciones internacionales de éste" (numeral 17).

vi. Adoptar "medidas especiales en el orden de la política exterior de la República que garanticen el absoluto ejercicio de la soberanía nacional e impidan la injerencia extrajera en los asuntos internos del estado venezolano" (numeral 18).

Como se puede constatar, en adición a una serie de medidas que –según se vio al tratarse los decretos anteriores– podían adoptarse con base en el ordenamiento jurídico ordinario o no resultan siquiera viables en casos de verdadera excepción, este decreto llama la atención por estar dirigido a, lejos de solventar una "emergencia económica" –como se desprende de su nombre y considerandos– *cancelar* a la Asamblea Nacional y las pocas competencias de control político que a esta le quedaban, en atención a las consecutivas decisiones de la SC/TSJ[319] que, no bastándole con declarar que los acuerdos de la Asamblea Nacional en materia de estados de excepción carec-

---

[319] Véase Gabriel Sira Santana: *Reporte CIDEP. La Sala Constitucional Del TSJ vs. la Asamblea Nacional.*

ían de efectos jurídicos, según se vio, ha acudido a la exis-
tencia de esta figura –junto al supuesto desacato de la
Asamblea Nacional– para, entre otros, declarar inconsti-
tucional la Ley de Reforma Parcial del Decreto con Rango,
Valor y Fuerza de Ley del Banco Central de Venezuela[320],
la Ley de Reforma Parcial de la Ley Orgánica del Tribunal
Supremo de Justicia[321] y la Ley Especial para Atender la
Crisis Nacional de Salud[322], así como la inviabilidad

---

[320] Según la Sala, "los actos legislativos que pueden interferir con
las acciones del Ejecutivo Nacional durante la vigencia de un
Estado de Emergencia Económica válidamente declarado,
pueden hacer nugatorias intencionalmente las funciones del
Ejecutivo Nacional, evidenciándose una desviación de poder,
en los términos que se justifican en el presente fallo" (fallo N°
259 del 31-03-2016, caso: *Nicolás Maduro*). Este criterio fue reiterado por la Sala en la decisión que declaró la nulidad de la
Ley de Reforma Parcial del Decreto con Rango y Fuerza de
Ley Orgánica que Reserva al Estado las Actividades de Exploración y Explotación de Oro, así como las Conexas y Auxiliares a Éstas (fallo N° 808 del 02-09-2016, caso: *Nicolás Maduro*) y
al pronunciarse sobre la memoria y cuenta del año 2016 (fallo
N° 3 del 11-01-2017, caso: *Nicolás Maduro*).

[321] Apunta la Sala que "no es pertinente el incremento desmesu-
rado e ilógico del número de magistrados (más del doble), sino también el aumento de gastos en materia de personal profesional calificado, de funcionarios administrativos y demás
trabajadores, sin previsión presupuestaria; además de la necesaria y previa adecuación de áreas físicas, dentro del marco de
una situación excepcional que ha conducido a un decreto de
estado emergencia económica, el cual sigue vigente" (fallo N°
341 del 05-05-2016, caso: *Nicolás Maduro*).

[322] Quizás el fallo más claro en la materia pues precisa que "[p]or
otra parte, los estados de excepción implican la ampliación y
concentración extraordinaria, *pro tempore*, de las competencias
del Presidente de la República en Consejo de Ministros, para
dictar decretos con valor, fuerza y rango de ley, a fin de resta-

económica de la Ley de Bono para Alimentos y Medicinas a Pensionados y Jubilados[323]. Lo que nos permite afirmar,

---

blecer **la normalidad alterada** por las circunstancias extraordinarias que justifican el régimen excepcional. (…).

Es evidente, entonces, que el ámbito competencial del Presidente de la República que surge de la declaratoria del estado de excepción, se manifiesta como una función reservada, dada la gravedad de las circunstancias de orden económico, social, político o natural que afectan la seguridad de la Nación, así como la urgencia en la ejecución de las medidas necesarias para resolverlas, por lo que tal situación impide la concurrencia de competencias con cualquier otro órgano del Poder Público.

Así pues, se observa claramente que en la vigencia del estado de excepción, la Asamblea Nacional mantiene su competencia para legislar sobre materias distintas a las incluidas en el ámbito de circunstancias contenidas en el acto mediante el cual se declara el Estado de Excepción y Emergencia Económica, quedando así preservada su facultad legislativa.

Si bien es cierto que el *in fine* del artículo 339 del Texto Constitucional y el artículo 3 de la Ley Orgánica Sobre Estados de Excepción prevén que el régimen excepcional *"no interrumpe el funcionamiento de los órganos del Poder Público"*, tal disposición no implica que éstos puedan dictar normas o actos para atender la situación de emergencia, ya que la habilitación conferida al Ejecutivo Nacional en virtud del estado de excepción, no admite concurrencia y excluye temporalmente la capacidad normativa de otros órganos en el mismo ámbito material del régimen extraordinario, pues ello pudiera generar contradicciones para la garantía de los derechos fundamentales y el orden constitucional" (fallo N° 460 del 09-06-2016).

[323] Para la Sala, el principio de legalidad presupuestaria "es especialmente relevante en la situación de emergencia económica que en los últimos meses atraviesa la República, tal como lo ha reconocido esta Sala en diversas sentencias; toda vez que el manejo financiero y presupuestario debe ser especialmente ordenado en tal circunstancia, a los efectos de contrarrestar tal situación que amerita en grado superlativo la colaboración en-

sin lugar a dudas, que el estado de excepción ha sido una herramienta del Poder Ejecutivo Nacional y el Poder Judicial que, lejos de propender a la protección del texto constitucional y el Estado de Derecho según se vio en el primer capítulo de esta investigación, ha sido empleada para desconocer los resultados de las elecciones parlamentarias del año 2015, al impedir que los diputados electos llevaran a cabo –de un modo eficaz– sus actividades legislativas y de control político.

Un ejemplo claro de lo hasta aquí narrado lo podemos encontrar en el numeral 4 del artículo 2 de este tercer decreto de excepción cuando el Presidente de la República se facultó a sí mismo para:

> Decretar normativa excepcional para la asignación de recursos presupuestarios, los límites máximos de autorizaciones para gastar, la distribución de los egresos y las operaciones de financiamiento, sin compensaciones entre sí, que regirán para el ejercicio económico financiero 2017, si por situaciones de hecho o impedimentos jurídicos resultare imposible tramitar el Presupuesto 2017 oportunamente, con el objeto de evitar daños irreparables al Patrimonio Público, a los venezolanos y venezolanas, así como garantizar el adecuado funcionamiento de los órganos y entes públicos.

Es decir, que el Presidente de la República se concedió la facultad de dictar la Ley de Presupuesto para el Ejercicio Fiscal 2017 que, como indica el numeral 6 del artículo 187 de la CRBV en concordancia con el artículo 313 *ejusdem*, es una atribución de la Asamblea Nacional, correspondiendo al Ejecutivo, simplemente, la elabora-

---

tre poderes públicos y no lo contrario" (fallo N° 327 del 28-04-2016, caso: *Nicolás Maduro*)

ción y presentación del proyecto; indicando el propio artículo 313 que "[s]i el Poder Ejecutivo, por cualquier causa, no hubiese presentado a la Asamblea Nacional el proyecto de ley de presupuesto dentro del plazo establecido legalmente, o el mismo fuere rechazado por ésta, seguirá vigente el presupuesto del ejercicio fiscal en curso". En otras palabras: si la excepción lo amerita lo máximo que se podía hacer era repetir el presupuesto de 2016, pero no que el Presidente se convirtiese en Legislador y elaborara y aprobara el mismo.

Con base en ese numeral, claramente contrario a Derecho aunque la SC/TSJ lo hubiese avalado al declarar la constitucionalidad del decreto, como se verá de seguida, el Presidente de la República, luego de haber solicitado, *de nuevo*, el beneplácito de la SC/TSJ[324], procedió a presentar

---

[324] Por fallo N° 814 del 11-10-2016, al conocer de una solicitud de ampliación del fallo 808/2016 solicitada por el mandatario, la Sala decidió que "ante ese desacato de la Asamblea Nacional que compromete la validez y eficacia de sus actos, frente a la imperiosa necesidad de cumplir una fase del proceso de formación jurídica del presupuesto nacional, ante el deber de honrar los postulados de separación y equilibrio entre los poderes que conforman el Poder Público y con el propósito de mantener el funcionamiento del Estado, la garantía de los derechos fundamentales y el orden constitucional, esta Sala, en ejercicio de sus atribuciones constitucionales, declara que en esta oportunidad el Presidente la República deberá presentar el presupuesto nacional ante esta máxima instancia de la jurisdicción constitucional, bajo la forma de decreto, la cual ejercerá el control de ese acto del Poder Ejecutivo Nacional, conforme a lo previsto en el Texto Fundamental, todo ello en garantía de los principios constitucionales que rigen la materia presupuestaria", teniendo el acto del Presidente de la República "rango y fuerza de ley" por ser un "acto normativo de ejecución directa e inmediata de la Constitución, por su contenido, naturaleza y alcance, y, además, por ser un acto en ejerci-

el presupuesto para el año 2017 ante el Tribunal Supremo de Justicia como decreto con rango y fuerza de ley[325], siendo publicado el 14-10-2016 en la Gaceta Oficial N° 6.263 y 6.264 Extraordinario.

Así, una emergencia económica que tenía por objeto para "asegurar el acceso a los bienes y servicios", se tradujo en un medio para desconocer plenamente al Poder Legislativo, la voluntad del soberano, y el propio texto constitucional que el Ejecutivo Nacional dice garantizar.

II. LOS CONTROLES SOBRE LOS DECRETOS

En virtud de lo previsto en el encabezado del artículo 339 de la CRBV, el Presidente de la República estipuló en los artículos 7 y 8 del Decreto N° 2.184, y los artículos 8 y 9 del Decreto N° 2.323, que los decretos se remitirían "a la Asamblea Nacional, a los fines de su consideración y aprobación" y "a la Sala Constitucional del Tribunal Supremo de Justicia, a los fines de que se pronuncie sobre su constitucionalidad", dentro de los ocho días siguientes a sus publicaciones en gaceta oficial que, como indicamos, ocurrieron el 14-01-2016 y 13-05-2016, respectivamente.

En relación con el Decreto N° 2.452, si bien los artículos 7 y 8 del mismo establecen tal remisión, llama la atención que ya no se hace mención *directa* a la consideración y aprobación de la Asamblea Nacional, aun cuando ella se

---

cio de la potestad contenida en el referido artículo 2.4 del Decreto de Estado de Excepción y Emergencia Económica".

[325] *BBC* (2016, 14 de octubre). "¿Constitucional o no? El presidente Maduro presentó el presupuesto de Venezuela para 2017 al TSJ y no a la Asamblea Nacional".

desprendería de la frase "de conformidad con lo estable-cido en la Constitución de la República Bolivariana de Venezuela", según se vio en su momento.

1. *El control político*

A diferencia de lo ocurrido con los estados de excep-ción en la frontera, en esta ocasión los decretos fueron rechazados por la Asamblea Nacional. Los acuerdos, si bien no han sido publicados en gaceta oficial a la fecha, se encuentran disponibles para su consulta en la página web del Parlamento[326].

Así, el acuerdo sobre el Decreto N° 2.184 simplemente indicó que "con base en el Informe presentado por la Co-misión Especial designada para examinar el Decreto N° 2184, del 14 de enero de 2016, informe que fue discutido y aprobado en sesión plenaria de la Asamblea Nacional del 22 de enero de 2016", se decidió desaprobar el decreto.

El informe en cuestión señalaba –entre otros– que el decreto "parte de un diagnóstico insatisfactorio de las causas de la crisis económica, omitiendo aspectos claves que requieren atención urgente", "no define la Emergen-cia Económica de modo que sea posible evaluar los efec-tos de las políticas a implementar", "pretende otorgar al Poder Ejecutivo atribuciones exclusivas en el manejo de la crisis, sin delimitar su área de actuación" y "no asegura la estabilidad monetaria".

---

[326] Nótese que, desde que los parlamentarios electos para el perío-do 2016-2021 tomaron posesión de la Asamblea Nacional, solo se han publicado en gaceta oficial veinticinco de sus actuacio-nes, a pesar de que su página web refleja un número bastante superior de actos que habrían de ser publicados.

Planteamientos que fueron complementados por la comisión por un "listado leyes y regulaciones vigentes que permiten al gobierno adoptar las medidas enumeradas en el decreto N° 2184" –que coincide, en su mayoría, con las normas que indicamos en el acápite respectivo– y una serie de recomendaciones pues, en criterio de la comisión, "no es suficiente recomendar la NO aprobación del Decreto sino (...) es su deber exponer un conjunto de sugerencias encaminadas a enfrentar y resolver la crisis económica y social que hoy sufre Venezuela".

El acuerdo sobre el Decreto N° 2.323 incluyó ocho considerandos que hacían alusión –entre otros– a que el decreto "declara un estado de excepción genérico, que bajo la denominación de emergencia económica comprende la materia política y otras relacionadas con el orden público, el mantenimiento de la paz social, la preservación del orden constitucional (...), con lo cual podrían ser afectados, indebidamente, derechos de carácter civil o político", "vulnera varios derechos humanos o establece los fundamentos para su violación, mediante normas indeterminadas y habilitaciones genéricas" y "algunas de las medidas contempladas en el decreto pertenecen al ámbito de la legalidad ordinaria y otras son disposiciones desmesuradas que se adoptan ante la negligencia o complicidad del Presidente de la República frente a los problemas económicos que ahora según afirma intenta combatir"; por lo que, al igual que en el caso anterior, se desaprobó el decreto y, adicionalmente, se denunció que este "profundiza la grave alteración del orden constitucional y democrático que padece Venezuela y representa un franco abandono de la Constitución por parte del Presidente de la República" y se instó a las organizaciones internacionales para que "contribuyan, junto a esta Asamblea Nacional y al pueblo de Venezuela, a poner freno al desmantelamiento de la democracia y del Estado de Derecho que está siendo llevado a cabo por el Presidente de la República y las instituciones que están a su servicio".

Por último, en relación al tercer estado de excepción solo encontramos una nota de prensa en la página web de la Asamblea Nacional conforme a la cual, "[l]a Asamblea Nacional aprobó en sesión ordinaria de este martes, un Acuerdo en rechazo al Decreto de Estado de Excepción y Emergencia Económica", ya que este "profundiza la crisis que actualmente vive el país, atribuyéndole al Ejecutivo el derecho de levantar sanciones de carácter político contra las autoridades de los poderes públicos que puedan obstaculizar la continuidad de la aplicación de las medidas que buscan la reactivación de la economía"[327].

Conforme a lo expuesto en el capítulo I de esta investigación, al haber improbado la Asamblea Nacional los decretos de estados de excepción, los efectos de los mismos habrían cesado y, en consecuencia, el Ejecutivo Nacional había de regir su actuar según el ordenamiento jurídico ordinario. Sin embargo, ello no ocurrió.

En este sentido, el 03-02-2016 los representantes de diversos consejos comunales y comunas presentaron ante la SC/TSJ una solicitud para que ella se pronunciara sobre el alcance del control político, concluyendo la Sala, como se vio con anterioridad, que el mismo "no afecta la legitimidad, validez, vigencia y eficacia jurídica de los mismos"; motivo por el cual el Decreto N° 2.184 seguiría vigente.

---

[327] *Asamblea Nacional* (2016, 20 de septiembre). "AN aprobó acuerdo en rechazo al decreto de estado de excepción y emergencia económica".

Igual sucedió con el Decreto N° 2.323 visto que la SC/TSJ, al ejercer el jurídico, determinó que "la Asamblea Nacional nuevamente contrarió la norma prevista en el artículo 27 de la Ley Orgánica sobre Estados de Excepción, *'configurando su silencio y ulterior actuación intempestiva y jurídicamente defectuosa, una aquiescencia con el decreto'*, debe declararse que por imperativo de ley convalidó este nuevo decreto" (destacado del original)[328]; y con el Decreto 2.452 pues, al declarar la constitucionalidad del mismo, la Sala aprovechó para señalar que si bien "es notoriamente comunicacional el pronunciamiento realizado por la Asamblea Nacional en sesión ordinaria del martes 20 de septiembre de 2016, en la cual rechazó el Decreto objeto del presente fallo", tal "Acuerdo en Rechazo al Decreto de Estado de Excepción y Emergencia Económica es absolutamente nulo, de conformidad con la sentencia 808/2016", referida al *desacato* del Poder Legislativo Nacional.

En cualquier caso, llama la atención que, en relación con estos decretos, los acuerdos de la Asamblea Nacional fueron desprovistos de cualquier tipo de efectos –gozando ellos, prácticamente, del mismo valor que las declaraciones de cualquier particular sobre la materia– a pesar de que los acuerdos que dictó la misma Asamblea al pronunciarse sobre hechos del acontecer nacional e internacional no solo podían ser empleados por la SC/TSJ para motivar sus decisiones[329], sino que podían

---

[328] Ello visto el criterio sostenido por la SC/TSJ en el fallo N° 7/2016 sobre el momento en que la Asamblea debe celebrar la sesión extraordinaria para aprobar o improbar el decreto, ya tratado.

[329] Caso del "Acuerdo mediante el cual se declara crisis humanitaria e inexistencia de seguridad alimentaria de la población Venezolana", publicado en Gaceta Oficial N° 40.866 del 10-03-

ser objeto de medidas cautelares que acordaran la "suspensión de los efectos jurídicos"[330].

En resumen, los acuerdos de la Asamblea Nacional previstos por el Constituyente para aprobar los decretos de estado de excepción no poseen ningún efecto jurídico; pero los acuerdos que publique el mismo órgano legislativo, por ejemplo, "en honor a Lina Ron, camarada, revolucionaria, bolivariana, chavista y soldada incondicional del Pueblo y la Patria"[331], sí gozarán de estos efectos según la Sala pues, de lo contrario, no sería procedente que se acordase la suspensión de los mismos.

Aun cuando consideramos innecesario profundizar sobre el ilógico de la afirmación anterior, no queremos dejar pasar la oportunidad para recordar que, en el caso del estado de excepción en la frontera, la SC/TSJ, al ejercer el control jurídico sobre los decretos y sus prórrogas, manifestó que el "reconocimiento" de "su pertinencia, proporcionalidad y adecuación" se hacía "extensivo a la aprobación otorgada por la Asamblea Nacional"[332], inclusive en los casos que no consta que esa aprobación se

---

2016 y citado por la Sala al pronunciarse sobre la constitucionalidad de la prórroga del Decreto N° 2.184.

[330] Fallo N° 478 del 14-06-2016 (caso: *Procuraduría General de la República*). La medida se dictó contra el "Acuerdo exhortando al cumplimiento de la Constitución, y sobre la responsabilidad del Poder Ejecutivo Nacional, del Tribunal Supremo de Justicia y del Consejo Nacional Electoral para la preservación de la paz y ante el cambio democrático en Venezuela" y el "Acuerdo que respalda el interés de la comunidad internacional acerca de G-7, OEA, UNASUR, MERCOSUR y Vaticano en la crisis venezolana".

[331] Publicado en Gaceta Oficial N° 40.618 del 11-03-2015.

[332] Fallos N° 1173/2015, 1351/2015 y 1369/2015.

haya producido[333]. Lo que hace escasos meses la Sala había *reconocido* con el mismo valor que los decretos, ahora no es más que una proclama carente de consecuencias.

2. El control jurídico

Al igual que como ocurrió en el caso de los estados de excepción fronterizos, la SC/TSJ declaró la constitucionalidad de los decretos N° 2.184, 2.323 y 2.452[334], por haber sido dictados "en cumplimiento de todos los parámetros que prevé la Constitución de la República Bolivariana de Venezuela y la Ley Orgánica sobre Estados de Excepción y demás normativas aplicables, preservando los Derechos Humanos y en protección del Texto Fundamental, el Estado, sus instituciones y el pueblo".

Sin embargo –y, nuevamente, como ocurrió en el caso de la frontera– la Sala llegó a tal conclusión sin realizar análisis constitucional alguno sobre los decretos pues, simplemente, se limitó a esbozar su contenido –afirmando que "[l]os acápites intitulados como 'considerando' (…) expresan las condiciones fácticas que han sido observadas por el Ejecutivo Nacional para ejercitar las competencias antes reseñadas y "el artículo 2 (…) contiene los aspectos en el marco de los cuales el Ejecutivo Nacional podrá dictar las medidas que considere necesarias"– y citar criterios jurisprudenciales, posiciones doctrinales y disposiciones de la CRBV y la LOEE, sin precisar cómo las mismas se relacionaban con los decretos en cuestión, indicándose que todo ello "ha sido ampliamente difundi-

---

[333] Fallos N° 1465/2015, 1547/2015, 1545/2015, 1546/2015 y 1548/2015.

[334] Fallos N° 4 del 20-01-2016, 411 del 19-05-2016 y 810 del 21-09-2016, respectivamente.

do por el Presidente de la República en diversas alocuciones, y discutido con las organizaciones de base del Poder Popular, organizaciones sindicales y cámaras empresariales" (fallo sobre el Decreto N° 2.184) y se trataba de un "hecho público comunicacional, habida cuenta los hechos que han venido reportando los medios de comunicación y las acciones pertinentes con las medidas adoptadas por el Ejecutivo Nacional" (todos los fallos)[335].

De este modo, la Sala concluyó que "las situaciones fácticas consideradas y que el Ejecutivo Nacional puede afrontar a través del Decreto de Estado de Emergencia Económica en todo el territorio Nacional, por su gravedad, responden al deber de cumplir con postulados constitucionales que garanticen en favor de la población el orden público constitucional" y que "se verifican los extremos de necesidad, idoneidad y proporcionalidad de las medidas de excepción decretadas", sin pronunciarse sobre la gravedad de esas situaciones y por qué el ordenamiento jurídico ordinario resultaba insuficiente de acuerdo con los principios de necesidad y proporcionalidad, ni sobre la total ambigüedad existente en los decretos en cuanto a las garantías que se restringían y el ejercicio de los derechos respectivos.

Asimismo, llama la atención que aunque los decretos preveían que su duración sería de sesenta días, prorrogables por un lapso igual, luego de haberse vencido la prórroga del primer decreto, de inmediato, se dictó el segundo estado de excepción basado en las mismas cir-

---

[335] Nótese que las notas de prensa traídas a colación por la Sala para fundamentar este argumento pertenecen, en su mayoría, al Sistema Bolivariano de Comunicación e Información controlado por el propio Ejecutivo Nacional.

cunstancias fácticas y por el que se tomaron medidas semejantes; lo que, en nuestro criterio, debió ser valorado por la SC/TSJ como una violación al principio de temporalidad según el cual el régimen de excepción se caracteriza por tener una duración limitada sin que sus medidas puedan mantenerse de forma indefinida, pues ello podría dar cabida a que se cometan violaciones sistemáticas y generalizadas de derechos humanos[336], en adición a la necesidad de estudiar si las medidas que están siendo adoptadas son las más idóneas para atender a la problemática que se presenta visto que, si un mandatario cuenta con poderes excepciones hasta por cuatro meses (decreto original más su prórroga) y no lograr controlar en su totalidad una crisis, o al menos hacerla manejable conforme al ordenamiento jurídico ordinario, ello sería indicio de la existencia de una mala gestión por parte de dicho gobernante. Situación que no se solventaría dotándolo de nuevos *poderes excepcionales* en un segundo y tercer estado de excepción nacional.

III.   LA PRÓRROGA DE LOS DECRETOS

Cuando estaba por cumplirse la vigencia original de los decretos, el Presidente de la República dictó los decretos N° 2.270 y 2.371 mediante los cuales decidió prorrogar por sesenta días más los estados de excepción, "a fin de que el Poder Ejecutivo pueda seguir brindando protección a los venezolanos (...) contra la guerra económica" (artículo 1). Ello en virtud de lo previsto en los artículos 9 y 10 de los decretos N° 2.184 y 2.323, respectivamente, que abordaban su duración y posibilidad de prórroga.

---

[336]   Véase Daniel Zovatto G.: *Los estados de excepción y... op. cit.*, p. 132.

Por lo que respecta a la prórroga del Decreto N°
2.452, esta, al igual que en el caso de la excepción en el
municipio Atures del estado Amazonas, se dio una vez ya
había cesado la vigencia del decreto original pues los sesenta días se cumplieron el sábado 12-11-2016, y el decreto de prórroga (con el N° 2.548) fue publicado en gaceta
oficial el domingo 13-11-2016, a través de un número extraordinario[337].

En cuanto a la motivación, si bien en todos los casos
se invocó el contenido del artículo 226, el numeral 7 del
artículo 236 y los artículos 337, 338 y 339 de la CRBV, así
como los artículos 2 al 7, 10, 17 y 23 de la LOEE, en relación con los fundamentos de hecho se produjo un cambio
de interés visto que, mientras en el Decreto N° 2.371 únicamente se señaló que "persisten las circunstancias excepcionales, extraordinarias y coyunturales que motivaron la
declaratoria de estado de Excepción y de Emergencia
Económica", por lo que "se requiere adoptar nuevas medidas y profundizar las que se encuentran en ejecución,
de manera tal que el impacto en la economía nacional sea
de gran magnitud", en el Decreto N° 2.270 el Presidente
de la República reiteró algunos de los considerandos que
había argüido en el decreto *original*, agregando que la
SC/TSJ había declarado que la legitimidad, validez, vigencia y eficacia jurídico de ese decreto se mantenía
"irrevocablemente incólume" y que, visto que persistían
"las circunstancias excepcionales, extraordinarias y coyunturales que motivaron la declaratoria de Emergencia
Económica, lo cual ha sido reconocido por los diversos
factores que hacen vida en el Territorio Nacional, entre

---

[337] Resulta prudente acotar que el decreto, a su vez, tiene por
fecha el 13-11-2016.

ellos la Asamblea Nacional" –ello, por el acuerdo sobre la crisis humanitaria, aunque dicho cuerpo hubiese improbado el decreto anterior–, se requería "adoptar medidas que profundicen el impacto positivo en la economía nacional" y "dar continuidad al fortalecimiento de determinados aspectos de seguridad económica (...) habida cuenta que persisten los extremos de necesidad, idoneidad y proporcionalidad de las medidas de excepción decretadas el 14 de enero del corriente".

Por su parte, el Decreto N° 2.548 hizo alusión a la necesidad de "adoptar otras medidas para enfrentar el asedio instaurado en contra de la economía venezolana, y profundizar las que se encuentran en ejecución" –al igual que en la primera prórroga– agregándose el deber "potenciar el desempeño de la Gran Misión Abastecimiento Soberano y los Comités Locales de Abastecimiento y Producción (CLAP), para garantizar en la época decembrina y principios del próximo año el acceso oportuno de la población a los rubros estratégicos y tradicionales en esta temporada".

En otras palabras, aun cuando según el discurso oficial con las medidas extraordinarias se logró mejorar la economía nacional, la crisis todavía no podía ser controlada con el ordenamiento jurídico ordinario; lo que justificaba que ellas se mantuviesen vigentes para "seguir brindando protección a los venezolanos (...) contra la guerra económica".

No queremos dejar pasar la oportunidad para destacar que el término "guerra económica" ha sido empleado por el Ejecutivo –al menos– desde el año 2013, cuando en la exposición de motivos del Decreto con Rango, Valor y Fuerza de Ley del Centro Nacional de Comercio Exterior y de la Corporación Venezolana de Comercio Exterior se precisó que era "prioridad absoluta de la Revolución (...)

la protección del pueblo venezolano contra la guerra económica que han iniciado en su contra los factores nacionales e internacionales de la extrema derecha, lo cual precisa la estructuración de las bases institucionales que den soporte a las medidas requeridas para neutralizar las acciones desestabilizadoras".

Es decir, que nos encontraríamos ante una *situación excepcional* con más de tres años afectando a la población venezolana, y en virtud de la cual se dictó un número importante de decretos leyes[338] por medio de los cuales se

---

[338] Ejemplos representativos son el Decreto con Rango, Valor y Fuerza de Ley del Régimen Cambiario y sus Ilícitos (precisa en su exposición de motivos que "[l]a regulación en el tipo de cambio constituye un instrumento fundamental para combatir la guerra económica inducida que vive nuestra Patria" y que "resulta imperiosa la actuación del Gobierno Nacional, a través del Poder Ejecutivo, de ejercer su función rectora de la economía nacional y sobre todo, de la responsabilidad social que tiene de regular la libertad económica, en momentos de intensa guerra económica y evitar que se convierta en un factor adicional de perturbación, del cual pueden resultar daños irreparables al interés general y a los diversos factores de la economía nacional"), el Decreto con Rango, Valor y Fuerza de Ley de Impuesto Sobre la Renta (señala que "[l]a guerra económica instaurada por sectores contrarios al Estado Socialista, obliga a efectuar cambios trascendentales en el ordenamiento jurídico de la República Bolivariana de Venezuela, a los fines de garantizar el desarrollo de los ciudadanos y ciudadanas, el respeto a su dignidad, la construcción de una sociedad justa y la promoción de la prosperidad y el bienestar del pueblo") y el Decreto con Rango, Valor y Fuerza de Ley de la Actividad Aseguradora (según él, "[e]l Estado venezolano en tiempos de Revolución ha sido atacado ferozmente por el modelo capitalista devastador y salvaje, usando para ello, cualquier mecanismo, por inhumano que sea; es el caso de la actual guerra económica que acecha a la Patria, caracterizada por introducir elementos desequilibrantes para el poder ad-

buscaba *proteger* a los venezolanos, y que ahora, cuando el Poder Ejecutivo ha perdido el respaldo de la Asamblea Nacional y no cuenta con la mayoría necesaria para ser provisto de una nueva ley habilitante que le permita seguir dictando decretos con rango, valor y fuerza de ley, se considera que opera como un justificativo válido para decretar estados de excepción que permitan al Ejecutivo continuar legislando en *protección de los ciudadanos* y desconociendo a los parlamentarios que esos mismos ciudadanos escogieron para esa labor[339].

En cualquier caso, las tres prórrogas fueron improbadas por la Asamblea Nacional[340] –sin que, como vimos, ello ahora surtiera algún tipo de efecto– y la SC/TSJ se

---

quisitivo del venezolano, tales como: especulación, acaparamiento, boicot y contrabando entre otras prácticas, intentando generar desespero, desasosiego y desesperanza en el pueblo").

[339] Reiteramos aquí que, al conocer la SC/TSJ de la constitucionalidad de la Ley Especial para Atender la Crisis Nacional de Salud, sancionada por la Asamblea Nacional, dicha Sala decidió que el Parlamento no puede legislar sobre aquellas materias sobre las que versa la declaratoria de excepción, por ser ese "ámbito competencial" una "función reservada" del Presidente de la República que "no admite concurrencia y excluye temporalmente la capacidad normativa de otros órganos (…) pues ello pudiera generar contradicciones para la garantía de los derechos fundamentales y el orden constitucional".

[340] *Asamblea Nacional* (2016, 17 de marzo). "Ramos Allup: finalizó la convocatoria a sesión permanente", *Asamblea Nacional* (2016, 14 de julio). "Diputados rechazaron extensión del decreto de estado de excepción", y Asamblea Nacional (2016, 15 de noviembre). "AN desaprobó nuevamente decreto de estado de excepción y emergencia económica". A diferencia de los acuerdos sobre los decretos originales, en este caso el contenido de los pronunciamientos del Poder Legislativo no se encuentra disponible para su consulta *online*.

pronunció declarando su constitucionalidad[341], manteniendo esta última la misma *línea argumentativa* de los casos anteriores en el sentido que se limitó a resumir el texto del decreto y citar fallos dictados por la Sala, notas de prensa y artículos de la CRBV y la LOEE, sin precisar cómo los mismos se relacionaban con el caso particular, para concluir que "el decreto *sub examine* se muestra compatible con la necesidad de alcanzar los fines esenciales del Estado previstos en el artículo 3 Constitucional, así como también con las metas macroeconómicas y macrosociales y con el cumplimiento de los objetivos generales y estratégicos que adopta el Plan de la Patria" –cuestión que nada tiene que ver con el derecho de excepción– y "atiende de forma prioritaria aspectos de seguridad económica", estimando la Sala, en consecuencia, "ajustado al orden constitucional y por ende procedente, que el Ejecutivo Nacional, constatadas las circunstancias suscitadas y que se mantienen en el espacio geográfico de la República, emplee las medidas amparadas por el decreto *sub examine*", visto que el mismo "cumple con los principios y normas contenidas en la Constitución de la República (…), en tratados internacionales sobre derechos humanos válidamente suscritos y ratificados por la República, y en la Ley Orgánica sobre Estados de Excepción".

Lo anterior, recordamos, sin que se haya realizado control alguno pues la Sala se limitó a reiterar lo dicho por el Ejecutivo sin determinar por qué las medidas adop-

---

[341] Fallo N° 184 del 17-03-2016 (caso: *Decreto N° 2.270*), 615 del 19-07-2016 (caso: *Decreto N° 2.371*) y 952 del 21-11-2016 (caso: *Decreto N° 2.548*). Se destaca que el primero de ellos, contraviniendo lo previsto en la LOEE, no ha sido publicado en gaceta oficial.

tadas –y la propia declaratoria de la prórroga de la excepción– cumplía con los principios de necesidad, proporcionalidad y especificidad, entendiendo este último como el hecho que el decreto indique qué garantías se restringen y cuáles son las medidas puntuales que se adoptan.

IV. DECRETOS DERIVADOS DEL RÉGIMEN DE EXCEPCIÓN

Para concluir con este capítulo, haremos referencia a los decretos dictados por el Presidente de la República en virtud de los tres estados de excepción a nivel nacional, dictados durante el año 2016.

1. *Decretos dictados bajo la primera emergencia económica nacional (enero-mayo 2016)*

Durante la vigencia del Decreto N° 2.184 (originalmente, del 14-01-2016 al 14-03-2016 y prorrogado por Decreto N° 2.270 hasta el 12-05-2016), el Presidente de la República dictó veinticuatro decretos que hicieron alusión, de una u otra forma, a la emergencia económica[342].

En este sentido, a pesar de que la forma de los decretos no es del todo uniforme[343], es posible clasificar a estos actos en los siguientes grupos:

---

[342]   Véase el anexo 2 de esta investigación.

[343]   Algunos decretos fueron numerados y otros no; en algunos se hizo mención al decreto de emergencia económica dentro del fundamento normativo y en otros como una de las razones de hecho que lo motivaron; entre otros criterios que los diferencian.

A. *Presupuesto*

Como se recordará, los numerales 1 y 2 del artículo 2 del Decreto N° 2.184 señalaban que el Presidente de la República podía "[d]isponer los recursos provenientes de las economías presupuestarias del ejercicio económico financiero 2015" y "[a]signar recursos extraordinarios a proyectos previstos o no en la Ley de Presupuesto a los órganos y entes de la Administración Pública", para atender determinados sectores socioeconómicos.

En aplicación de estas disposiciones, el Presidente de la República dictó siete decretos –los N° 2.185, 2.286, 2.304, 2.305, 2.306, 2.312 y 2.314– por medio de los cuales acordó que los saldos líquidos y no líquidos no causados al cierre del ejercicio económico financiero 2015 se transferirían al Fondo de Desarrollo Nacional (FONDEN), y autorizó recursos adicionales[344] para el Distrito Capital, el Territorio Insular Francisco de Miranda y el Ministerio Público –por conceptos laborales e infraestructura– y para la Administración Pública Nacional en general con motivo de ajustes de salarios y bono de alimentación[345].

La motivación de estas asignaciones presupuestarias versó –en adición a la cita de los numerales ya indicados y los artículos 20 y 21 de la LOEE[346]– en que, vista la obliga-

---

[344] La suma de ellos alcanzó los Bs. 272.479.225.609,83.

[345] En el primer semestre del año 2016 el Presidente de la República dictó dos aumentos del salario mínimo, del *Cestaticket Socialista* y del sistema de remuneración de los funcionarios de la Administración Pública Nacional.

[346] Los artículos estipulan que "[d]ecretado el estado de excepción, se podrán hacer erogaciones con cargo al Tesoro Nacional que no estén incluidas en la Ley de Presupuesto y cualquier otra medida que se considere necesaria para regresar a

ción del Gobierno de "impedir que se generen daños a la economía del país" y "garantizar al pueblo venezolano el direccionamiento preferente de los recursos económicos disponibles", se requería "hacer erogaciones no previstas en la Ley de Presupuesto"; por lo que al haberse verificado y certificado la disponibilidad, correspondía al Ejecutivo autorizar los recursos adicionales, en claro desconocimiento de las atribuciones que le asignó el Constituyente a la Asamblea Nacional en esta materia[347].

---

la normalidad, con fundamento en la Constitución de la República Bolivariana de Venezuela y la Presente Ley" y que "[e]l decreto que declare el estado de excepción suspende temporalmente, en las leyes vigentes, los artículos incompatibles con las medidas dictadas en dicho decreto", respectivamente.

[347]   Nótese que en los primeros decretos de este tipo (casos del Distrito Capital y el Territorio Insular Francisco de Miranda), en los *considerandos* el Ejecutivo mencionó el fallo N° 269 del 21-04-2016 de la SC/TSJ que suspendió cautelarmente diferentes artículos del Reglamento de Interior y Debates de la Asamblea Nacional, afirmando luego el Presidente de la República que el Parlamento, "en sesión (...) convocada y celebrada en fraude a la mencionada sentencia, pretendió la aprobación de créditos adicionales (...) generando confusión e inseguridad jurídica con su actuación". Ello, consideramos, es un importante indicio de que las medidas adoptadas por este mandatario, más que versar sobre una *emergencia económica* y la necesidad de controlarla, pretendían era diezmar el margen de acción de la Asamblea Nacional vista su nueva conformación política, a pesar de que, como indicamos con anterioridad y reveló el mismo Presidente de la República, dicho cuerpo no rechazaba que se aprobaran créditos como una de las *medidas necesarias* para solventar la crisis.

B. *Tributos*

En materia fiscal el Decreto N° 2.184 solo establecía que el Ejecutivo podía "[d]iseñar e implementar medidas especiales, de aplicación inmediata, para la reducción de la evasión y la elusión fiscal" (numeral 3 del artículo 2)[348].

Sin embargo, ello no impidió que el Presidente de la República, basado en ese numeral, dictara una exoneración general del pago del Impuesto Sobre la Renta hasta por un monto equivalente a tres mil Unidades Tributarias (Decreto N° 2.266), bajo el ideal que el Estado venezolano "fundamenta su política fiscal en los principios de progresividad, equidad y eficiencia (…) con la finalidad de generar los ingresos suficientes que permitan ejecutar las políticas públicas, con especial énfasis en el ámbito social, procurando especialmente la protección de las familias más vulnerables y el estímulo a la clase media trabajadora".

De este decreto interesa destacar que no era necesario declarar un estado de excepción para su adopción pues, conforme al encabezado del artículo 195 del Decreto con Rango Valor y Fuerza de Ley de Impuesto Sobre la Renta, "[e]l Presidente de la República, en Consejo de Ministros (…) podrá exonerar total o parcialmente del impuesto establecido en el presente Decreto con Rango, Valor y

---

[348] Aunque el tema excede nuestro objeto de estudio, ambas figuras responden a maniobras por medio de las cuales se desea evitar saldar una obligación tributaria, bien sea antes de su nacimiento (elusión) o luego (evasión). Véase José Rafael Belisario Rincón; Juan José Delgado Álvarez y Gabriela Rachadell de Delgado: "Elusión, evasión y defraudación fiscal", *Revista de Derecho Tributario* N° 69, Asociación Venezolana de Derecho Tributario, Caracas 1995, pp. 35-66.

Fuerza de Ley, los enriquecimientos obtenidos por sectores que se consideren de particular importancia para el desarrollo económico nacional".

Es decir, que se trataba de una medida prevista en el derecho ordinario, tal como lo reconoció el propio Ejecutivo al invocar este artículo en la motivación del decreto que, dicho sea de paso, había empleado en el pasado para dictar exoneraciones similares[349].

C. *Planificación*

Aunque el ejemplo más claro de este grupo pudiera pensarse que es el Decreto N° 2.283, mediante el cual se aprobó el Plan Nacional de Transporte y Obras Públicas, consideramos oportuno incluir en él, a su vez, los decretos N° 2.292, 2.264 y 2.258 sobre simplificación de trámites y procesos vinculados con la exportación de mercancías no tradicionales, la cartera bancaria del 20% para créditos hipotecarios, y el derecho de preferencia del sector público para adquirir residuos metálicos –respectivamente– al hacer todos alusión a medidas programáticas.

En este sentido, el Plan Nacional de Transporte y Obras Públicas y el Instructivo sobre Simplificación de los Trámites, y Procesos Vinculados con la Exportación de Mercancías No Tradicionales resaltan entre sus pares por ser los decretos que invocaron un mayor número de nu-

---

[349] Véase el Decreto N° 762 publicado en Gaceta Oficial N° 40.396 del 22-04-2014, mediante el cual se exoneró del pago de este impuesto a los enriquecimientos netos gravables de fuente nacional, obtenidos con ocasión de las actividades de diseño, proyecto, fabricación, construcción, instalación y montaje de los Centros de Deporte y Cultura de Paz.

merales del artículo 2 del estado de excepción, paseándose por la asignación de recursos extraordinarios y la dispensa del régimen de contrataciones públicas y de los controles de importaciones. El *primero*, para mejorar la "red de infraestructura de transporte y obras públicas en el territorio nacional, así como el servicio de transporte en sus diversas modalidades, a través de la operación, construcción, rehabilitación y mantenimiento" –contando para ello con un financiamiento de Bs. 126.455.025.789,83 a cargo del ministerio con competencia en materia de transporte y obras públicas– y, el *segundo*, para "establecer los mecanismos, requisitos, condiciones y trámites para la gestión de solicitudes y expedición de los certificados, permisos y licencias, exigidos por órganos y entes de la Administración Pública" en los procesos de exportación indicados.

Por lo que respecta a los decretos restantes –ambos basados en el artículo 3 del estado de excepción y el Decreto con Rango, Valor y Fuerza de Ley del Régimen Prestacional de Vivienda y Hábitat[350]– estos versaron sobre la obligación del Estado de garantizar el derecho a la vivienda, por lo que había que fijar nuevos destinos a las carteras bancarias para la concesión de nuevos créditos hipotecarios de construcción, adquisición, mejora y am-

---

[350] Entre las disposiciones citadas se encuentra la competencia del ministerio con competencia en materia de vivienda para dictar actos de contenido normativo; estimar las necesidades para garantizar la viabilidad de las políticas en la materia; asegurar la disponibilidad de recursos para el cumplimiento de los planes; y disponer de estos últimos (numerales 2, 10, 18 y 19 del artículo 6).

pliación de vivienda principal[351], y asegurar que las empresas del Estado contaran con materia prima para la construcción de obras en el marco de la Gran Misión Vivienda Venezuela, motivo por el cual los particulares cuya actividad económica consistiera en la recolección y venta de chatarra tendrían que ofrecerla en venta al Ejecutivo Nacional antes de poder comercializarla con terceros[352].

D. *Organización administrativa*

A pesar de que según el DRVF-LOAP el Presidente de la República es competente, en situaciones de normali-

---

[351] Si bien ahondar en este tema rebasaría nuestro objeto de estudio, resulta prudente señalar que diversos autores han sostenido que se ha materializado una "expropiación regulatoria" sobre la banca, al eliminarse de forma progresiva el derecho de propiedad y la libertad económica en el sector como resultado de la implementación de múltiples carteras de crédito. Véase José Muci Borjas: "Los Tratados Bilaterales para la Promoción y Protección de Inversiones (BITs) y la 'regulación' del negocio bancario. Algunas reflexiones sobre la furtiva 'expropiación regulatoria' (creeping expropriation) de la banca venezolana: ¿Una obra en marcha?", *Revista de Derecho Público* N° 106, Editorial Jurídica Venezolana, Caracas, 2006, pp. 8-33 y José Muci Borjas: *La banca y las "carteras de crédito" obligatorias Excursus sobre la naturaleza y legitimidad de la obligación impuesta a la banca venezolana*.

[352] Llama la atención que se haya considerado que este derecho de preferencia debía adoptarse en el marco de un estado de excepción cuando la legislación ordinaria en materia de protección del derecho a la vivienda es, incluso, más lesiva a los derechos de los particulares permitiéndose la ocupación de urgencia de todos los bienes muebles e inmuebles que se consideren esenciales. Véase, en general, Gabriel Sira Santana: *Evaluación del Decreto con Rango, Valor y Fuerza de Ley Orgánica de Emergencia para Terrenos y Vivienda*.

dad, para crear comisiones presidenciales que examinen una materia (artículo 73) y autorizar la creación de empresas del Estado (artículo 104), por medio de los decretos N° 2.265 y 2.271, respectivamente, se creó la Comisión Presidencial de Desarrollo Ecosocialista y Salvaguarda de los Derechos de los Pueblos Indígenas en la Actividad Minera y se autorizó la creación del Banco de Insumos para la Pequeña y Mediana Industria, S.A.

La creación de esta comisión –cuyo objeto es "asesorar (…) la toma de decisiones estratégicas vinculadas con la preservación de las áreas de especial importancia ecológica y de las aguas, para el desarrollo armónico de la actividad minera", sin "lesionar la diversidad biológica" e "integrando y articulando la cultura, tradiciones y costumbres ancestrales de los actores que hacen vida en estos espacios" (artículo 2)– se fundamentó en los artículos 10 del Decreto con Rango, Valor y Fuerza de Ley de Regionalización Integral para el Desarrollo Socioproductivo de la Patria y 13 de la Ley Orgánica del Ambiente[353], por lo que estaríamos ante un nuevo ejemplo de *innecesaria excepcionalidad*.

Por su parte, para la empresa del Estado se alegó "[l]a necesidad de asegurar la provisión de suministros industriales a la Pequeña y Mediana Industria, y a las Unidades

---

[353] El primero determina que "[e]l Presidente (…) de la República podrá crear las figuras organizativas que considere conveniente según el ordenamiento jurídico vigente, para garantizar la coordinación, apoyo y seguimiento de los planes y obras a ejecutarse en la escala de planificación y desarrollo espacial respectiva a que se refiere este Decreto con Rango, Valor y Fuerza de Ley" y el segundo que "[e]l Presidente (…) de la República Bolivariana de Venezuela, en Consejo de Ministros, ejerce la suprema dirección de la política nacional ambiental".

de Propiedad Social, que permita elevar las capacidades productivas y tecnológicas de la industria nacional y con ello se coadyuve al esfuerzo de impulsar una economía productiva y diversificada", siendo el objeto del banco, justamente, "lograr el balance y equilibrio de suministros para la producción permanente de toda la pequeña y mediana industria del país, garantizando la provisión de suministros industriales (...) que conlleve al crecimiento de la economía nacional" (artículo 2). Es decir, un nuevo ente de la Administración Pública descentralizada que perfectamente podía ser instaurado sin requerir una declaratoria de excepción.

Finalmente, en cuanto a la organización, el Presidente de la República dictó el Decreto N° 2.198 que creó el "Sistema Centralizado y Estandarizado de Compras Públicas para los órganos y entes de la Administración Pública Nacional", con el fin de optimizar el gasto público en la adquisición de bienes y servicios a través de la dirección a cargo de un comité[354].

---

[354] Nótese que aunque el decreto no hace referencia expresa a la declaratoria de excepción por parte del Ejecutivo –solo indica que "el país está viviendo una emergencia económica a partir de la acción de grupos económicos y políticos que han presentado afectar a la economía para generar situaciones de desestabilización política y social afectando las condiciones de vida del Pueblo"– el mismo fue mencionado por el Presidente de la República en la motivación de la prórroga, como una de las medidas que había adoptado con base en el Decreto 2.184. Asimismo, resulta de interés que el comité de compras, como instancia colegiada de decisión y coordinación del sistema, podrá fijar precios máximos de adquisición de bienes y servicios para la Administración Pública Nacional y establecer los que estarán exceptuados de las modalidades de selección de contratistas.

Como vemos, se trata de figuras ordinarias y que, de hecho, podemos encontrar con bastante frecuencia en la gaceta oficial. Sin embargo, en esta oportunidad el Presidente de la República consideró que para su creación era necesario invocar la vigencia del estado de excepción.

No podemos dejar de preguntarnos si estos decretos, en parte, no se dictaron para *esconder* el que parece haber sido el verdadero objeto de la excepción: suprimir de forma progresiva los poderes de la Asamblea Nacional.

E. *Misiones*

En lo que puede ser el ejemplo más claro del sinsentido con el que se manejaron los decretos dictados con base en el estado de excepción, signado bajo el N° 2.282 –y el N° 8 "en el marco de la emergencia económica"– el Presidente de la República dictó el Reglamento Parcial del Decreto con Rango, Valor y Fuerza de Ley Orgánica de Misiones, Grandes Misiones y Micro Misiones, sobre el Fondo Nacional de Misiones.

Según el numeral 10 del artículo 236, es atribución del Presidente de la República "[r]eglamentar total o parcialmente las leyes, sin alterar su espíritu, propósito y razón".

Ello es reiterado en el DRVF-LOAP que, en su artículo 89, hace mención a la potestad reglamentaria indicando que su ejercicio "corresponde a la Presidenta o Presidente de la República, en Consejo de Ministros, de conformidad con la Constitución de la República (...) y la ley", y los reglamentos "no podrán regular materias objeto de reserva de ley, ni infringir normas con dicho rango".

Es decir, que a pesar de que sea más común encontrar en gaceta oficial un decreto ley que un reglamento, no cabe duda que, en situaciones de normalidad, el Presiden-

GABRIEL SIRA SANTANA

te de la República es competente para dictar los mismos, siendo ello una de las facultades de las cuales dispone para hacer frente a las circunstancias que se presenten en el país.

Tal es así, que la ley reglamentada prevé en su artículo 43 que se creaba el Fondo Nacional de Misiones para la gestión, asignación y administración de recursos destinados a las misiones, y, de seguida, estatuye que el Presidente de la República "determinará mediante el Reglamento del presente Decreto con Rango, Valor y Fuerza de Ley Orgánica, la naturaleza jurídica del ente u órgano que administrará los recursos asignados a este fondo y su patrimonio".

De este modo, no entendemos por qué el Presidente de la República consideró necesario, a nivel jurídico, acudir a la figura de los estados de excepción para fundamentar este acto.

La respuesta, consideramos, guardaría una mayor relación con el interés político de *justificar* ante la población, por vía de discurso, que la declaratoria de excepción era imperativa en el país porque solo así podían tomarse medidas como la aquí reseñada; aunque las mismas, al compararlas con el texto constitucional y el resto del ordenamiento jurídico vigente –sin que en muchos casos se requiera ser profesional del Derecho para ello–, revelan que no responden a los principios de necesidad y proporcionalidad a los que hicimos referencia en el primer capítulo de esta investigación, aunado a la inseguridad existente visto que, si estas medidas son tomadas en el marco de un estado de excepción, al cesar la vigencia del mismo finalizarían, a su vez, los efectos de los actos dictados con base a este.

268

¿Quedaría entonces *desreglamentada* la ley? Es cierto que la LOEE prevé la posibilidad de ratificar las medidas que se adopten (artículo 6), pero es inconcebible pensar que el Legislador tuviese en mente casos como el aquí reseñado, o uno que veremos más adelante.

En cualquier caso, a este decreto hemos de agregar el N° 2.267 mediante el cual se creó la "Tarjeta de las Misiones Socialistas para los Hogares de la Patria", como "instrumento de apoyo para garantizar el otorgamiento de subsidios destinados a la alimentación y la salud, con el fin de atender efectivamente a las familias en situación de pobreza, pobreza extrema y situaciones de vulnerabilidad" (artículo 1).

De esta medida, para la que tampoco era necesario invocar el estado de excepción por ser una misión más del Gobierno Nacional[355] (específicamente, la Gran Misión Hogares de la Patria), interesa destacar que ella nació como respuesta a la propuesta legislativa de la Asamblea

---

[355] Entendiendo por estas, según el numeral 1 del artículo 4 del Decreto con Rango, Valor y Fuerza de Ley Orgánica de Misiones, Grandes Misiones y Micro-Misiones, a la "política pública destinada a materializar de forma masiva, acelerada y progresiva las condiciones para el efectivo ejercicio y disfrute universal de uno o más derechos sociales de personas o grupos de personas, que conjuga la agilización de los procesos estatales con la participación directa del pueblo en su gestión, en favor de la erradicación de la pobreza y la conquista popular de los derechos sociales consagrados en la Constitución de la República Bolivariana de Venezuela".

Nacional de la Ley de Bono para Alimentos y Medicinas a Pensionados y Jubilados[356].

F. *Jornada laboral*

Dado que el Decreto N° 2.184 no preveía este supuesto –al contrario del estado de excepción que se dictó una vez venció la prórroga acordada– el Presidente de la República acudió al artículo 3 del mismo, que le permitía "dictar otras medidas de orden social, económico o político que estime convenientes a las circunstancias", para declarar días no laborables.

Ello se hizo en cinco oportunidades según se evidencia en los decretos N° 2.276, 2.294, 2.300, 2.303 y 2.319, y, con base en los mismos, tres días fueron considerados como no laborables para el sector privado, veintidós para el sector público, y seis para el sector educativo público y privado. Así, por mes y medio, la Administración Pública pasó a laborar solo dos días a la semana (lunes y martes) y los colegios tuvieron *libres* los días viernes.

En este sentido, la medida comentada fue adoptada partiendo de que "la electricidad es un servicio estratégico, fundamental e indispensable para el desarrollo económico de la Nación y la calidad de vida del pueblo, constituyéndose en un bien económico indispensable para la familia venezolana, y al mismo tiempo para la industria y el comercio en todo el territorio nacional"[357], y, al existir

---

[356] Esta ley fue sancionada en marzo de 2016 pero fue catalogada como *económicamente inviable* por la SC/TSJ, quedando su vigencia en suspenso. Véase el fallo N° 327/2016.

[357] La redacción, propia del Decreto N° 2.276, fue simplificada en los decretos siguientes afirmándose que el servicio eléctrico

circunstancias naturales que estaban afectando ese servicio (particularmente, el fenómeno de "El Niño"), era necesario adoptar medidas urgentes de ahorro eléctrico para la racionalización de los recursos.

Hemos de recordar que el epicentro del decreto de estado de excepción, que sirvió de base a esta medida, era el garantizar el acceso a bienes y servicios esenciales –como medicamentos y alimentos– sin afectar, entre otros, los derechos a la educación y el trabajo.

En este orden de ideas, somos de la opinión que la medida adoptada por el Ejecutivo difícilmente puede armonizarse con los fundamentos del decreto ya que no solo se atentó contra el derecho al trabajo de funcionarios públicos y quienes hacen vida en el sector privado –con las connotaciones que de ello derivan[358]– sino el derecho a

---

"es estratégico e indispensable para el desarrollo económico de la Nación, la seguridad nacional y el buen vivir de las familias venezolanas" (decretos N° 2.294, 2.300 y 2.319).

[358] En adición al sinsentido de que el Ejecutivo Nacional, llamado a solventar una emergencia económica que calificó de urgente, ahora laboraría únicamente dos días a la semana para lograr esa solución, la medida trajo como consecuencia, por ejemplo, un aumento del retardo en las causas que se ventilaban tanto a nivel administrativo como judicial, atentando así contra el derecho de acceso a la justicia de los particulares. Véase al respecto la Resolución N° 2016-0209 del 26-04-2016 de la Junta Directiva del TSJ donde se decidió que "[t]odos los funcionarios judiciales, ejecutivos, administrativos y obreros de la Dirección Ejecutiva de la Magistratura, Inspectoría General de Tribunales, Escuela Nacional de la Magistratura, Jurisdicción Disciplinaria Judicial, Cortes Primera y Segunda de lo Contencioso-Administrativo, Juzgado Nacional Contencioso Administrativo de la Región Centro-Occidental, Tribunales con competencia en lo Civil, Mercantil, Tránsito, de Protección de Niños, Niñas y Adolescentes, Agrarios, Marítimos, Laborales,

la educación de niños y adolescentes que se encontraban en edad escolar[359].

Lo anterior, aunado al hecho que no consta que esta medida haya sido efectiva y que con su implementación se redujera el consumo de energía a nivel nacional[360] o, como precisaba el decreto de excepción, haya mejorado el acceso a los bienes y servicios esenciales.

Contenciosos Administrativos, Contenciosos Tributarios, de todo el territorio nacional, como medida coyuntural, dejarán de laborar los días miércoles, jueves y viernes, como medida a ser acordada en el lapso comprendido entre el día 27 de abril de 2016 y hasta el viernes 13 de mayo del mismo año, inclusive" (artículo 1).

[359] *Informe 21* (2016, 16 de mayo). "Planteles privados estudian reprogramar el año escolar" y *El Correo del Orinoco* (2016, 04 de mayo). "Viernes no laborables en colegios: sufren niños y madres".

[360] *BBC* (2016, 27 de abril). "Cómo afecta a Venezuela que los funcionarios públicos sólo trabajen 2 días a la semana". La nota recoge declaraciones de un representante del Colegio de Ingenieros de Venezuela que expone que "[s]i la gente no está en el trabajo pues estará en su casa, en lugares públicos, lo lógico es pensar que habrá un consumo sustitutivo, por lo que no queda claro la magnitud del ahorro". En igual sentido, *Sumarium* (2016, 16 de abril). "Lo que opina Xavier Serbia sobre los viernes 'no laborables' en Venezuela". El comentarista financiero de CNN afirmó que el problema no era la demanda eléctrica ni la sequía (razones dadas por el Ejecutivo Nacional para justificar las fallas del servicio), sino la falta de mantenimiento del sistema, lo que traía como consecuencia que la declaratoria de *días libres* no solventaba la situación.

G. *Huso horario*

Por el Decreto N° 2.301 se modificó el huso horario en la República, pasando este de UTC -04:30, como establece el Decreto con Rango Valor y Fuerza de Ley de Metrología, a UTC -04:00.

Ello, con base en el artículo 3 del estado de excepción y disposiciones de la CRBV y el DRVF-LOAP –entre las que se incluyó la atribución del Presidente de la República de Administrar la Hacienda Pública Nacional, aunque ello nada tuviese que ver con el decreto que se estaba dictado– y argumentándose que así se racionalizaría el uso de la energía eléctrica y se lograría "propulsar la transformación del sistema económico, a través de la reducción del gasto de combustibles asociados a la generación de esa energía, así como la reducción en la emisión de gases contaminantes a la atmósfera".

Sin embargo este decreto agregó algo que ninguno de los reseñados mencionaba pues, según su artículo 4, "[d]e conformidad con lo dispuesto en el artículo 6° de la Ley Orgánica sobre Estados de Excepción, la medida (…), será ratificada en Consejo de Ministros, a los efectos de la permanencia de su vigencia y eficacia, una vez culminado el plazo establecido en el Decreto N° 2.184".

Es decir, que el Ejecutivo Nacional, consciente de que la vigencia de estos decretos, dictados bajo el marco del derecho de excepción, se encontraba atada a la vigencia de dicha situación –por lo que al cesar la emergencia económica habrían de cesar las medidas extraordinarias tomadas para hacer frente a la misma– consideró que, como la LOEE indica en su artículo 6 que "[e]l Presidente de la República, en Consejo de Ministros, podrá ratificar las medidas que no impliquen la restricción de una garantía o de un derecho constitucional. Dicho decreto será sometido a los controles que establece esta Ley", bastaría la mención anterior para que el cambio de huso horario se extendiese *ad infinitum* (como de hecho ocurrió) en contravención al artículo 18 del Decreto con Rango Valor y Fuerza de Ley de Metrología según el cual, "[l]a hora legal en el territorio nacional es la equivalente a la del Meridiano de Greenwich, disminuida en cuatro horas y treinta minutos".

De aceptar lo anterior, estaríamos conciliando la posibilidad de que el Presidente de la República, por vía de estado de excepción, pueda derogar parte del ordenamiento jurídico de forma permanente, abstrayéndose del principio de temporalidad que ha de regir al derecho de excepción según se vio en el primer capítulo de esta investigación y que reconoce la propia LOEE al indicar, en su artículo 21, que "[e]l decreto que declare el estado de excepción suspende temporalmente, en las leyes vigentes, los artículos incompatibles con las medidas dictadas en dicho decreto".

Ante este riesgo, de suma gravedad, si recordamos cómo se manejaron los estados de excepción con anterioridad a la CRBV, tanto en regímenes dictatoriales como democráticos, consideramos prudente reiterar los comentarios que efectuamos al tratar el principio de temporalidad y, en consecuencia, que debe abogarse por la inconstitucionalidad de esta disposición pudiendo incluirse, en una futura reforma de la LOEE, que tal ratificación podrá provenir, única y exclusivamente, del Poder Legislativo, por ser este a quien le compete en condiciones de normalidad legislar en las materias de competencia nacional y sobre el funcionamiento de las distintas ramas del Poder Nacional.

H. *Mociones de censura*

A lo largo de este capítulo hemos mencionado que la intención del estado de excepción nacional, lejos de ser un mecanismo para hacer frente a una circunstancia extraordinaria que pone en grave peligro la seguridad de la Nación, sus instituciones y los ciudadanos, a cuyo respecto resultan insuficientes las facultades que dispone el ordenamiento jurídico ordinario, tanto por el discurso oficial como por las medidas que se adoptaron, convergía más con la idea de ser una herramienta más para diezmar las facultades de la Asamblea Nacional[361].

El ejemplo más claro de esta afirmación, en relación con el Decreto N° 2.184, fue el Decreto N° 2.309 mediante el cual se *restringió* y *difirió* las mociones de censura que pudiera acordar la Asamblea Nacional contra los ministros o el Vicepresidente Ejecutivo, en las cuales solicitaren su remoción, "hasta tanto cesen los efectos del Decreto de Emergencia Económica".

Este decreto, supuestamente basado en diversos numerales del artículo 236 de la CRBV[362] y el artículo 15 de la LOEE, tuvo como fundamento fáctico, entre otros, que "la Asamblea Nacional (…) ha pretendido generar un

---

[361]   Véase, en general, Allan Brewer-Carías: *Dictadura Judicial y perversión del… op. cit.*

[362]   A saber, la atribución del Presidente de la República para nombrar y remover al Vicepresidente Ejecutivo y ministros, declarar los estados de excepción y decretar la restricción de garantías, nombrar y remover a aquellos funcionarios cuya designación le atribuyen la Constitución y la ley, y fijar el número, organización y competencia de los ministerios y otros organismos de la Administración Pública Nacional (numerales 3, 7, 16 y 20, respectivamente).

proceso de desestabilización del País y deslegitimación del mandato Presidencial que le fuera otorgado por el Pueblo Soberano a través de elecciones directas, apartándose con su acción de la naturaleza legisladora de dicho órgano legislativo" y que "la gestión de gobierno que se encomienda al Poder Ejecutivo en pleno ejercicio Constitucional, amerita la garantía de autonomía en cuanto a la designación de los equipos que deben acometer tareas determinadas", a lo que se sumaba el caso puntual que "en sesión írrita, desacatando la sentencia del Tribunal Supremo de Justicia N° 269, de fecha 21 de abril de 2016, la Asamblea Nacional simuló la aprobación de una Moción de Censura contra el (…) Ministro del Poder Popular para la Alimentación".

De este modo, el Presidente de la República *suspendió* el numeral 10 del artículo 187 de la CRBV –ya citado– y, no conforme con ello, instruyó a la Procuraduría General de la República para que "interponga el correspondiente Recurso por Controversia Constitucional (…) a fin de procurar el mantenimiento de los equilibrios de los poderes y la gobernabilidad" (artículo 2).

Así, el mandatario nacional se abstrajo del control político previsto por el Constituyente como una de las funciones que le incumbe a dicho cuerpo –pues el Parlamento no tiene únicamente "naturaleza legisladora", como expuso el Ejecutivo[363]– que, al igual que el Presidente

---

[363] Naturaleza que, valga decir, tampoco le ha permitido ejercer al solicitar a la SC/TSJ que "revise la constitucionalidad" (o, en sentido práctico, que declare la nulidad) de todas y cada una de las leyes sancionadas desde enero de 2016, a excepción de la Ley que Regula el Uso de la Telefonía Celular y la Internet en el Interior de los Estable-cimientos Penitenciarios.

de la República, fue nombrado "por el Pueblo Soberano a través de elecciones directas" y, según el único aparte del artículo 339 de la CRBV, puede ejercer sus funciones (como lo sería acordar mociones de censura) aún bajo la existencia de un estado de excepción, pues las mismas no se interrumpirán[364].

2. *Decretos dictados bajo la segunda emergencia económica nacional (mayo-septiembre 2016)*

Durante la vigencia del Decreto N° 2.323 (originalmente, del 13-05-2016 al 11-07-2016 y prorrogado por Decreto N° 2.371 hasta el 09-09-2016), el Presidente de la República dictó treinta decretos que hicieron alusión, de una u otra forma, a la emergencia económica[365], y que pueden agruparse de la siguiente forma:

A. *Presupuesto*

Como se vio, el numeral 4 del artículo 2 de este decreto permitía al Presidente de la República autorizar erogaciones con cargo al Tesoro Nacional y otras fuentes de financiamiento que no estuviesen previstas en la ley de presupuesto, para optimizar la atención de la situación excepcional.

---

[364] Véase al respecto Allan Brewer-Carías: *La inconstitucional "restricción" impuesta por… op. cit.* y José Ignacio Hernández: *¿Ahora la AN no podrá dictar votos de censura?* Entre los argumentos dados por estos autores para abogar por la inconstitucionalidad del decreto, se encuentra que las facultades del artículo 15 de la LOEE "solo pueden ejercerse dentro del marco de las atribuciones constitucionales, sin que esta norma legal pueda considerarse como una carta en blanco para violar la Constitución" y que "[e]l sujeto controlado no puede limitar la conducta del sujeto que controla".

[365] Véase el anexo 2 de esta investigación.

Con base en esta disposición el mandatario nacional, argumentando la necesidad de hacer erogaciones no previstas[366] para "impedir que se generen daños a la economía del país" y "garantizar al pueblo venezolano el direccionamiento preferente de los recursos económicos disponibles (...) para el mejoramiento de su calidad de vida", dictó seis asignaciones de recursos para diferentes ministerios, siete para el Gobierno del Distrito Capital y tres para el Territorio Insular Francisco de Miranda, así como cuatro para la Administración Pública Nacional con motivo de ajustes de salarios y bono de alimentación[367]. La sumatoria de todos estos decretos se traduce en un monto de Bs. 1.415.475.504.319,95 que pasó del Tesoro Nacional al Ejecutivo, sin que mediara la autorización de la Asamblea Nacional como establece el artículo 314 de la CRBV.

Adicionalmente, el Presidente de la República dictó un decreto por medio del cual autorizó a los ministerios con competencia en materia de ambiente y agricultura urbana a modificar sus presupuestos y transferir a sus entes descentralizados los recursos del Fondo Internacional de Desarrollo Agrícola.

B. *Salario y bono de alimentación*

Desde el 01-01-2016 al 13-10-2016, el Presidente de la República decretó tres aumentos del salario mínimo; lo

---

[366] Entre ellos, gastos de personal y funcionamiento, dotación de uniformes, ejecución de planes, continuación de proyectos, transferencias a entes descentralizados, e insuficiencias.

[367] En adición a los comentados en el acápite anterior, en el mes de agosto se decretó un nuevo aumento del salario mínimo, el *Cestaticket Socialista* y el sistema de remuneración de los funcionarios de la Administración Pública Nacional.

que es una situación bastante común en nuestro país ya que, al revisar la gaceta oficial, podemos encontrar que en el año 2015 se decretaron otros tres aumentos[368], al igual que como ocurrió en el 2014[369]. Estos últimos sin que previamente se hubiese declarado un estado de excepción en el país pues, conforme al Decreto con Rango, Valor y Fuerza de Ley Orgánica del Trabajo, los Trabajadores y las Trabajadoras, es competencia del Ejecutivo Nacional "decretar los aumentos de salario y medidas que estime necesarias, para proteger el poder adquisitivo de los trabajadores y las trabajadoras" (primer aparte del artículo 111).

Sin embargo, en el aumento decretado durante el mes de agosto, el Ejecutivo consideró necesario hacer alusión al estado de excepción precisando no solo en la motivación que era un "principio rector y un compromiso del gobierno revolucionario la defensa del pueblo y proteger a la familia venezolana de la guerra económica desarrollada por el imperialismo, que induce la inflación exacerbada por la oligarquía apátrida, como instrumento de acumulación de capital en manos de una minoría", sino enumerando al decreto como el N° 20 "en el marco del estado de excepción y de emergencia económica".

Esta medida vino acompañada de otro decreto (el N° 2.430 en general, y N° 21 de la emergencia) por el que se aumentó el *Cestaticket Socialista*. Cuestión para la que

---

368 Decretos N° 1.599, 1.737 y 2.056 publicados en Gaceta Oficial N° 40.597 del 06-02-2015, 6.181 Extraordinario del 08-05-2015 y 40.769 del 19-10-2015, respectivamente.

369 Decretos N° 725, 935 y 1.431 publicados en Gaceta Oficial N° 40.327 del 06-01-2014, 40.401 del 29-04-2014 y 40.542 del 17-11-2014, respectivamente.

tampoco era necesario acudir al derecho de excepción pues el Decreto con Rango, Valor y Fuerza de Ley del Cestaticket Socialista para los Trabajadores y Trabajadoras prevé en el único aparte del artículo 7 que "[c]uando medien razones de interés social que así lo ameriten, el Ejecutivo Nacional podrá Decretar variaciones en cuanto a las modalidades, términos y monto aplicables al cumplimento del beneficio".

Es decir, que nos hallamos frente a nuevos decretos que no se compaginan con lo que debe entenderse por un estado de excepción y que demuestran el mal uso de esta figura por parte del Ejecutivo Nacional, que pretende de forma reiterada invocar el derecho de excepción para dictar actos que permite el derecho ordinario (por ejemplo, el aumento del salario mínimo) o que no proceden siquiera cuando existe una verdadera circunstancia extraordinaria (supresión de las funciones de la Asamblea Nacional, según los hechos que hemos narrado en acápites anteriores).

C. *Organización administrativa*

El Decreto N° 2.323 trajo consigo una de las medidas que se habían adoptado en los estados de excepción fronterizos: la creación de Autoridades Únicas pero, en este caso, según se desprende del Decreto N° 2.382, en relación con el sistema portuario.

En este sentido, el decreto en cuestión, en el marco de la Gran Misión Abastecimiento Soberano y "para ejercer la eficiencia de las operaciones aduaneras y los procesos logísticos para la distribución de materias primas y productos vitales para la economía nacional", incorporó ocho autoridades regionales de este tipo, a quienes correspondería "la supervisión, evaluación y seguimiento de la administración y operación del Sistema Portuario Nacional, garantizando las actividades eficientemente en cada puerto, coordinando el trabajo conjunto de los órganos y entes que tienen atribuidas competencias en el sector" (artículo 2).

Al respecto, y no siendo esta la ocasión para ahondar en la competencia en materia de puertos[370], hemos de recordar que el artículo 74 del DRVF-LOAP establece que "[l]a Presidenta o Presidente de la República podrá designar Autoridades Únicas de Área para el desarrollo del territorio o programas regionales, con las atribuciones que determinen las disposiciones legales sobre la materia y los Decretos que las crearen", por lo que, nuevamente, se trataría de una medida que podía ser implementada conforme a la legislación ordinaria.

D. *Misiones*

Tal como ocurrió con el primer decreto de excepción nacional, que creó la Gran Misión Hogares de la Patria, con el segundo estado se hizo lo propio con la Gran Misión Abastecimiento Soberano, por Decreto N° 2.367.

Este misión, fundamentada en el artículo 2 del Decreto N° 2.323, según el cual "el Ejecutivo Nacional podrá

---

[370] A pesar de que el numeral 10 del artículo 164 de la CRBV determina que ello es una competencia exclusiva de los estados, la SC/TSJ interpretó que, en realidad, el Constituyente planteaba era una *coordinación*, debiendo los estados "ejercer conforme a la legislación base y en coordinación con el Ejecutivo Nacional la conservación, administración y el aprovechamiento de las carreteras y autopistas nacionales, así como los puertos y aeropuertos de uso comercial, previa transferencia de competencias conforme al procedimiento de descentralización territorial". Véase fallo N° 565 del 15-04-2008 (caso: *Procuraduría General de la República*).

dictar las medidas que considere convenientes", tenía por objeto "el impulso, desde las bases del Poder Popular y la unión cívico militar, de los motores Agroalimentario, de Producción y Distribución de Fármacos y de la Industria de productos para la Higiene Personal y Aseo del Hogar" para "potenciar el sistema productivo nacional y la disponibilidad de los rubros asociados a dichos motores de manera oportuna y segura para toda la población" (encabezado del artículo 1).

De esta *política pública* interesa destacar que, de acuerdo al artículo 7 de su decreto de creación, un "Comando para el Abastecimiento Soberano" conformado por diferentes miembros del Ejecutivo Nacional y la Fuerza Armada Nacional estaría facultado para, entre otros, "establecer, a cargo de determinadas categorías de sujetos de las cadenas productivas y de distribución (...) la obligación de vender a determinadas empresas u otros entes estatales el porcentaje de su producción que sea necesario", lo que podría considerarse una restricción de la garantía del derecho de libertad económica previsto en el artículo 112 de la CRBV[371].

Asimismo, a este grupo pertenece el Decreto N° 2.411, dictado en virtud del artículo 3 del estado de excepción, que estableció que las "utilidades netas que sean percibidas por la República (...) con ocasión de los proyectos y

---

[371] Esta medida fue puesta en práctica a través de la Resolución N° 10/2016 del Comando para el Abastecimiento Soberano, publicada en Gaceta Oficial N° 41.005 del 07-10-2016, que acordó que las empresas que produjeran o importaran alimentos o productos de higiene y aseo regulados, debían vender hasta el 50% de los mismos al Ejecutivo Nacional para que este los distribuyera mediante los CLAP, creados durante la vigencia del decreto de excepción anterior.

demás actividades mineras ejecutadas en la Zona de Desarrollo Estratégico Nacional 'Arco Minero del Orinoco', (…) se destinarán hasta un sesenta por ciento (60%) al Fondo Nacional de Misiones" (artículo 1).

E. *Jornada laboral*

A diferencia del estado de excepción vigente de enero a mayo, en el que la reducción de la jornada laboral se justificó en el numeral 3 del decreto que permitía adoptar cualquier tipo de medidas, el Decreto N° 2.323 incluyó un numeral sobre la "implementación de las medidas necesarias para contrarrestar los efectos de los fenómenos climáticos, tales como el ajuste de la jornada laboral, tanto en el sector público como en el privado" (12 del artículo 2).

Sin embargo, los dos decretos por medio de los cuales se prorrogó el régimen especial de días no laborables (N° 2.337 y 2.360) en virtud de los cuales los colegios y liceos no tuvieron actividades dos viernes y la Administración Pública no laboró de miércoles a viernes por dos semanas, así como el Decreto N° 2.352 que estatuyó un horario para la Administración Pública Nacional de 8 am a 1 pm por veinte días, no se basaron en ese numeral sino en el artículo 3 del decreto, que facultaba al Ejecutivo para "dictar otras medidas de orden social, ambiental, económico, político y jurídico que estime convenientes a las circunstancias".

Estos decretos se fundamentaron en que "a pesar de las ingentes medidas implementadas por el Ejecutivo Nacional para solventar la crisis eléctrica, se mantienen las circunstancias" (decretos N° 2.337 y 2.352) y que "las condiciones de disponibilidad de agua de la represa de Guri han mejorado notablemente en virtud de las medidas implementadas por el Ejecutivo Nacional para solventar la crisis eléctrica" (Decreto N° 2.360).

Es decir, que tanto la *no mejora* de la circunstancia excepcional alegada, como la *mejora*, fue considerada por el Ejecutivo como muestra de la necesidad de mantener el régimen excepcional, con las connotaciones que de ello se derivaban según se vio al tratar el primer decreto de excepción nacional.

F. *Ambiente*

Finalmente encontramos el Decreto N° 2.412, dictado en aplicación del artículo 3 del estado de excepción, que prohibió el uso, tenencia, almacenamiento y transporte del mercurio como método de obtención o tratamiento del oro y cualquier otro mineral, en todas las etapas de la actividad minera que se desarrollen en el territorio nacional, por motivos de protección ambiental (artículo 1); reservando al Estado "el derecho al manejo y procesamiento y disposición de las arenas contaminadas de mercurio" (artículo 2).

Es decir, otra medida que podía adoptarse con base en la legislación vigente. Específicamente: la Ley Orgánica del Ambiente, la Ley de Aguas y el Decreto con Rango, Valor y Fuerza de Ley Orgánica que Reserva al Estado las Actividades de Exploración y Explotación del Oro y Demás Minerales Estratégicos.

3. *Decretos dictados bajo la tercera emergencia económica nacional (septiembre 2016-enero 2017)*

Durante la vigencia del Decreto N° 2.452 (originalmente, del 13-09-2016 al 12-11-2016 y prorrogado por Decreto N° 2.371 hasta el 12-01-2017), el Presidente de la República dictó cuarenta y seis decretos que hicieron alusión, de una u otra forma, a la emergencia económica[372], y que pueden agruparse de la siguiente forma:

A. *Presupuesto*

El Presidente de la República dictó veintiséis decretos mediante los cuales asignó recursos a diferentes órganos y entes de la Administración Pública Nacional (N° 2.454, 2.455, 2.456, 2.471, 2.491, 2.537, 2.543, 2.545, 2.549, 2.591, 2.596, 2.608), el Gobierno del Distrito Capital (N° 2.472, 2.525, 2.526, 2.527, 2.578, 2.579, 2.580, 2.582 y 2.598), el Territorio Insular Francisco de Miranda (N° 2.473, 2.581 y 2.597) y el Consejo Federal de Gobierno (N° 2.560 y 2.577), alcanzando –entre todos estos supuestos– la suma de Bs. 2.491.269.760.796,46

Ello con base en el numeral 11 del artículo 2 según el cual, el mandatario podía "[a]utorizar erogaciones con cargo al Tesoro Nacional y otras fuentes de financiamiento que no estén previstas en la Ley de Presupuesto, para optimizar la atención de la situación excepcional. En cuyo caso, los órganos y entes receptores de recursos ajustarán los correspondientes presupuestos de ingresos"; abstrayéndose así del control que, sobre esta materia, debe ejercer el Parlamento de acuerdo al texto constitucional.

---

[372] Véase el anexo 2 de esta investigación. Aunque el último de los decretos dictados fue identificado con el N° 54 "en el marco del estado de excepción y emergencia económica", se deja constancia que esta enumeración es bastante imprecisa ya que –al menos según se evidencia en la gaceta oficial– hay decretos que en su motivación hacen mención al Decreto N° 2.452 y no se enumeran dentro de este marco, así como decretos que se encuentran dentro del citado marco pero que en su motivación no aluden al estado de excepción.

Esto recursos estuvieron destinados tanto a proyectos puntuales –por ejemplo, el "Proyecto de Desarrollo Social Integral y su interrelación con el Cambio Climático en Cuencas Hidrográficas de los estados Lara y Falcón (PDELAFA)" y el "Proyecto de Desarrollo Social Integral y Sustentable para las Zonas Áridas de los estados Nueva Esparta y Sucre (PROSANESU)"– como a los gastos de personal generados por los diversos incrementos del salario mínimo nacional y el ajuste del ticket de alimentación, siendo prudente recordar que la Ley de Bono para Alimentos y Medicinas a Pensionados y Jubilados había sido rechazada durante este mismo año por ser catalogada como *económicamente inviable*, al no haberse previsto ese gasto en el presupuesto nacional.

Asimismo, y según adelantamos en páginas anteriores, el Presidente dictó el Presupuesto para el Ejercicio Económico Financiero 2017 y el Endeudamiento para el Ejercicio Económico Financiero 2017, ejerciendo así competencias que la Constitución de la República claramente atribuye a la Asamblea Nacional y que no podían ser despojadas siquiera en caso de verdadera excepción, a pesar de que el Ejecutivo contara para ello con la venia de la SC/TSJ.

B. *Tributos*

Dada la falta de papel moneda y billetes de alta denominación en el país –punto que trataremos más adelante– el Presidente de la República decretó una disminución del 2 % del gravamen del Impuesto al Valor Agregado (IVA), siempre que la adquisición del bien o del servicio se pagase haciendo uso de medios electrónicos; teniendo esta rebaja una vigencia de noventa días (artículo 5), por lo que se prorrogaría más allá de la vigencia del decreto de excepción.

Sobre esta medida, al igual que como hicimos en acápites anteriores al hacer mención del impuesto sobre la renta, se hace imperioso precisar que se trató de un actuar que podía ser implementado con base en la legislación ordinaria –en particular: el Decreto con Rango, Valor y Fuerza de Ley que Establece el Impuesto al Valor Agregado– pues, según el artículo 27 de esta norma, corresponde al Ejecutivo Nacional determinar la alícuota impositiva, pudiendo "establecer alícuotas distintas para determinados bienes y servicios, pero las mismas no podrá exceder los límites previstos en este artículo".

Es decir, que no era necesario acudir al derecho de excepción.

C. *Salario y bono de alimentación*

Por medio de los decretos N° 2.504 y 2.660 –el último del tercer estado de excepción nacional–, el Presidente de la República aprobó aumentos del 20 % y el 50 % del salario mínimo nacional, a lo que hemos de agregar el Decreto N° 2.505 –por el que se aumentó la base de cálculo para el pago del Cestaticket Socialista– y el N° 2.511, que hizo lo propio con la Tarjeta de las Misiones Socialistas para los Hogares de la Patria.

Sobre estos decretos repetimos las consideraciones que efectuamos en el acápite anterior, vista la *no necesidad* de acudir a la figura del estado de excepción para su adopción, por responder a medidas que podían dictarse conforme al ordenamiento jurídico ordinario.

D. *Organización administrativa*

Con base en el tercer estado de excepción nacional el Presidente de la República, siguiendo el que había sido su actuar según los dos anteriores, dictó varios decretos referidos a autoridades únicas regionales y federales para atender asuntos relacionados con los puertos y el sector salud (decretos N° 2.481, 2.553 y 2.655).

Adicionalmente, creó la comisión presidencial denominada "Órgano Superior de la Misión Transporte" y el *conglomerado de empresas públicas* "Corporación de Servicios del Estado Venezolana de Servicios Tecnológicos para Equipos de Salud", autorizándose por otra parte la modificación de una empresa del Estado –a saber: la Corporación Nacional de Insumos para la Salud C.A.– e incorporándose a otra empresa la gestión y operación de determinados bienes públicos.

Es decir, asuntos que tampoco requerían de la existencia de un estado de excepción para su adopción por ser supuestos previstos en el DRVF-LOAP y otras normativas vigentes.

Aunada a estas medidas encontramos la creación de los Consejos Productivos de Trabajadores (CPT) que, según la motivación presidencial, respondían a la necesidad de "tomar medidas organizativas y estructurales que garanticen el desarrollo de un marco estratégico con el objeto de dar profundidad a los planes sociales dirigidos por el Estado, (…) donde los seres humanos laboren con la finalidad de dotar a la población de los bienes y servicios necesarios para su existencia y desarrollo social".

A los efectos de estas líneas, bastará con mencionar que estos consejos han sido calificados en el foro como inconstitucionales por vulnerar –entre otros– el derecho a la libertad de asociación y la libertad de empresa[373] que, si

---

[373] Véase José Ignacio Hernández: *¿Qué son los Consejos Productivos de los Trabajadores anunciados por Nicolás Maduro?*

bien pueden ser restringidas en un estado de excepción, por disposición constitucional se requiere que la forma en cómo se materializará esa restricción se encuentre regulada en el decreto de excepción.

Cuestión que no ocurre en el presente caso a pesar de que el Presidente de la República invocó una amplia variedad de artículos y numerales del decreto de excepción, paseándose –entre otros– por la posibilidad de "[e]stablecer las regulaciones excepcionales y transitorias necesarias para garantizar el impulso de los motores: Agroalimentario, de Producción y Distribución (…)" y "[d]ictar los lineamientos que correspondan en materia de procura nacional o internacional de bienes o suministros esenciales para garantizar la salud, la alimentación y el sostenimiento de servicios básicos en todo el territorio nacional" (numerales 2 y 16 del artículo 2), y "dictar otras medidas de orden social, económico, político y jurídico que estime convenientes a las circunstancias (…) con la finalidad de resolver la situación extraordinaria y excepcional" (artículo 3).

E. *Agricultura y ganadería*

Dos fueron los decretos dictados en esta área: el N° 2.496, mediante el cual se afectaron "al desarrollo de la agricultura urbana, los espacios públicos ubicados en los centros urbanos, que se encuentren libres, ociosos o abandonados, para que sean aprovechados para el cultivo y producción de alimentos", y el N° 2.533, mediante el cual se establecieron "las condiciones para el desarrollo de la producción porcina de bajo impacto ambiental, sanitario y público en las zonas urbanas, periurbanas y rurales del país, a fin de fomentar el fácil acceso de proteína de origen animal a la población en general, impulsando la producción familiar y colectiva".

Del primero de estos decretos interesa destacar que, entre los bienes afectados, se encuentran "[e]spacios públicos y terrenos estadales" y "[t]errenos municipales", así como "[o]tros terrenos que el Ministerio del Poder Popular de Agricultura Urbana determine aptos para el desarrollo del Plan" (numerales 1, 3 y 4 del artículo 2), por lo que la norma podría dar cabida a la violación del derecho de propiedad previsto en el artículo 115 de la Constitución de la República, siendo prudente indicar que la requisición de bienes, aun cuando es posible en un estado de excepción según se vio, requiere que se cumplan las pautas previstas por el legislador en los artículos 24 y 25 de la LOEE.

Por su parte, el decreto sobre la producción porcina de bajo impacto ambiental pudo haberse adoptado tomando como base la Ley Orgánica del Ambiente, que otorga al Presidente de la República la "suprema dirección de la política nacional sobre el ambiente" (artículo 4), tratándose en consecuencia de otro acto que no requiere ser fundamentado en el estado de excepción.

F. *Cono monetario*

Por último encontramos los decretos referidos a la salida de circulación del billete de cien bolívares, originalmente en un plazo de setenta y dos horas desde la publicación del decreto en la gaceta oficial (Decreto N° 2.589) pero que ha sido prorrogada de forma sucesiva según se evidencia en los decretos N° 2.603 y 2.610.

Según manifestó el Ejecutivo Nacional, esta medida respondía al hecho que se requería "tomar medidas urgentes para garantizar y defender la estabilidad económica, evitar su vulnerabilidad y velar por la estabilidad monetaria y de precio, que asegure el bienestar Social", dado que "un sector inescrupuloso enemigo de la Patria" había "emprendido un fuerte ataque a la moneda venezolana, aplicando métodos ilegales de acaparamiento y extracción del país del papel moneda del curso legal (...) con la intención de desestabilizar el Sistema Financiero venezolano".

Al respecto, consideramos prudente recordar que según la Constitución de la República, "[l]as competencias monetarias del Poder Nacional serán ejercidas de manera exclusiva y obligatoria por el Banco Central de Venezuela" (encabezado del artículo 318), por lo que, atendiendo al único aparte del artículo 339 de la CRBV – "[l]a declaración del estado de excepción no interrumpe el funcionamiento de los órganos del Poder Público"–, no le era posible al Presidente de la República dictar esta medida. Mucho menos, con el grado de imprevisibilidad y falta de planificación que tuvo que, lejos de defender la "calidad de vida de los venezolanos" como se propugnaba el decreto, más bien fomentó la crisis económica[374].

---

[374] Véase *BBC* (2016, 17 de diciembre). "'Es el caos total: la tensa situación de Venezuela sin billetes deriva en protestas, saqueos e interminables filas".

EPÍLOGO:
EL CUARTO DECRETO NACIONAL

Iniciamos esta investigación haciendo referencia a la noche del 21-08-2015 cuando, el Presidente de la República, anunció la existencia del primer estado de excepción *con restricción expresa de garantías* bajo la vigencia de la CRBV.

Recuérdese que no era el primer estado de excepción *en general* pues, como vimos, el derecho de excepción ya se había aplicado en nuestro país durante el siglo XXI para atender circunstancias naturales y la crisis del servicio de energía eléctrica; aunque en ninguna de esas oportunidades se le dio el tratamiento debido a los decretos.

Lo anterior, visto que aun cuando ellos invocaban los artículos 337 y 338 de la CRBV o mencionaban que se trataba de un estado de excepción, ni la Asamblea Nacional ni la SC/TSJ –al menos según se evidencia en la gaceta oficial– ejercieron los controles que les atribuyó el Constituyente; lo que sin duda ayudó a que los efectos y la propia existencia de estos decretos fueran, de cierta forma, desconocidos.

En este orden de ideas, los decretos de excepción en la frontera se diferenciaron de los ocho anteriores, dictados post Constitución de 1999, en que el actuar del Ejecutivo no solo fue *controlado* por las otras dos manifestaciones clásicas del Poder Público –aunque tal control, como también se vio, haya sido prácticamente inexistente al consistir en una mera convalidación del actuar del Presidente de la República, sin entrar a conocer la validez de los fundamentos de hecho y de derecho de los decretos, ni si las medidas adoptadas cumplían con los principios de necesidad, temporalidad y proporcionalidad estudiados al inicio de este trabajo– sino que dio lugar a múltiples declaraciones de voceros del oficialismo y la oposición, organizaciones nacionales e internacionales de protección de los derechos humanos que revelaron cómo se estaban violentando los mismos en la frontera –en especial, con la deportación masiva de colombianos y la destrucción de sus hogares, sin atender al debido proceso– e, incluso, profesionales del Derecho que abogaban por la inconstitucionalidad de las declaratorias de excepción por los motivos a los que hicimos referencia a lo largo de esta investigación.

No obstante, los decretos siguieron vigentes y fueron prorrogados, extendiéndose hasta abarcar toda la frontera colombo-venezolana, menos a los municipios Autana, Atabapo, Maroa y Rio Negro del estado Amazonas.

Fueron ocho decretos de excepción que incluyeron a veinticuatro municipios, distribuidos en cuatro estados del país, y que restringieron garantías tan importantes como el libre tránsito, el derecho de reunión y manifestación, la inviolabilidad del hogar y los recintos privados y la libertad económica para, según la motivación de los decretos, atender la violencia en la frontera y garantizar el acceso de las personas a bienes y servicios, vista la imperante escasez que afectaba –y afecta– al país.

En esa ocasión, sin embargo, la opinión generalizada era que por medio de la excepción, en realidad, no se pretendía garantizar el artículo 112 de la CRBV (acceso a bienes y servicios de calidad) y el orden público sino, más bien, impedir la celebración de los comicios del 06-12-2015, cuando se elegirían a los diputados de la Asamblea Nacional para el período 2016-2021[375].

Esta preocupación no se materializó en esa oportunidad[376], pero la *caja de Pandora* de los estados de excepción había sido abierta y el Ejecutivo Nacional, junto a sus partidarios, era enfático en que no tenía intenciones de dejar de aplicar la figura. Esta vez, sin circunscribirse a la frontera.

---

[375] Véase *El Universal* (2015, 26 de octubre). "Amplían estado de excepción a frontera amazónica con Colombia" y *El Universal* (2015, 28 de octubre). "CIDH teme por efectos del estado de excepción sobre la campaña electoral". Esto fue negado por el Ejecutivo Nacional que afirmó, en reiteradas ocasiones, que "el Estado [sic] de excepción en los municipios fronterizos no es obstáculo alguno para que cada quien vaya a ejercer su derecho soberano". *El Universal* (2015, 06 de diciembre). "Padrino López: Estado de excepción no es obstáculo para ejercer el voto".

[376] Como sostuvimos en G. Sira Santana: "La restricción de garantías y el estado de excepción en la frontera colombo-venezolana", *Revista de Derecho Público* N° 143-144, Editorial Jurídica Venezolana, Caracas, 2015, pp. 51-77, al revisar los resultados oficiales de esta elección –haciendo abstracción de si favorecían a una u otra tendencia– la participación nacional fue del 74,25 % y en cinco de los municipios bajo excepción (todos del estado Táchira) ese porcentaje fue superior, llegando incluso al 81 %. En igual sentido, si bien en algunos municipios la participación fue bastante inferior al porcentaje nacional (caso del municipio Bolívar del estado Táchira con 51 %, por ejemplo), al consultarse cuál fue esta en los comicios más recientes (elecciones municipales del año 2013), encontramos que ella aumentó en un 15 %; por lo que ante el supuesto hipotético de que el estado de excepción haya nacido con la intención de generar un efecto negativo en la participación electoral, quedaría más que demostrado que el objetivo no fue alcanzado.

Así lo demostró en el mes de enero de 2016 cuando decretó la primera emergencia económica en todo el territorio nacional, prorrogada en el mes de marzo, y que fue sucedida por una segunda emergencia económica nacional en el mes de mayo que, gracias a su prórroga en el mes julio, se extendió hasta mediados de septiembre; cuando fue dictada un nuevo estado de excepción (el tercero consecutivo) que también sería prorrogado hasta mediados de enero de 2017.

Se trataba de estados de excepción que, según se vio, nuevamente pretendían garantizar el artículo 112 de la CRBV y atender las situaciones que amenazaban el orden público y la paz social, producto de fenómenos naturales, grupos criminales y –visto su cambio de conformación política– la Asamblea Nacional, que a pesar de haber sido electa por la población venezolana y ser la manifestación del Poder Legislativo a nivel nacional según la CRBV, el Ejecutivo ahora aseveraba que ella era uno de los principales partícipes en la *guerra económica* y, por ende, sus atribuciones constitucionales habían de ser limitadas y suspendidas; pues solo así se lograría controlar la circunstancia extraordinaria que había dado cabida al estado de excepción.

De este modo, el Presidente de la República *asumió* –o, mejor dicho, usurpó– las competencias de la Asamblea Nacional para, entre otros, aprobar créditos y recursos no previstos en la ley de presupuesto, celebrar contratos de interés público, decidir cuándo es que las mociones de censura surtirían efectos, y legislar sobre determinadas materias del acontecer nacional.

Lo anterior, con la anuencia de la SC/TSJ que llevaba a cabo su propia cruzada para disolver *de facto* a la Asamblea Nacional[377], y dentro de una multiplicidad de decretos que se dictaron "en el marco de la emergencia económica" que, entendemos, no tuvieron otra razón de ser que hacer ver a nivel nacional e internacional que el estado de excepción era necesario para adoptar esas medidas *en beneficio del interés general*, cuando lo cierto del caso es que la gran mayoría de estas políticas públicas –exceptuando, claro está, las que se dictaron para atentar contra la Asamblea Nacional, que tampoco podían decretarse válidamente en un estado de excepción visto que esta circunstancia no interrumpe el funcionamiento de los órganos del Poder Público– podían implementarse con base en el ordenamiento jurídico ordinario, tal como quedó demostrado a lo largo de esta investigación.

Y este régimen de excepción –que esperábamos, ilusamente, llegaría a su fin en enero de 2017, cuando se venciera la prórroga del tercer decreto– no parece que esté próximo a acabar.

Muestra de ello es que, cuando ya habíamos terminado esta investigación, el Presidente de la República dictó el Decreto N° 2.667, publicado en Gaceta Oficial N° 41.074 del 13-01-2017, mediante el cual declaró una nueva emergencia económica en todo el territorio nacional –la cuarta, a la fecha– "dadas las circunstancias extraordinarias en el ámbito social económico y político que afectan el orden

---

[377] Véase Gabriel Sira Santana: "La Asamblea Nacional según el Tribunal Supremo de Justicia, luego de las elecciones parlamentarias del año 2015", *Revista de Derecho Público* N° 145-146, Editorial Jurídica Venezolana, Caracas, 2016. (En imprenta al momento de redactar estas líneas).

constitucional, la paz social, la seguridad de la Nación, las instituciones públicas y a los ciudadanos" –es decir, la misma causa que en las tres emergencias anteriores– "a fin de que el Ejecutivo Nacional adopte las medidas urgentes, contundentes, excepcionales y necesarias, para asegurar a la población el disfrute pleno de sus derechos, preservar el orden interno, el acceso oportuno a bienes, servicios, alimentos, medicinas y otros productos esenciales para la vida". Nuevamente, el mismo fin que se perseguía con los tres decretos anteriores.

Conforme a este nuevo decreto, que repite el fundamento normativo de sus predecesores, a pesar de los *buenos oficios* del *Gobierno* nacional, la emergencia persiste ya que los sectores "adversos a cualquier política pública de protección al Pueblo venezolano (…) mantienen el asedio contra la economía venezolana, manifestando nuevas y perversas formas de ataque" y "la mayoría circunstancial de diputados a la Asamblea Nacional ha efectuado una serie de actos fraudulentos y simulaciones de situaciones jurídicas para engañar a la comunidad nacional e internacional sobre la base de la presunta ejecución de actos con los cuales pretenden la destitución y el desconocimiento de las máximas autoridades" del Poder Público venezolano.

Así las cosas, siendo un "deber del Gobierno Nacional aportar todo esfuerzo a su alcance para la recuperación económica del País y el impulso del modelo económico productivo, sustentable e independiente", no queda otra opción que decretar la emergencia, pudiendo "ser restringidas las garantías para el ejercicio de los derechos consagrados en la Constitución de la República".

Como puede observar el lector: nada nuevo. Y nada novedosas son tampoco las medidas que puede adoptar el Presidente de la República con base en este estado de excepción, pudiendo apuntarse como lo único diferente que se previó el "[a]utorizar de manera excepcional y temporal operaciones de comercialización y distribución de bienes y servicios en las zonas fronterizas, bajo regímenes especiales monetarios, cambiarios, fiscales y de seguridad integral" (numeral 5 del artículo 2) y, preparándose para una nueva arremetida contra la Asamblea Nacional: "[a]probar la formulación presupuestaria del Banco Central de Venezuela cuando el órgano a quien correspondiere dicha aprobación se encuentre inhabilitado legal o judicialmente para hacerlo" y "[f]acultar a la Administración Tributaria para reajustar la Unidad Tributaria (U.T.), con base a los análisis técnicos que correspondan, prescindiendo de cualquier trámite que involucre a otros Poderes Públicos, cuando éstos se encuentren inhabilitados legal o judicialmente para hacerlo" (numerales 10 y 12 del artículo 2).

Asimismo, y como parte de la clara intención de usar los estados de excepción no como un mecanismo para lograr la vuelta ordenada a la constitucionalidad, como plantea la doctrina, sino para aniquilar a la Asamblea Nacional, el Presidente de la República, si bien incluyó un artículo anunciando que el decreto sería remitido a la SC/TSJ "a los fines de que se pronuncie sobre su constitucionalidad", obvió todo pronunciamiento sobre la remisión que, de acuerdo a la Constitución de la República, debe hacer a la Asamblea Nacional.

No obstante la omisión anterior, se tiene conocimiento que el Parlamento, nuevamente, desaprobó el decreto[378] y la SC/TSJ, también nuevamente, lo declaró constitucional pues "el Decreto en cuestión cumple con los

---

[378] *El Nacional* (2017, 17 de enero). "Asamblea desaprobó extensión de Decreto de Emergencia Económica".

principios y normas contenidas en la Constitución de la República Bolivariana de Venezuela, en tratados internacionales sobre derechos humanos válidamente suscritos y ratificados por la República, y en la Ley Orgánica sobre Estados de Excepción"[379], a pesar de que, como en todos los decretos anteriores, ella no efectuó un verdadero control sino se limitó a repetir lo dicho por el Ejecutivo Nacional.

En cualquier caso, a la fecha de cierre de esta investigación solo habían circulado tres decretos basado en esta nueva excepción: el N° 2.671[380], mediante el cual se volvió a prorrogar –en esta ocasión, hasta el 20-02-2017– la circulación del billete de cien bolívares; el N° 2.675[381], por el que se concedieron los Honores del Panteón a Fabricio Ojeda visto que, aunque ello es una competencia de la Asamblea Nacional según el numeral 15 del artículo 187 de la CRBV, al encontrarse esta en desacato sus actuaciones eran invalidas y habrían de ser asumidas por el Ejecutivo Nacional[382], con inclusión de sus labores administra-

---

[379] Fallo N° 4 del 19-01-2017 (caso: *Decreto 2.667*).

[380] Publicado en Gaceta Oficial N° 41.075 del 16-01-2017.

[381] Publicado en Gaceta Oficial N° 41.076 del 17-01-2017.

[382] Al respecto, la SC/TSJ en fallo N° 6 del 20-01-2017 (*caso: Nicolás Maduro*) señaló que "[s]i se sigue el criterio de la interpretación literal de la norma contenida en el artículo 187.15 de la Constitución de la República Bolivariana de Venezuela, no se podría en ningún caso conceder los honores del Panteón Nacional mencionados, pero si se interpreta el mencionado artículo desde la dimensión del Estado de Justicia, se puede entender que la situación de desacato de la Asamblea Nacional no limita la actuación del funcionamiento del Estado, máxime cuando se trata de honrar la memoria de ciudadanos que prestaron servicios eminentes a la República, como es el caso del ciudadano Fabricio Ojeda, lo que pone de

tivas[383]; y el N° 2.680[384], que acordó la exoneración del pago del impuesto sobre la renta hasta por 6.000 Unidades Tributarias.

Como vemos, son decretos que o bien podían dictarse siguiendo las disposiciones del derecho *no excepcional* (caso *ISLR*) o que ello no era posible ni en caso de una verdadera excepción dada la no interrupción del funcionamiento del resto del Poder Público (caso de los billetes en relación con el Banco Central de Venezuela y de los Honores del Panteón respecto a la Asamblea Nacional).

Ya para finalizar, al inicio de esta investigación trajimos a colación una cita de ZOVATTO para quien un estado de emergencia prolongado indefinidamente se presta a que se cometan violaciones sistemáticas y generalizadas de derechos humanos. Hoy, lamentablemente, tal como lo fue en el siglo pasado, Venezuela vuelva a ser un ejemplo de la veracidad de esta afirmación.

Así las cosas, y siendo el momento de concluir esta investigación, quisiéramos señalar que hace ya más de veinte años, en su libro "Dictadura Constitucional y Libertades Públicas", Jesús María Casal apuntó que:

___

manifiesto la preeminencia de los derechos humanos, incluso sobre reglas formales de imposible cumplimiento, como es el acuerdo de un Poder Legislativo Nacional colocado en situación de desacato, cuyos actos son inválidos".

[383] En fallo N° 5 del 19-01-2017 (caso: *Juan Roa y otros*), la SC/TSJ declaró que correspondía al "Ejecutivo Nacional el pago oportuno de los salarios de los trabajadores de dicho órgano legislativo, mientras la Asamblea Nacional se mantenga en desacato".

[384] Publicado en Gaceta Oficial N° 41.077 del 18-01-2017.

Si en una materia constitucional es fundamental que exista una claridad en la regulación jurídica es justamente en la relativa al derecho de excepción, puesto que las amplias potestades que éste otorga al Ejecutivo durante los estados excepcionales, suelen traducirse en abusos cuando ni los ciudadanos, ni los funcionarios encargados de la ejecución de esa legalidad extraordinaria, ni los jueces que han de controlarla, conocen el ámbito del ejercicio lícito de esos poderes y sus límites constitucionales[385].

Es nuestro deseo que, con la investigación cuyos resultados presentamos en estas páginas, hayamos ayudado al lector a conocer y profundizar sobre el derecho de excepción venezolano a partir de la Constitución de 1999, a fin de evitar que en el futuro –esperamos, inmediato– se materialicen nuevos abusos por parte del Poder Público y en detrimento de los particulares.

Caracas, 20 de enero de 2017

---

[385] José María Casal: *Dictadura constitucional y libertades públicas…* *op. cit.*, p. 17.

ANEXO

ACTOS PUBLICADOS EN GACETA OFICIAL

I. EN RELACIÓN CON EL ESTADO DE EXCEPCIÓN EN LA FRONTERA COLOMBO-VENEZOLANA[386]

1. *Municipios Bolívar, Pedro María Ureña, Junín, Capacho Nuevo, Capacho Viejo y Rafael Urdaneta (estado Táchira)*

Poder Ejecutivo

a. Gaceta Oficial N° 6.194 Extraordinario del 21-08-2015. Decreto N° 1.950 mediante el cual se declara el estado de excepción en los municipios Bolívar, Pedro María Ureña, Junín, Capacho Nuevo, Capacho Viejo y Rafael Urdaneta del estado Táchira.

b. Gaceta Oficial N° 40.732 del 26-08-2015. Decreto N° 1.956 mediante el cual se nombra a Carlos Alberto Martínez Stapulionis como Autoridad Única de la Zona Uno, área determinada por los límites político-territoriales de los municipios que en él se indican del estado Táchira.

c. Gaceta Oficial N° 40.769 del 19-10-2015. Decreto N° 2.054 mediante el cual se prorroga por 60 días el plazo establecido en el Decreto N° 1.950.

---

[386] El contenido de estos actos puede ser consultado en G. Sira Santana: *El estado de excepción fronterizo y la Gaceta Oficial*, Centro para la Integración y el Derecho Público, Caracas, 2017. Esta obra se encuentra disponible en www.cidep.com.ve.

Poder Legislativo

a. Gaceta Oficial N° 40.731 del 25-08-2015. Acuerdo que aprueba, en todas y cada una de sus partes, el Decreto N° 1.950.

b. Gaceta Oficial N° 40.776 del 28-10-2015. Acuerdo que aprueba, en todas y cada una de sus partes, el Decreto N° 2.054.

Poder Judicial

a. Gaceta Oficial N° 40.735 del 31-08-2015. Fallo de SC/ TSJ que declara la constitucionalidad del Decreto N° 1.950.

b. Gaceta Oficial N° 40.780 del 03-11-2015. Fallo de SC/ TSJ que declara la constitucionalidad del Decreto N° 2.054.

2. *Municipios Lobatera, Panamericano, García de Hevia y Ayacucho (estado Táchira)*

Poder Ejecutivo

a. Gaceta Oficial N° 40.735 del 31-08-2015. Decreto N° 1.969 mediante el cual se declara el estado de excepción en los municipios Lobatera, Panamericano, García de Hevia y Ayacucho del estado Táchira.

b. Gaceta Oficial N° 40.736 del 01-09-2015. Decreto N° 1.970 mediante el cual se nombra a Luis Rodolfo Arrieta Suárez como Autoridad Única de la Zona Dos, área determinada por los límites político-territoriales de los municipios que en él se indican del estado Táchira.

c. Gaceta Oficial N° 40.777 del 29-10-2015. Decreto N° 2.076 mediante el cual se prorroga por 60 días el plazo establecido en el Decreto N° 1.969.

Poder Legislativo

a. Gaceta Oficial N° 40.737 del 02-09-2015. Acuerdo que aprueba, en todas y cada una de sus partes, el Decreto N° 1.969.

EL ESTADO DE EXCEPCIÓN A PARTIR DE LA CONSTITUCIÓN DE 1999

b.   Gaceta Oficial N° 40.781 del 04-11-2015. Acuerdo que aprueba, en todas y cada una de sus partes, el Decreto N° 2.076.

Poder Judicial

a.   Gaceta Oficial N° 40.742 del 09-09-2015. Fallo de SC/ TSJ que declara la constitucionalidad del Decreto N° 1.969.

b.   Gaceta Oficial N° 40.797 del 26-11-2015. Fallo de SC/ TSJ que declara la constitucionalidad del Decreto N° 2.076.

3.   *Municipios Indígena Bolivariano Guajira, Mara y Almirante Padilla (estado Zulia)*

Poder Ejecutivo

a.   Gaceta Oficial N° 40.740 del 07-09-2015. Decreto N° 1.989 mediante el cual se declara el estado de excepción en los municipios Indígena Bolivariano Guajira, Mara y Almirante Padilla del estado Zulia.

b.   Gaceta Oficial N° 40.741 del 08-09-2015. Decreto N° 1.992 mediante el cual se nombra a Carlos Rafael Suárez Medina como Autoridad Única de la Zona Tres, área determinada por los límites político-territoriales de los municipios que en él se indican del estado Zulia.

c.   Gaceta Oficial N° 40.782 del 05-11-2015. Decreto N° 2.089 mediante el cual se prorroga por 60 días el plazo establecido en el Decreto N° 1.989.

Poder Legislativo

a.   Gaceta Oficial N° 40.742 del 09-09-2015. Acuerdo que aprueba, en todas y cada una de sus partes, el Decreto N° 1.989.

Poder Judicial

a.   Gaceta Oficial N° 40.747 del 16-09-2015. Fallo de SC/ TSJ que declara la constitucionalidad del Decreto N° 1.989.

b.   Gaceta Oficial N° 40.797 del 26-11-2015. Fallo de SC/ TSJ que declara la constitucionalidad del Decreto N° 2.089.

4. *Municipios Machiques de Perijá, Rosario de Perijá, Jesús Enrique Lossada y La Cañada de Urdaneta (estado Zulia)*

Poder Ejecutivo

a. Gaceta Oficial N° 40.746 del 15-09-2015. Decreto N° 2.013 del Presidente de la República, mediante el cual se declara el estado de excepción en los municipios Machiques de Perijá, Rosario de Perijá, Jesús Enrique Lossada y la Cañada de Urdaneta del estado Zulia.

b. Gaceta Oficial N° 40.747 del 16-09-2015. Decreto N° 2.017 del Presidente de la República, mediante el cual se nombra a Elías Antonio Moreno Martínez Autoridad Única de la Zona Cuatro, área determinada por los límites político-territoriales de los municipios que en él se indican del estado Zulia.

c. Gaceta Oficial N° 40.788 del 13-11-2015. Decreto N° 2.095 del Presidente de la República, mediante el cual se prorroga por 60 días el plazo establecido en el Decreto N° 2.013.

Poder Legislativo

a. Gaceta Oficial N° 40.748 del 17-09-2015. Acuerdo que aprueba, en todas y cada una de sus partes, el Decreto N° 2.013.

Poder Judicial

a. Gaceta Oficial N° 40.752 del 23-09-2015. Fallo de SC/ TSJ que declara la constitucionalidad del Decreto N° 2.013.

b. Gaceta Oficial N° 40.805 del 08-12-2015. Fallo de SC/ TSJ que declara la constitucionalidad del Decreto N° 2.095.

5. *Municipios Catatumbo, Jesús María Semprún y Colón (estado Zulia)*

Poder Ejecutivo

a. Gaceta Oficial N° 40.746 del 15-09-2015. Decreto N° 2.014 del Presidente de la República, mediante el cual se declara el estado de excepción en los municipios Catatumbo, Jesús María Semprún y Colón del Estado Zulia.

b. Gaceta Oficial N° 40.747 del 16-09-2015. Decreto N° 2.018 del Presidente de la República, mediante el cual se nombra a Carlos Miguel Yanes Figueredo Autoridad Única de la Zona Cinco, área determinada por los límites político-territoriales de los municipios que en él se indican del estado Zulia.

c. Gaceta Oficial N° 40.788 del 13-11-2015. Decreto N° 2.096 del Presidente de la República, mediante el cual se prorroga por 60 días el plazo establecido en el Decreto N° 2.014.

Poder Legislativo

a. Gaceta Oficial N° 40.748 del 17-09-2015. Acuerdo que aprueba, en todas y cada una de sus partes, el Decreto N° 2.014.

Poder Judicial

a. Gaceta Oficial N° 40.751 del 22-09-2015. Fallo de SC/ TSJ que declara la constitucionalidad del Decreto N° 2.014.

b. Gaceta Oficial N° 40.805 del 08-12-2015. Fallo de SC/ TSJ que declara la constitucionalidad del Decreto N° 2.096.

6. *Municipio Páez (estado Apure)*

Poder Ejecutivo

a. Gaceta Oficial N° 40.746 del 15-09-2015 (reimpreso en N° 40.747 del 16-09-2015). Decreto N° 2.015 mediante el cual se declara el estado de excepción en el municipio Páez del estado Apure.

b. Gaceta Oficial N° 40.747 del 16-09-2015. Decreto N° 2.019 mediante el cual se nombra a Antonio José Clemente Carreño Autoridad Única de la Zona Seis, área determinada por los límites político-territoriales del municipio Páez del estado Apure.

c. Gaceta Oficial N° 40.788 del 13-11-2015. Decreto N° 2.097 mediante el cual se prorroga por 60 días el plazo establecido en el Decreto N° 2.015.

Poder Legislativo

a.   Gaceta Oficial N° 40.748 del 17-09-2015. Acuerdo que
     aprueba, en todas y cada una de sus partes, el Decreto N°
     2.015.

Poder Judicial

a.   Gaceta Oficial N° 40.751 del 22-09-2015. Fallo de SC/ TSJ
     que declara la constitucionalidad del Decreto N° 2.015.

b.   Gaceta Oficial N° 40.805 del 08-12-2015. Fallo de SC/ TSJ
     que declara la constitucionalidad del Decreto N° 2.097.

**7.   _Municipios Rómulo Gallegos y Pedro Camejo (estado
       Apure)_**

Poder Ejecutivo

a.   Gaceta Oficial N° 40.746 del 15-09-2015. Decreto N° 2.016
     mediante el cual se declara el estado de excepción en los
     municipios Rómulo Gallegos y Pedro Camejo del estado
     Apure.

b.   Gaceta Oficial N° 40.747 del 16-09-2015. Decreto N° 2.020
     mediante el cual se nombra a Johny Orlando Sandia San-
     tiago Autoridad Única de la Zona Siete, área determinada
     por los límites político-territoriales de los municipios que
     en él se indican del estado Apure.

c.   Gaceta Oficial N° 40.788 del 13-11-2015. Decreto N° 2.098
     mediante el cual se prorroga por 60 días el plazo estableci-
     do en el Decreto N° 2.016, de fecha 15-09-2015.

Poder Legislativo

a.   Gaceta Oficial N° 40.748 del 17-09-2015. Acuerdo que
     aprueba, en todas y cada una de sus partes, el Decreto N°
     2.016.

Poder Judicial

a.   Gaceta Oficial N° 40.752 del 23-09-2015. Fallo de SC/ TSJ
     que declara la constitucionalidad del Decreto N° 2.016.

b. Gaceta Oficial N° 40.805 del 08-12-2015. Fallo de SC/ TSJ que declara la constitucionalidad del Decreto N° 2.098.

8. *Municipio Atures (estado Amazonas)*

Poder Ejecutivo

a. Gaceta Oficial N° 40.773 del 23-10-2015. Decreto N° 2.071 mediante el cual se declara el estado de excepción en el municipio Atures del estado Amazonas.

b. Gaceta Oficial N° 40.773 del 23-10-2015. Decreto N° 2.072 mediante el cual se nombra a Juan Carlos Caraballo como Autoridad Única de la Zona Ocho, área determinada por los límites político-territoriales del municipio Atures del estado Amazonas.

c. Gaceta Oficial N° 6.206 Extraordinario del 23-12-2015. Decreto N° 2.157 mediante el cual se prorroga por 60 días el plazo establecido en el Decreto N° 2.071.

Poder Legislativo

a. Gaceta Oficial N° 40.776 del 28-09-2015. Acuerdo que aprueba, en todas y cada una de sus partes, el Decreto N° 2.071.

Poder Judicial

a. Gaceta Oficial N° 40.784 del 09-11-2015. Fallo de SC/ TSJ que declara la constitucionalidad del Decreto N° 2.071.

b. Gaceta Oficial N° 40.838 del 28-01-2016. Fallo de SC/ TSJ que declara la constitucionalidad del Decreto N° 2.157.

9. *Otros Actos de Interés*

a. Gaceta Oficial N° 40.734 del 28-08-2015. Decreto N° 1.959 mediante el cual se crea el Registro Único para la Restitución de los Derechos Sociales y Económicos en la Frontera.

b. Gaceta Oficial N° 40.728 del 20-08-2015. Resolución Conjunta de los ministerios de relaciones interiores y para la

311

defensa, que ordena al Comando Estratégico Operacional de la Fuerza Armada Nacional, que gire instrucciones a los Comandantes de las Regiones de Defensa Integral, para restringir el desplazamiento fronterizo de personas, tanto por vía terrestre, aérea y marítima, así como el paso de vehículos, por un lapso de 72 horas, con el objeto de resguardar la inviolabilidad de las fronteras y prevenir actividades de personas que pudiesen representar amenazas a la seguridad de la República, de conformidad con los parámetros de actuación de los órganos de seguridad del Estado.

c. Gaceta Oficial N° 40.734 del 28-08-2015. Resolución Conjunta de los ministerios de relaciones interiores y para la defensa, que prorroga hasta tanto el Ejecutivo Nacional decida levantar la medida, la vigencia de la Resolución Conjunta del 20-08-2015.

d. Gaceta Oficial N° 40.734 del 28-08-2015 (reimpreso en N° 40.735 del 31-08-2015). Resolución Conjunta de los ministerios de relaciones interiores y para la defensa, que ordena al Comando Estratégico Operacional de la Fuerza Armada Nacional, que gire instrucciones pertinentes a los Comandantes de las Regiones de Defensa Integral, para restringir el desplazamiento fronterizo de personas, tanto por vía terrestre, aérea y marítima, así como el paso de vehículos, en los municipios que en ella se especifican del estado Táchira.

e. Gaceta Oficial N° 40.740 del 07-09-2015. Resolución Conjunta de los ministerios de relaciones interiores y para la defensa que ordena al Comando Estratégico Operacional de la Fuerza Armada Nacional, que gire instrucciones pertinentes a los Comandantes de las Regiones de Defensa Integral, para restringir el desplazamiento fronterizo de personas, tanto por vía terrestre, aérea y marítima, así como el paso de vehículos, en los municipios que en ella se especifican del estado Zulia.

f. Gaceta Oficial N° 40.746 del 15-09-2015. Resolución Conjunta de los ministerios de relaciones interiores y para la defensa que ordena al Comando Estratégico Operacional de la Fuerza Armada Nacional, que gire las instrucciones pertinentes a los Comandantes de las Regiones de la Defensa Integral, para restringir el desplazamiento fronterizo de personas, tanto por vía terrestre, aérea y marítima, así como el paso de vehículos, en los municipios que en ella se especifican del estado Zulia.

g. Gaceta Oficial N° 40.746 del 15-09-2015. Resolución Conjunta de los ministerios de relaciones interiores y para la defensa que ordena al Comando Estratégico Operacional de la Fuerza Armada Nacional, que gire las instrucciones pertinentes a los Comandantes de las Regiones de la Defensa Integral, para restringir el desplazamiento fronterizo de personas, tanto por vía terrestre, aérea y marítima, así como el paso de vehículos, en los municipios que en ella se especifican del estado Zulia.

h. Gaceta Oficial N° 40.746 del 15-09-2015. Resolución Conjunta de los ministerios de relaciones interiores y para la defensa que ordena al Comando Estratégico Operacional de la Fuerza Armada Nacional, que gire las instrucciones pertinentes a los Comandantes de las Regiones de la Defensa Integral, para restringir el desplazamiento fronterizo de personas, tanto por vía terrestre, aérea y marítima, así como el paso de vehículos, en el municipio Páez del estado Apure.

i. Gaceta Oficial N° 40.746 del 15-09-2015. Resolución Conjunta de los ministerios de relaciones interiores y para la defensa que ordena al Comando Estratégico Operacional de la Fuerza Armada Nacional, que gire las instrucciones pertinentes a los Comandantes de las Regiones de la Defensa Integral, para restringir el desplazamiento fronterizo de personas, tanto por vía terrestre, aérea y marítima, así como el paso de vehículos, en los municipios que en ella se especifican del estado Apure.

j. Gaceta Oficial N° 40.774 del 26-10-2015. Resolución Conjunta de los ministerios de relaciones interiores y para la defensa, que ordena al Comando Estratégico Operacional de la Fuerza Armada Nacional, que gire las instrucciones pertinentes a los Comandantes de las Regiones de Defensa Integral, para restringir el desplazamiento fronterizo de personas, tanto por vía terrestre, aérea y marítima, así como el paso de vehículos, en el municipio Atures del estado Amazonas.

II. EN RELACIÓN CON EL ESTADO DE EXCEPCIÓN EN TODO EL TERRITORIO NACIONAL[387]

1. *Estado de emergencia económica nacional (enero-mayo 2016)*

Poder Ejecutivo

a. Gaceta Oficial N° 6.214 Extraordinario del 14-01-2016. Decreto N° 2.184 mediante el cual se declara el Estado de Emergencia Económica en todo el Territorio Nacional.

b. Gaceta Oficial N° 6.219 Extraordinario del 11-03-2016. Decreto N° 2.270 mediante el cual se prorroga por 60 días el plazo establecido en el Decreto N° 1.950.

Poder Judicial

a. Gaceta Oficial N° 40.838 del 28-01-2016. Fallo de SC/ TSJ que declara la constitucionalidad del Decreto N° 2.184.

---

[387] El contenido de estos actos puede ser consultado en la página web de Imprenta Nacional (www.imprentanacional.gob.ve). Se indica entre corchetes el artículo específico del decreto de emergencia económica que fue invocado como fundamento jurídico del acto, así como la numeración que recibió por parte del Ejecutivo Nacional.

b. Gaceta Oficial N° 40.846 del 11-02-2016. Fallo de SC/ TSJ que declara que la legitimidad, validez, vigencia y eficacia jurídica del Decreto N° 2.184 se mantiene irrevocablemente incólume.

Poder Ejecutivo (decretos dictados en ejecución del decreto de excepción)

a. Gaceta Oficial N° 40.829 del 15-01-2016. Decreto N° 2.185 mediante el cual se establece los saldos líquidos y no líquidos no causados al cierre del ejercicio económico financiero 2015 se transferirán al Fondo de Desarrollo Nacional S.A. [Numeral 1 del artículo 2].

b. Gaceta Oficial N° 40.836 del 26-01-2016. Decreto N° 2.198, mediante el cual se crea el Sistema Centralizado y Estandarizado de Compras Públicas para los órganos y entes de la Administración Pública Nacional.

c. Gaceta Oficial 40.861 del 03-03-2016. Decreto N° 2.258 mediante el cual se establece que el Ejecutivo Nacional, a través de las empresas del sector público designadas a tal efecto, ejercerá un derecho especial de preferencia para la adquisición de residuos sólidos metálicos y chatarra de aluminio, cobre y hierro, a los fines de su transformación e incorporación para su utilización prioritaria en obras de construcción en el territorio nacional, así como para el desarrollo de la Gran Misión Vivienda Venezuela. [Artículo 3].

d. Gaceta Oficial N° 40.864 del 08-03-2016 (reimpreso en N° 40.866 del 10-03-2016). Decreto N° 2.265 mediante el cual se crea la Comisión Presidencial de Desarrollo Ecosocialista y Salvaguarda de los Derechos de los Pueblos Indígenas en la Actividad Minera.

e. Gaceta Oficial N° 40.864 del 08-03-2016 (reimpreso en N° 40.865 del 09-03-2016). Decreto N° 2.266 mediante el cual se exonera del pago del Impuesto Sobre la Renta el enriquecimiento neto anual de fuente territorial obtenido por las personas naturales residentes en el país, hasta por un monto en bolívares equivalente a tres mil unidades tributarias. [Numeral 3 del artículo 2].

f.   Gaceta Oficial N° 40.864 del 08-03-2016. Decreto N° 2.267 mediante el cual se crea la Tarjeta de las Misiones Socialistas para los Hogares de la Patria como instrumento de apoyo para garantizar el otorgamiento de subsidios destinados a la alimentación y la salud, con el fin de atender efectivamente a las familias en situación de pobreza, pobreza extrema y situaciones de vulnerabilidad. [Numerales 1, 2 y 9 del artículo 2; artículo 3].

g.   Gaceta Oficial N° 40.865 del 09-03-2016. Decreto N° 2.264 mediante el cual se establece que la cartera de crédito bruta anual, que con carácter obligatorio deben colocar con recursos propios las instituciones del sector bancario, se destinará un 20% a la concesión de nuevos créditos hipotecarios para la construcción, adquisición y autoconstrucción, mejoras y ampliación de vivienda principal. [Numeral 11 del artículo 2; artículo 3].

h.   Gaceta Oficial N° 40.866 del 10-03-2016. Decreto N° 2.271 mediante el cual se autoriza la creación de una empresa del Estado bajo la forma de sociedad anónima, denominada Banco de Insumos para la Pequeña y Mediana Industria, S.A. [Decreto N° 7].

i.   Gaceta Oficial N° 40.868, del día 14-03-2016. Decreto N° 2.276 mediante el cual se declaran días no laborables y, por tanto, considerados como feriados a los efectos de la Ley Orgánica del Trabajo, los Trabajadores y las Trabajadoras, los días 21, 22 y 23 de marzo del año 2016. [Artículo 3].

j.   Gaceta Oficial N° 40.872 del 18-03-2016. Decreto N° 2.282 mediante el cual se dicta el Reglamento Parcial del Decreto con Rango, Valor y Fuerza de Ley Orgánica de Misiones, Grandes Misiones y Micro Misiones, sobre el Fondo Nacional de Misiones. [Decreto N° 8].

k.   Gaceta Oficial N° 40.872 del 18-03-2016. Decreto N° 2.283 mediante el cual se aprueba el Plan Nacional de Transporte y Obras Públicas. [Numerales 2, 4, 5 y 6 del artículo 2] [Decreto N° 9].

l. Gaceta Oficial N° 40.872 del 18-03-2016. Decreto N° 2.286 mediante el cual se asignan los recursos necesarios para el pago del ajuste del salario y cestaticket socialista de los trabajadores, pensionados y jubilados de la Administración Pública Nacional, correspondiente al mes de abril de 2016. [Numerales 1 y 2 del artículo 2] [Decreto N° 10].

m. Gaceta Oficial N° 6.222 Extraordinario del 01-04-2016. Decreto N° 2.292 mediante el cual se dicta el Instructivo sobre Simplificación de los Trámites, y Procesos Vinculados con la Exportación de Mercancías No Tradicionales. [Numerales 4, 5 y 6 del artículo 2; artículo 3] [Decreto N° 11].

n. Gaceta Oficial N° 40.880 del 06-04-2016. Decreto N° 2.294 mediante el cual se declaran los días viernes como no laborables para el sector público, a partir del 08-04-2016 y mientras persistan los efectos del fenómeno climático "El Niño" sobre la Central Hidro-eléctrica Simón Bolívar. [Artículo 3] [Decreto N° 12].

o. Gaceta Oficial N° 6.223 Extraordinario del 14-04-2016. Decreto N° 2.300 mediante el cual se declara el día lunes 18-04-2016 como no laborable para la Administración Pública y para el sector educativo público y privado, como medida necesaria para disminuir los efectos del fenómeno climático "El Niño" sobre la Central Hidroeléctrica Simón Bolívar. [Artículo 3] [Decreto N° 13].

p. Gaceta Oficial N° 6.224 Extraordinario del 18-04-2016. Decreto N° 2.301 mediante el cual se modifica el Huso Horario en todo el territorio de la República Bolivariana de Venezuela, entrando en vigencia el 04-05-2016. [Artículo 3] [Decreto N° 14].

q. Gaceta Oficial N° 40.890 del 26-04-2016. Decreto N° 2.303 mediante el cual se establece un régimen especial transitorio de días no laborables, mientras persistan los efectos del fenómeno climático "El Niño" sobre la Central Hidroeléctrica Simón Bolívar, a partir del 27-04-2016 y hasta el 13-05-2016 [Artículo 3] [Decreto N° 15].

r. Gaceta Oficial N° 40.891 del 27-04-2016. Decreto N° 2.304 mediante el cual se autorizan recursos adicionales con cargo al presupuesto de gastos del ejercicio económico financiero 2016 del Gobierno del Distrito Capital. [Numerales 1 y 2 del artículo 2] [Decreto N° 16].

s. Gaceta Oficial N° 40.891 del 27-04-2016. Decreto N° 2.305 mediante el cual se autorizan recursos adicionales con cargo al presupuesto de gastos del ejercicio económico financiero 2016 del Gobierno del Distrito Capital. [Numerales 1 y 2 del artículo 2] [Decreto N° 17].

t. Gaceta Oficial N° 40.891 del 27-04-2016. Decreto N° 2.306 mediante el cual se autorizan recursos adicionales con cargo al presupuesto de gastos del ejercicio económico financiero 2016 del Territorio Insular Francisco de Miranda. [Numerales 1 y 2 del artículo 2] [Decreto N° 18].

u. Gaceta Oficial N° 6.225 Extraordinario del 02-05-2016. Decreto N° 2.309 mediante el cual se restringe y difiere las mociones de censura que pudiera acordar la Asamblea Nacional contra los ministros o contra el Vicepresidente Ejecutivo, en las cuales solicitaren su remoción, hasta tanto cesen los efectos del decreto de emergencia económica. [Decreto N° 19].

v. Gaceta Oficial N° 40.897 del 05-05-2016. Decreto N° 2.312 mediante el cual se autorizan recursos adicionales con cargo al presupuesto de egresos del ejercicio económico financiero 2016 del Ministerio Público. [Numerales 1 y 2 del artículo 2] [Decreto N° 20].

w. Gaceta Oficial N° 6.226 Extraordinario del 05-05-2016. Decreto N° 2.314 mediante el cual se asignan los recursos financieros necesarios para el pago del ajuste del Salario y Cesta Ticket Socialista de los trabajadores, pensionados y jubilados de la Administración Pública Nacional, así como los pensionados y pensionadas del Instituto Venezolano de los Seguros Sociales. [Numerales 1 y 2 del artículo 2] [Decreto N° 21].

x.   Gaceta Oficial N° 40.902 del 12-05-2016. Decreto N° 2.319 mediante el cual se prorroga hasta el viernes 27-05-2016 el régimen especial de días no laborables, de carácter transitorio, establecido mediante Decreto N° 2.303. [Artículo 3].

2.   *Estado de excepción y de la emergencia económica nacional (mayo-septiembre 2016)*

Poder Ejecutivo

a.   Gaceta Oficial N° 6.227 Extraordinario del 13-05-2016. Decreto N° 2.323 mediante el cual se declara el estado de excepción y de la emergencia económica, dadas las circunstancias extraordinarias de orden social, económico, político, natural y ecológicas que afectan gravemente la economía nacional.

b.   Gaceta Oficial N° 40.942 del 12-07-2016. Decreto N° 2.371 mediante el cual se prorroga por 60 días el plazo establecido en el Decreto N° 2.323.

Poder Judicial

a.   Gaceta Oficial N° 40.924 del 13-06-2016. Fallo de SC/ TSJ que declara la constitucionalidad del Decreto N° 2.323.

b.   Gaceta Oficial N° 40.957 del 02-08-2016. Fallo de SC/ TSJ que declara la constitucionalidad del Decreto N° 2.371.

Poder Ejecutivo (decretos dictados en ejecución del decreto de excepción)

a.   Gaceta Oficial N° 40.911 del 25-05-2016. Decreto N° 2.335 mediante el cual se autoriza asignar la cantidad que en él se menciona, al presupuesto de gastos vigente del Ministerio del Poder Popular para Relaciones Interiores, Justicia y Paz. [Artículo 1 y numeral 4 del artículo 2] [Decreto N° 1].

b.   Gaceta Oficial N° 40.913 del 27-05-2016. Decreto N° 2.337 mediante el cual se prorroga hasta el viernes 10-06-2016 el régimen especial de días no laborables de carácter transitorio. [Artículo 3] [Decreto N° 2].

c. Gaceta Oficial N° 6.230 Extraordinario del 31-05-2016. De-
    creto N° 2.339 mediante el cual se asignan recursos para el
    pago de gastos de personal, el incremento del salario
    mínimo nacional, el ajuste del cestaticket socialista y de los
    sistemas de remuneraciones, así como el incremento de las
    pensiones del Instituto Venezolano, correspondientes a ju-
    nio 2016. [Numeral 4 del artículo 2] [Decreto N° 3].

d. Gaceta Oficial N° 40.922 del 09-06-2016. Decreto N° 2.348
    mediante el cual se autoriza la distribución de recursos
    adicionales con cargo al presupuesto de gastos del Gobier-
    no del Distrito Capital. [Numeral 4 del artículo 2] [Decreto
    N° 4].

e. Gaceta Oficial N° 40.922 del 09-06-2016. Decreto N° 2.349
    mediante el cual se autoriza la distribución de recursos
    adicionales con cargo al presupuesto de gastos del Territo-
    rio Insular Francisco de Miranda. [Numeral 4 del artículo
    2] [Decreto N° 5].

f. Gaceta Oficial N° 40.923 del 10-06-2016. Decreto N° 2.352
    mediante el cual se establece para los órganos y entes de la
    Administración Pública Nacional un horario especial labo-
    ral, desde las 8:00 a.m. hasta la 1:00 p.m., a partir del 13-06-
    2016 hasta el 24-06-2016; prorrogable por el período que
    acuerde el Ejecutivo Nacional. [Artículo 3] [Decreto N° 6].

g. Gaceta Oficial N° 40.932 del 23-06-2016. Decreto N° 2.360
    mediante el cual se prorroga hasta el 08-07-2016 el horario
    especial laboral para los órganos y entes de la Administra-
    ción Pública Nacional, establecido mediante Decreto N°
    2.352. [Artículo 3] [Decreto N° 7].

h. Gaceta Oficial N° 40.934 del 29-06-2016. Decreto N° 2.362
    mediante el cual se autoriza la distribución de recursos
    adicionales con cargo al presupuesto de gastos del Minis-
    terio del Poder Popular para el Turismo. [Numeral 4 del
    artículo 2] [Decreto N° 8].

i. Gaceta Oficial N° 40.934 del 29-06-2016. Decreto N° 2.363 mediante el cual se autoriza la distribución de recursos adicionales con cargo al presupuesto de gastos del Ministerio del Poder Popular para los Pueblos Indígenas. [Numeral 4 del artículo 2] [Decreto N° 9].

j. Gaceta Oficial N° 40.934 del 29-06-2016. Decreto N° 2.364 mediante el cual se autoriza la distribución de recursos adicionales con cargo al presupuesto de gastos del Ministerio del Poder Popular para los Pueblos Indígenas. [Numeral 4 del artículo 2] [Decreto N° 10].

k. Gaceta Oficial N° 40.941 del 11-07-2016 (reimpreso en N° 40.949 del 21-07-2016). Decreto N° 2.367 mediante el cual se crea la Gran Misión Abastecimiento Soberano, para el impulso, desde las bases del Poder Popular y la unión cívico militar, de los motores agroalimentario, de producción y distribución de fármacos y de la industria de productos para la higiene personal y aseo del hogar. [Artículo 2] [Decreto N° 11].

l. Gaceta Oficial N° 6.236 Extraordinario del 12-07-2016. Decreto N° 2.374 mediante el cual se autoriza asignar la cantidad que en él se menciona, para cubrir insuficiencias presupuestarias relacionadas con gastos de personal, personal activo, pensionado y jubilado de los órganos y entes de la Administración Pública Nacional, así como a los pensionados del Instituto Venezolano de los Seguros Sociales, correspondientes a julio de 2016. [Numeral 4 del artículo 2] [Decreto N° 12].

m. Gaceta Oficial N° 6.237 Extraordinario del 12-07-2016. Decreto N° 2.376 mediante se autoriza la distribución de recursos adicionales con cargo al presupuesto de gastos del Gobierno del Distrito Capital [Numeral 4 del artículo 2] [Decreto N° 13].

n. Gaceta Oficial N° 6.242 Extraordinario del 22-07-2016. Decreto N° 2.382 mediante el cual se crean las Autoridades Únicas del Sistema Portuario.

o. Gaceta Oficial N° 6.244 Extraordinario del 25-07-2016. Decreto N° 2.393 mediante el cual se autoriza la distribución de recursos adicionales con cargo al presupuesto de gastos del Ministerio del Poder Popular para Relaciones Interiores. Justicia y Paz. [Numeral 4 del artículo 2] [Decreto N° 14].

p. Gaceta Oficial N° 40.953 del 27-07-2016. Decreto N° 2.395 mediante el cual se autoriza la distribución de recursos adicionales con cargo al presupuesto de gastos del Gobierno del Distrito Capital. [Numeral 4 del artículo 2] [Decreto N° 15].

q. Gaceta Oficial N° 40.953 del 27-07-2016. Decreto N° 2.396 mediante el cual se autoriza la distribución de recursos adicionales con cargo al presupuesto de gastos del Gobierno del Distrito Capital. [Numeral 4 del artículo 2] [Decreto N° 16].

r. Gaceta Oficial N° 40.953 del 27-07-2016. Decreto N° 2.397 mediante el cual se autoriza la distribución de recursos adicionales con cargo al presupuesto de gastos del Territorio Insular Francisco de Miranda. [Numeral 4 del artículo 2] [Decreto N° 17].

s. Gaceta Oficial N° 40.959 del 04-08-2016. Decreto N° 2.407 mediante el cual se autoriza a los ordenadores de compromisos y pagos de los Ministerios del Poder Popular para el Ecosocialismo y Aguas y de Agricultura Urbana, que tramiten las modificaciones presupuestarias a que hubiere lugar, a los fines de transferir al Servicio Autónomo de los Servicios Ambientales y a la Fundación de Capacitación e Innovación para Apoyar la Revolución Agraria, los recursos provenientes del Fondo Internacional de Desarrollo Agrícola. [Artículos 3 y 4] [Decreto N° 18].

t. Gaceta Oficial N° 40.960 del 05-08-2016. Decreto N° 2.411 mediante el cual se establece la prioridad social sobre las utilidades de la Zona de Desarrollo Estratégico Nacional Arco Minero del Orinoco. [Artículos 3] [Decreto N° 19].

u. Gaceta Oficial N° 40.960 del 05-08-2016. Decreto N° 2.412 mediante el cual se prohíbe el uso, tenencia, almacenamiento y transporte del Mercurio (Hg) como método de obtención o tratamiento del oro y cualquier otro mineral metálico o no metálico, en todas las etapas de la actividad minera que se desarrollen en el territorio nacional. [Artículos 3].

v. Gaceta Oficial N° 40.965 del 12-08-2016. Decreto N° 2.429 mediante el cual se aumenta en un 50% el salario mínimo nacional mensual obligatorio en todo el territorio de la República, para los trabajadores que presten servicios en los sectores público y privado, a partir del 01-09-2016. [Decreto N° 20].

w. Gaceta Oficial N° 40.965 del 12-08-2016. Decreto N° 2.430 mediante el cual se ajusta la base de cálculo para el pago del Cestaticket Socialista para los Trabajadores que presten servicios en los sectores públicos y privados. [Decreto N° 21].

x. Gaceta Oficial N° 6.251 Extraordinario del 15-08-2016. Decreto N° 2.431 mediante el cual se asignan recursos para el pago de gastos de personal, el incremento del salario mínimo nacional, el ajuste del Cestaticket Socialista y de los sistemas de remuneraciones, así como las pensiones del Instituto Venezolano de los Seguros Sociales, correspondientes a agosto de 2016. [Numeral 4 del artículo 2] [Decreto N° 22].

y. Gaceta Oficial N° 40.967 del 16-08-2016 (reimpreso en N° 40.968 del 17-08-2016). Decreto N° 2.437 mediante el cual se autoriza la distribución de recursos adicionales con cargo al presupuesto de gastos del Gobierno del Distrito Capital. [Numeral 4 del artículo 2] [Decreto N° 23].

z. Gaceta Oficial N° 40.968 del 17-08-2016. Decreto N° 2.438 mediante el cual se autoriza la distribución de recursos adicionales con cargo al presupuesto de gastos del Ministerio del Poder Popular de Planificación. [Numeral 4 del artículo 2] [Decreto N° 24].

aa. Gaceta Oficial N° 40.972 del 23-08-2016. Decreto N° 2.440 mediante el cual se autoriza la distribución de recursos adicionales con cargo al presupuesto de gastos del Territorio Insular Francisco de Miranda. [Numeral 4 del artículo 2] [Decreto N° 26].

ab. Gaceta Oficial N° 40.974 del 25-08-2016. Decreto N° 2.443 mediante el cual se autoriza la distribución de recursos adicionales con cargo al presupuesto de gastos del Gobierno del Distrito Capital. [Numeral 4 del artículo 2] [Decreto N° 27].

ac. Gaceta Oficial N° 40.974 del 25-08-2016. Decreto N° 2.444, mediante el cual se autoriza la distribución de recursos adicionales con cargo al presupuesto de gastos del Gobierno del Distrito Capital. [Numeral 4 del artículo 2] [Decreto N° 28].

ad. Gaceta Oficial N° 6.253 Extraordinario del 06-09-2016. Decreto N° 2.450 mediante el cual se asignan recursos para el pago de gastos de personal, el incremento del salario mínimo nacional, el ajuste del Cestaticket Socialista y de los sistemas de remuneraciones, así como las pensiones del Instituto Venezolano de los Seguros Sociales, correspondientes a septiembre de 2016. [Numeral 4 del artículo 2] [Decreto N° 28].

3. *Estado de excepción y de la emergencia económica nacional (septiembre 2016-enero 2017)*

Poder Ejecutivo

a. Gaceta Oficial N° 6.256 Extraordinario del 13-09-2016. Decreto N° 2.452 mediante el cual se decreta el estado de excepción y emergencia económica en todo el territorio nacional, dadas las circunstancias extraordinarias en el ámbito social, económico y político, que afectan el orden constitucional, la paz social, la seguridad de la Nación, las instituciones públicas y a los ciudadanos y ciudadanas habitantes de la república, a fin de que el ejecutivo nacional adopte las medidas urgentes, contundentes, excepcionales y necesarias, para asegurar a la población el disfrute pleno de sus derechos, preservar el orden interno, el acceso oportuno a bienes, servicios, alimentos, medicinas y otros productos esenciales para la vida.

b. Gaceta Oficial N° 6.272 Extraordinario del 13-11-2016. Decreto N° 2.548 mediante el cual se prorroga por 60 días el plazo establecido en el Decreto N° 2.452.

Poder Judicial

a. Gaceta Oficial N° 6.262 Extraordinario del 13-10-2016. Fallo de SC/TSJ que declara la constitucionalidad del Decreto N° 2.452.

b. Gaceta Oficial N° 41.048 del 08-12-2016. Fallo de SC/ TSJ que declara la constitucionalidad del Decreto N° 2.548.

Poder Ejecutivo (decretos dictados en ejecución del decreto de excepción)

a. Gaceta Oficial N° 40.990 del 16-09-2016. Decreto N° 2.454 mediante el cual se autoriza asignar la cantidad que en él se indica, para ser transferidos al Servicio Autónomo Servicios Ambientales del Ministerio del Ambiente y de los Recursos Naturales. [Numeral 11 del artículo 2] [Decreto N° 1].

b. Gaceta Oficial N° 40.990 del 16-09-2016. Decreto N° 2.455 mediante el cual se autoriza asignar la cantidad que en él se señala para ser transferidos a la Fundación de Capacitación e Innovación para Apoyar a la Revolución Agraria. [Numeral 11 del artículo 2] [Decreto N° 2].

c. Gaceta Oficial N° 40.990 del 16-09-2016. Decreto N° 2.456 mediante el cual se autoriza la distribución de recursos adicionales con cargo al presupuesto de gastos del Ministerio del Poder Popular para las Comunas y los Movimientos Sociales. [Numeral 11 del artículo 2] [Decreto N° 3].

d. Gaceta Oficial N° 6.259 Extraordinario del 05-10-2016. Decreto N° 2.471, mediante el cual se autoriza asignar la cantidad que en él se menciona, para cubrir insuficiencias presupuestarias relacionadas con gastos de personal activo, pensionado y jubilado de los órganos y entes de la Administración Pública Nacional, así como a los pensionados del Instituto Venezolano de los Seguros Sociales, correspondientes a octubre de 2016 [Decreto N° 4].

e. Gaceta Oficial N° 41.003 del 05-10-2016. Decreto N° 2.472 mediante el cual se autoriza la distribución de recursos adicionales con cargo al presupuesto de gastos del Gobierno del Distrito Capital. [Numeral 11 del artículo 2] [Decreto N° 5].

f. Gaceta Oficial N° 41.003 del 05-10-2016. Decreto N° 2.473, mediante el cual se autoriza la distribución de recursos adicionales con cargo al presupuesto de gastos del Territorio Insular Francisco de Miranda. [Numeral 11 del artículo 2] [Decreto N° 6].

g. Gaceta Oficial N° 41.005 del 07-10-2016 (reimpreso en N° 41.006 del 10-10-2016). Decreto N° 2.481 mediante el cual en el marco de acción de las Autoridades Únicas del Sistema Portuario a nivel nacional, se ordena la división específica del ámbito espacial denominado Región Oriental en dos regiones diferenciadas, denominadas Región Oriental y Región Guayanesa.

h. Gaceta Oficial N° 6.263 Extraordinario del 14-10-2016. Decreto N° 2.482 mediante el cual se dicta el Presupuesto para el Ejercicio Económico Financiero 2017. [Numeral 11 del artículo 2] [Decreto N° 7].

i. Gaceta Oficial N° 6.264 Extraordinario del 14-10-2016. Decreto N° 2.483 mediante el cual se dicta el Endeudamiento para el Ejercicio Económico Financiero 2017. [Numeral 11 del artículo 2] [Decreto N° 8].

j. Gaceta Oficial N° 6.266 Extraordinario del 19-10-2016. Decreto N° 2.491, mediante el cual se aprueba la distribución de recursos adicionales al Presupuesto de Gastos vigente del Ministerio del Poder Popular para Relaciones Interiores, Justicia y Paz. [Numeral 11 del artículo 2] [Decreto N° 9].

k. Gaceta Oficial N° 41.014 del 21-10-2016. Decreto N° 2.496, mediante el cual se declara afectos al desarrollo de la agricultura urbana, los espacios públicos ubicados en los centros urbanos que se encuentren libres, ociosos o abandonados, para que sean aprovechados para el cultivo y producción de alimentos, en los términos previstos en este Decreto. [Artículo 3].

l. Gaceta Oficial N° 41.015 del 24-10-2016. Decreto N° 2.498, mediante el cual se incorpora a la Empresa de Propiedad Social Agropatria, S.A., las plantas de silos de propiedad estatal a que refiere este decreto, a los fines de su gestión, administración y operación. [Artículo 1].

m. Gaceta Oficial N° 6.269 Extraordinario del 28-10-2016. Decreto N° 2.504, mediante el cual se aumenta en un 20 % el salario mínimo nacional mensual obligatorio en todo el territorio de la República. [Decreto N° 10].

n. Gaceta Oficial N° 6.269 Extraordinario del 28-10-2016. Decreto N° 2.505, mediante el cual se ajusta la base de cálculo para el pago del Cestaticket Socialista. [Decreto N° 11].

o. Gaceta Oficial N° 6.269 Extraordinario del 28-10-2016. Decreto N° 2.511, mediante el cual se incrementa el monto único mensual que corresponda asignar a cada grupo familiar a través de la Tarjeta de las Misiones Socialistas para los Hogares de la Patria. [Decreto N° 12].

p. Gaceta Oficial N° 41.021 del 01-11-2016. Decreto N° 2.526, mediante el cual se autoriza la distribución de recursos adicionales con cargo al Presupuesto de Gastos del Gobierno del Distrito Capital. [Numeral 11 del artículo 2] [Decreto N° 13].

q. Gaceta Oficial N° 41.021 del 01-11-2016. Decreto N° 2.527, mediante el cual se autoriza la distribución de recursos adicionales con cargo al Presupuesto de Gastos del Gobierno del Distrito Capital. [Numeral 11 del artículo 2] [Decreto N° 14].

r. Gaceta Oficial N° 41.021 del 01-11-2016. Decreto N° 2.525, mediante el cual se autoriza la distribución de recursos adicionales con cargo al Presupuesto de Gastos del Gobierno del Distrito Capital. [Numeral 11 del artículo 2] [Decreto N° 15].

s. Gaceta Oficial N° 41.025 del 07-11-2016. Decreto N° 2.533, mediante el cual se establece el régimen para la cría porcina bajo sistemas no contaminantes en las zonas urbanas, periurbanas y rurales. [Decreto N° 16].

t. Gaceta Oficial N° 41.026 del 09-11-2016. Decreto N° 2.535, mediante el cual se crea los Consejos Productivos de Trabajadores (CPT). [Artículo 1, numerales 1, 2, 3 y 16 del artículo 2, artículo 3] [Decreto N° 17].

u. Gaceta Oficial N° 41.026 del 09-11-2016. Decreto N° 2.537, mediante el cual se autoriza la distribución de recursos adicionales con cargo al Presupuesto de Egresos del Ministerio del Poder Popular de Planificación, para ser transferidos a la Corporación de Desarrollo Jacinto Lara (CORPOLARA). [Numeral 11 del artículo 2] [Decreto N° 18].

v. Gaceta Oficial N° 41.027 del 09-11-2016. Decreto N° 2.543, mediante el cual se autoriza la distribución de recursos adicionales con cargo al Presupuesto de Gastos del Ministerio del Poder Popular para el Servicio Penitenciario. [Decreto N° 19].

w. Gaceta Oficial N° 6.271 Extraordinario del 10-11-2016. Decreto N° 2.545, mediante el cual se asignan recursos para el pago de gastos de personal, el incremento del salario mínimo nacional, el ajuste del Cestaticket Socialista y de los sistemas de remuneraciones, así como las Pensiones del Instituto Venezolano de los Seguros Sociales, correspondientes al mes de noviembre de 2016. [Numeral 11 del artículo 2] [Decreto N° 20].

x. Gaceta Oficial N° 6.273 Extraordinario del 14-11-2016. Decreto N° 2.549, mediante el cual se autoriza la distribución de recursos adicionales con cargo al Presupuesto de Egresos del Ministerio del Poder Popular para Relaciones Interiores, Justicia y Paz, dirigido a los estados, al Distrito Capital y a los municipios que en él se indican. [Numeral 11 del artículo 2] [Decreto N° 21].

y.   Gaceta Oficial N° 41.032 del 16-11-2016. Decreto N° 2.553, mediante el cual se crea las Autoridades Únicas de Salud en todas las entidades federales del país, para fortalecer el Sistema Público Nacional de Salud.

z.   Gaceta Oficial N° 41.032 del 16-11-2016. Decreto N° 2.554, mediante el cual se autoriza la constitución de un conglomerado de empresas públicas productoras de medicamentos, productos biológicos e insumos médico quirúrgicos, en la Corporación de Servicios del Estado Venezolana de Servicios Tecnológicos para Equipos de Salud, S.A. (VENSALUD, S.A.).

aa. Gaceta Oficial N° 41.032 del 16-11-2016. Decreto N° 2.555, mediante el cual se autoriza la modificación del objeto social de la empresa del Estado, denominada Corporación Nacional de Insumos para la Salud C.A., (CONSALUD).

ab. Gaceta Oficial N° 41.033 del 17-11-2016. Decreto N° 2.551, mediante el cual se crea el Órgano Superior de la Misión Transporte.

ac. Gaceta Oficial N° 41.033 del 17-11-2016. Decreto N° 2.560, mediante el cual se autoriza la distribución de recursos adicionales con cargo al Presupuesto de Egresos del Consejo Federal de Gobierno. [Numeral 11 del artículo 2] [Decreto N° 22].

ad. Gaceta Oficial N° 41.043 del 01-12-2016. Decreto N° 2.577, mediante el cual se autoriza la distribución de recursos adicionales con cargo al Presupuesto de Egresos del Consejo Federal de Gobierno. [Numeral 11 del artículo 2] [Decreto N° 23].

ae. Gaceta Oficial N° 41.044 del 02-12-2016. Decreto N° 2.578, mediante el cual se autoriza la distribución de recursos adicionales con cargo al Presupuesto de Egresos del Gobierno del Distrito Capital. [Numeral 11 del artículo 2] [Decreto N° 24].

af. Gaceta Oficial N° 41.044 del 02-12-2016. Decreto N° 2.579, mediante el cual se autoriza la distribución de recursos adicionales con cargo al Presupuesto de Egresos del Gobierno del Distrito Capital. [Numeral 11 del artículo 2] [Decreto N° 25].

ag. Gaceta Oficial N° 41.044 del 02-12-2016. Decreto N° 2.580, mediante el cual se autoriza la distribución de recursos adicionales con cargo al Presupuesto de Egresos del Gobierno del Distrito Capital, para cubrir insuficiencias Presupuestarias del Personal Jubilado y Pensionado de la extinta Gobernación del Distrito Federal y de la Alcaldía Metropolitana de Caracas. [Numeral 11 del artículo 2] [Decreto N° 26].

ah. Gaceta Oficial N° 41.044 del 02-12-2016. Decreto N° 2.581, mediante el cual se autoriza la distribución de recursos adicionales con cargo al Presupuesto de Egresos del Territorio Insular Francisco de Miranda, para cubrir gastos de personal generados por el incremento del salario mínimo nacional y el ajuste del ticket alimentación socialista, decretados durante el ejercicio económico financiero 2016. [Numeral 11 del artículo 2] [Decreto N° 27].

ai. Gaceta Oficial N° 41.044 del 02-12-2016. Decreto N° 2.582, mediante el cual se autoriza la distribución de recursos adicionales con cargo al Presupuesto de Egresos del Gobierno del Distrito Capital. [Numeral 11 del artículo 2] [Decreto N° 28].

aj. Gaceta Oficial N° 6.275 Extraordinario del 11-12-2016. Decreto N° 2.589, mediante el cual se establece que a partir de las 72 horas continuas de la publicación del presente Decreto en la Gaceta Oficial, saldrán de circulación los billetes de cien bolívares emitidos por el Banco Central de Venezuela. [Numeral 11 del artículo 2] [Decreto N° 29].

ak. Gaceta Oficial N° 6.276 Extraordinario del 12-12-2016. Decreto N° 2.591, mediante el cual se autoriza asignar la cantidad que en él se menciona, para cubrir insuficiencias presupuestarias relacionadas con gastos de personal de los órganos y entes de la Administración Pública Nacional, los incrementos del salario mínimo nacional y los ajustes del Cestaticket Socialista, correspondientes al mes de diciembre de 2016. [Numeral 11 del artículo 2] [Decreto N° 30].

al. Gaceta Oficial N° 41.051 del 13-12-2016. Decreto N° 2.596, mediante el cual se autoriza la distribución de recursos adicionales con cargo al Presupuesto de Egresos del Ministerio del Poder Popular para Relaciones Interiores, Justicia y Paz. [Numeral 11 del artículo 2] [Decreto N° 31].

am. Gaceta Oficial N° 41.051 del 13-12-2016. Decreto N° 2.597, mediante el cual se autoriza la distribución de recursos adicionales con cargo al Presupuesto de Egresos del Territorio Insular Francisco de Miranda. [Numeral 11 del artículo 2] [Decreto N° 32].

an. Gaceta Oficial N° 41.051 del 13-12-2016. Decreto N° 2.598, mediante el cual se autoriza la distribución de recursos adicionales con cargo al Presupuesto de Egresos del Gobierno del Distrito Capital. [Numeral 11 del artículo 2] [Decreto N° 33].

ao. Gaceta Oficial N° 41.052 del 14-12-2016. Decreto N° 2.602, mediante el cual se establece que las ventas de bienes muebles y prestación de servicios efectuadas a personas naturales que sean consumidores finales, hasta por la cantidad de Bs. 200.000,00 serán gravadas con la alícuota impositiva general del impuesto al Valor Agregado del 10%, siempre que tales ventas o prestaciones de servicios sean pagadas a través de medios electrónicos. [Artículo 3] [Decreto N° 34].

ap. Gaceta Oficial N° 41.053 del 15-12-2016. Decreto N° 2.603, mediante el cual se deroga el Artículo 4 del Decreto N° 2.589. [Numeral 11 del artículo 2] [Decreto N° 35].

aq. Gaceta Oficial N° 6.277 Extraordinario del 16-12-2016. Decreto N° 2.608, mediante el cual se autoriza la distribución de recursos adicionales con cargo al Presupuesto de Egresos del Ministerio del Poder Popular para Relaciones Interiores, Justicia y Paz. [Numeral 11 del artículo 2] [Decreto N° 36].

ar. Gaceta Oficial N° 6.278 Extraordinario del 17-12-2016. Decreto N° 2.610, mediante el cual se prorroga hasta el día 02-01-2017, solo en el territorio venezolano, la circulación y vigencia de los billetes de cien bolívares emitidos por el Banco Central de Venezuela, y se prorroga hasta el día 02-01-2017 el cierre de las fronteras entre Venezuela y Colombia y entre Venezuela y Brasil. [Numeral 11 del artículo 2] [Decreto N° 37].

as. Gaceta Oficial N° 41.069 del 06-01-2017. Decreto N° 2.655, mediante el cual se nombra al ciudadano General de División Carlos Alberto Saffont Gómez, como Autoridad Única del Sistema Portuario de la Región Capital.

at. Gaceta Oficial N° 41.070 del 09-01-2017. Decreto N° 2.660, mediante el cual se aumenta en un 50% el salario mínimo nacional mensual obligatorio en todo el territorio de la República Bolivariana de Venezuela. [Decreto N° 54].

REFERENCIAS:
BIBLIOGRÁFICAS, ELECTRÓNICAS

REFERENCIAS BIBLIOGRÁFICAS

ABRAMOVICH, Víctor y COURTIS, Christian: *Los derechos sociales como derechos exigibles*. Trotta. Madrid, 2002.

ALFONZO PARADISI, Juan Domingo: "Análisis y comentarios en cuanto al Decreto 1.467 mediante el cual se dictó el decreto con rango, valor y fuerza de ley de reforma parcial del decreto con rango, valor y fuerza de ley orgánica de precios justos publicado en la Gaceta Oficial N° 6.156 extraordinario de 19 de noviembre de 2014". *Revista de Derecho Público*. N° 140. Editorial Jurídica Venezolana. Caracas, 2015, pp. 234-247.

ALONSO DE ANTONIO, Ángel Luís y ALONSO DE ANTONIO, José Antonio: *Derecho Parlamentario*. J.M. Bosch Editor. Barcelona, 2000.

ALVARADO ANDRADE, Jesús María; BREWER-CARÍAS, Allan; HERNÁNDEZ, José Ignacio; HERRERA ORELLANA, Luis; NIKKEN, Claudia y VIGILANZA, Adriana: *Leyes orgánicas sobre el Poder Popular y el Estado comunal*. Editorial Jurídica Venezolana. Caracas, 2011.

ÁLVAREZ, Tulio: "Los estados de excepción y el derecho de necesidad". *Revista de la Facultad de Ciencias Jurídicas y Políticas de la Universidad Central de Venezuela*. N° 120. Universidad Central de Venezuela. Caracas, 2001, pp. 15-36.

ARAUJO-JUÁREZ, José: *Derecho Administrativo general. Administración Pública*. Ediciones Paredes. Caracas, 2011.

_____: *Derecho Administrativo general. Parte general*. 2ᵈᵃ reimpresión. Ediciones Paredes. Caracas, 2010.

ARIAS CASTILLO, Tomás: "Las cuatro delegaciones legislativas hechas al Presidente de la República". *Revista de Derecho Público*. N° 130. Editorial Jurídica Venezolana. Caracas, 2012, pp. 394-399.

ARISMENDI, Alfredo: *Derecho Constitucional*. Tomo II. Universidad Central de Venezuela. Caracas, 2008.

AYALA CORAO, Carlos: "Doctrina y bases constitucionales de la seguridad y defensa en el Estado Venezolano". *Revista de Derecho Público*. N° 28. Editorial Jurídica Venezolana. Caracas, 1986, pp. 25-34.

_____: "Inconstitucionalidad de la denuncia de la convención americana sobre derechos humanos por Venezuela". *Revista Estudios Constitucionales*. Vol. 10. N° 2. Universidad de Talca. Talca, 2012, pp. 643-682.

BAÑO LEÓN, José: "La distinción entre derecho fundamental y garantía institucional en la Constitución española". *Revista Española de Derecho Constitucional*. Vol. 8. N° 24. Centro de Estudios Políticos y Constitucionales. Madrid, 1988, pp. 155-179.

BELISARIO RINCÓN, José Rafael; DELGADO ÁLVAREZ, Juan José y RACHADELL DE DELGADO, Gabriela: "Elusión, evasión y defraudación fiscal". *Revista de Derecho Tributario*. N° 69. Asociación Venezolana de Derecho Tributario. Caracas, 1995, pp. 35-66.

BLANCO-URIBE, Alberto: "El Código Orgánico Tributario de 2014... un estado de excepción permanente". *Revista de Derecho Público*. N° 143-144. Editorial Jurídica Venezolana. Caracas, 2015, pp. 119-129.

BREWER-CARÍAS, Allan: "Consecuencias jurídicas del restablecimiento de las garantías económicas". *Revista de Derecho Público*. N° 35. Editorial Jurídica Venezolana. Caracas, 1988, pp. 69-73.

_____: "Consideraciones sobre la suspensión o restricción de las garantías constitucionales". *Revista de Derecho Público*. N° 37. Editorial Jurídica Venezolana. Caracas, 1989, pp. 5-25.

_____: *Constituciones iberoamericanas. Venezuela.* Universidad Nacional Autónoma de México. México D.F., 2014.

_____: *Dictadura judicial y perversión del Estado de derecho. La Sala Constitucional y la destrucción de la democracia en Venezuela.* 2ᵈᵃ edición. Editorial Jurídica Venezolana Internacional. Caracas – New York, 2016.

_____: *Golpe de Estado y proceso constituyente en Venezuela.* Universidad Nacional Autónoma de México. México D.F., 2001.

_____: "La masacre de la constitución y la aniquilación de las garantías de los derechos fundamentales". *Revista de Derecho Público.* N° 143-144. Editorial Jurídica Venezolana. Caracas, 2015, pp. 17-50.

_____: *La ruina de la democracia.* Editorial Jurídica Venezolana. Caracas, 2015.

_____: *Las Constituciones de Venezuela.* Universidad Católica del Táchira, Instituto de Estudios de Administración Local, Centro de Estudios Constitucionales. San Cristóbal – Madrid, 1985.

_____: "Las potestades normativas del Presidente de la República: los actos ejecutivos de orden normativo". *Tendencias Actuales del Derecho Constitucional. Homenaje a Jesús María Casal Montbrun.* Tomo I. Universidad Católica Andrés Bello. Caracas, 2007, pp. 507-539.

_____: *Régimen legal de nacionalidad, ciudadanía y extranjería.* Editorial Jurídica Venezolana. Caracas, 2005.

_____: "Régimen y alcance de la actuación judicial de oficio en materia de justicia constitucional en Venezuela". *Revista Estudios Constitucionales.* Vol. 4. N° 2. Universidad de Talca. Talca, 2006, pp. 221-250.

CANOVA, Antonio: "El papel de la propiedad privada en el derecho". *Enfoques sobre derecho y libertad en Venezuela.* Academia de Ciencias Políticas y Sociales. Caracas, 2013.

CASAL HERNÁNDEZ, Jesús: *Dictadura constitucional y libertades públicas*. Editorial Jurídica Venezolana. Caracas, 1993.

_____: *Los derechos humanos y su protección*. Universidad Católica Andrés Bello. Caracas, 2008.

COSSÍO DÍAZ, José: "Problemas para la exigibilidad de los derechos sociales en México". *Formación y perspectivas del Estado en México*. Universidad Nacional Autónoma de México. México D.F., 2010, pp. 127-149.

CRAZUT, Ramón: "La suspensión de garantías constitucionales como medio para instrumentar la política de intervención del Estado en la actividad económica (1939-1991)". *Revista de la Facultad de Ciencias Jurídicas y Políticas de la Universidad Central de Venezuela*. N° 92. Universidad Central de Venezuela. Caracas, 1994, pp. 305-321.

DELGADO, Francisco: *La reconstrucción del derecho venezolano*. Editorial Galipán. Caracas, 2012.

DESPOUY, Leandro: *Los derechos humanos y los estados de excepción*. Universidad Nacional Autónoma de México. México D.F., 1999.

ECHEVERRI DUQUE, Sebastián: "Los estados de excepción en Colombia, un estudio de caso". *Revista CES Derecho*. Vol. 5. N° 1. Universidad CES. Medellín, 2014, pp. 6-17.

EZQUIAGA GANUZAS, Francisco: *La argumentación en la justicia constitucional*. Biblioteca Jurídica Dikél. Medellín, 2008.

FERNÁNDEZ SEGADO, Francisco: "El estado de excepción en el Derecho Constitucional español". *Revista de Documentación Administrativa*. N° 179. Secretaría General Técnica de la Presidencia del Gobierno. Madrid, 1978, pp. 463-482.

GARCÍA-PELAYO, Manuel: *Derecho Constitucional comparado*. Fundación Manuel García-Pelayo. Caracas, 2005.

GARCÍA SOTO, Carlos: "Notas sobre el ámbito y requisitos del estado de excepción". *Revista de Derecho Público*. N° 143-144. Editorial Jurídica Venezolana. Caracas, 2015, pp. 9-12.

GOIG MARTÍNEZ, Juan Manuel: "Defensa política de la Constitución. Emergencia, excepcionalidad y democracia". *Revista Cuestiones Jurídicas*. Vol. 8. N° 2. Universidad Rafael Urdaneta. Maracaibo, 2014, pp. 11-39.

GONZÁLEZ LOBATO, Eglée: "Decretos de estados de excepción y su impacto en las parlamentarias del 6D-2015". *Revista de Derecho Público*. N° 143-144. Editorial Jurídica Venezolana. Caracas, 2015, pp. 135-147.

GRAU, María Amparo: *Separación de poderes y leyes presidenciales en Venezuela*. Badell & Grau editores. Caracas, 2009.

GRISANTI LUCIANI, Héctor: "La suspensión y restricción de las garantías constitucionales". *Boletín de la Academia de Ciencias Políticas y Sociales*. Vol. 69. N° 126. Academia de Ciencias Políticas y Sociales. Caracas, 1993, pp. 85-103.

HERNÁNDEZ, José Ignacio: "Integridad electoral y estado de excepción en Venezuela". *Revista de Derecho Público*. N° 143-144. Editorial Jurídica Venezolana. Caracas, 2015, pp. 131-134.

HERNÁNDEZ BRETÓN, Eugenio y MACHADO ITURBE, Eduardo: "El control judicial de la constitucionalidad de los decretos restrictivos de garantías constitucionales, con especial referencia al régimen de restricción de la garantía establecida en el artículo 96 de la Constitución". *Revista de la Facultad de Ciencias Jurídicas y Políticas de la Universidad Central de Venezuela*. N° 70. Universidad Central de Venezuela. Caracas, 1988, pp. 331-358.

HERRERA ORELLANA, Luis Alfonso: "¿Es necesaria la figura de la Ley Habilitante en el ordenamiento jurídico venezolano?". *Revista de Derecho Público*. N° 140. Editorial Jurídica Venezolana. Caracas, 2014, pp. 41-50.

_____: "Derecho Administrativo y libertad: o de por qué el Derecho Administrativo Venezolano no ha respetado ni promovido la libertad". *Revista Electrónica de Derecho Administrativo Venezolano*. N° 2. Universidad Monteávila. Caracas, 2014, pp. 71-94.

_____: "¿Estado de excepción o ley habilitante?". *Revista de Derecho Público*. N° 143-144. Editorial Jurídica Venezolana. Caracas, 2015, pp. 79-86.

MORALES MANZUR, Jorge: "Estados de excepción y derechos humanos". *Revista Capítulo Criminológico*. N° 21. Universidad del Zulia, Maracaibo 1993, pp. 73-91.

MUCI BORJAS, José: "Las leyes habilitantes y los decretos-leyes dictados con base en aquéllas". *Revista de Derecho Público*. N° 140. Editorial Jurídica Venezolana. Caracas, 2014, pp. 51-78.

_____: "Los Tratados Bilaterales para la Promoción y Protección de Inversiones (BITs) y la 'regulación' del negocio bancario. Algunas reflexiones sobre la furtiva 'expropiación regulatoria' (creeping expropriation) de la banca venezolana: ¿Una obra en marcha?". *Revista de Derecho Público*. N° 106. Editorial Jurídica Venezolana. Caracas, 2006, pp. 8-33.

NIKKEN, Claudia: "Aproximación Crítica a la Regulación de los Estados de Excepción en Venezuela". *Revista Ius et Praxis*. Vol. 8. N° 1. Universidad de Talca. Talca, 2002, pp. 171-198.

NÚÑEZ MACHADO, Ana: "La eliminación del derecho a la información del artículo 337 de la Constitución: violación del 'principio de progresividad' de los derechos humanos". *Revista de Derecho Público*. N° 112. Editorial Jurídica Venezolana. Caracas, 2007, pp. 331-335.

OCHOA JIMÉNEZ, María: "La protección de los derechos humanos en Venezuela frente a la denuncia de la Convención Americana sobre Derechos Humanos". *Revista Latinoamericana de Derechos Humanos*. Vol. 25. N° 1. Universidad Nacional de Costa Rica. Heredia, 2014, pp. 195-211.

O'DONELL, Daniel: *Derecho internacional de los derechos humanos*. Oficina en Colombia del Alto Comisionado de las Naciones Unidas para los Derechos Humanos. Bogotá, 2004.

PEÑA COLMENARES, Nélida: "Excursus histórico sobre los estados de excepción en Venezuela". *Revista Venezolana de Legislación y Jurisprudencia*. N° 5. Revista Venezolana de Legislación y Jurisprudencia. Caracas, 2015, pp. 415-439.

_____: "Los controles sobre los decretos de-claratorios de los estados de excepción (a propósito de los de-cretos dictados en agosto y septiembre de 2015)". *Revista Vene-zolana de Legislación y Jurisprudencia*. N° 7. Revista Venezolana de Legislación y Jurisprudencia. Caracas, 2016, pp. 219-272.

PEÑA SOLÍS, José: *Manual de Derecho Administrativo*. Vol. 3. 2ᵈᵃ reimpresión. Tribunal Supremo de Justicia. Caracas, 2009.

_____: *Razones constitucionales y legales para que la Asamblea Nacional "impruebe" el decreto de emergencia económica*. Consulta en original.

RACHADELL, Manuel: *Evolución del Estado venezolano 1958-2015: de la conciliación de intereses al populismo autoritario*. Edito-rial Jurídica Venezolana, Fundación Estudios de Derecho Ad-ministrativo. Caracas, 2015.

RAMELLI ARTEAGA, Alejandro: "Control de constitucionali-dad y conmoción interior". *Revista Derecho del Estado*. N° 15. Universidad Externado. Bogotá, 2003, pp. 57-74.

REVANALES, Gerson: "Comentarios sobre la Orden Ejecuti-va 13.692 del Presidente de los Estados Unidos de América de fecha 8 de marzo de 2015, sobre sanciones a funcionarios vene-zolanos: un expediente en defensa de la democracia". *Revista de Derecho Público*. N° 141. Editorial Jurídica Venezolana. Caracas, 2015, pp. 137-152.

ROJAS PÉREZ, Manuel: "Suspensión de garantías, cierre de frontera y desviación de poder". *Revista de Derecho Público*. N° 143-144. Editorial Jurídica Venezolana. Caracas, 2015, pp. 13-16.

ROMERO, César Enrique: "Estado de alarma". *Enciclopedia Jurídica Omeba*. Tomo X, 1977.

RONDÓN DE SANSÓ, Hildegard: *Cuatro temas álgidos de la Constitución venezolana de 1999*. Editorial Ex Libris. Caracas, 2004.

_____: *Los estados de excepción en el derecho venezolano*. Editorial Jurídica Venezolana. Caracas, 1992.

_____: "Los estados de excepción en el Derecho venezolano". *Revista Venezolana de Legislación y Jurisprudencia*. N° 7. Revista Venezolana de Legislación y Jurisprudencia. Caracas, 2016, pp. 273-334.

SALGADO PESANTES, Hernán: "Teoría y práctica del control político. El juicio político en la Constitución ecuatoriana". *Anuario de Derecho Constitucional Latinoamericano*. Tomo I. Konrad-Adenauer-Stiftung A.C. Montevideo, 2004, pp. 381-405.

SÁNCHEZ VIAMONTE, Carlos: "Garantías Constitucionales". *Enciclopedia Jurídica Omeba*. Tomo XIII, 1977.

SANTIAGO NINO, Carlos: *Consideraciones sobre la dogmática jurídica*. Universidad Nacional Autónoma de México. México D.F., 1989.

SILVA ARANGUREN, Antonio: "El Tribunal Supremo de Justicia y los decretos de estado de excepción de 2015: ningún control y numerosos excesos". *Revista de Derecho Público*. N° 143-144. Editorial Jurídica Venezolana. Caracas, 2015, pp. 109-118.

SILVA ARANGUREN, Antonio y SIRA SANTANA, Gabriel: "Decretos-Leyes dictados por el Presidente de la República, con base en Ley Habilitante, en el período 2013-2014". *Revista de Derecho Público*. N° 140. Editorial Jurídica Venezolana. Caracas, 2014, pp. 11-39.

_____: "Decretos-Leyes dictados por el Presidente de la República, con base en Ley Habilitante, en el año 2015". *Revista de Derecho Público*. N° 143-144. Editorial Jurídica Venezolana. Caracas, 2015, pp. 191-204

SILVA BOCANEY, José Gregorio: "Del decreto con rango, valor y fuerza de la ley orgánica de precios justos". *Revista de Derecho Público*. N° 140. Editorial Jurídica Venezolana. Caracas, 2015, pp. 260-268.

SIRA SANTANA, Gabriel: *El estado de excepción fronterizo y la Gaceta Oficial*. Centro para la Integración y el Derecho Público. Caracas, 2017.

_____: "La Asamblea Nacional según el Tribunal Supremo de Justicia, luego de las elecciones parlamentarias del año 2015". *Revista de Derecho Público.* N° 145-146. Editorial Jurídica Venezolana. Caracas, 2016.

_____: "La restricción de garantías y el estado de excepción en la frontera colombo-venezolana". *Revista de Derecho Público.* N° 143-144. Editorial Jurídica Venezolana. Caracas, 2015, pp. 51-77.

SOSA GÓMEZ, Cecilia: "El Régimen de la Emergencia en la Constitución de 1961". *200 Años del colegio de abogados. Libro-Homenaje.* Tomo II. Colegio de Abogados del Distrito Federal. Caracas, 1989.

SUÁREZ, Jorge Luis: "El verdadero sentido de los poderes de gobierno bajo estado de excepción: recuerdos de un fallo de la Corte Suprema de Justicia y de un Estado que ya no existe". *Revista de Derecho Público.* N° 143-144. Editorial Jurídica Venezolana. Caracas, 2015, pp. 87-102.

TOVAR TAMAYO, Orlando: "Las facultades de control e investigación del Congreso venezolano". *Revista de Derecho Público.* N° 14. Editorial Jurídica Venezolana. Caracas, 1983, pp. 83-88.

ZERPA APONTE, Ángel: "Debido proceso y estado de excepción". *Revista de la Facultad de Ciencias Jurídicas y Políticas.* Universidad Central de Venezuela. Caracas, 2003, pp. 143-184.

ZOVATTO GARETTO, Daniel: *Los estados de excepción y los derechos humanos en América Latina.* Editorial Jurídica Venezolana e Instituto Interamericano de Derechos Humanos. Caracas – San José, 1990.

REFERENCIAS ELECTRÓNICAS[388]

2001 (2015, 15 de agosto). "Incautan 96 mil litros de gasolina para contrabando en el Zulia". http://goo.gl/ h2I2Vp

Asamblea Nacional (2015, 22 de agosto). "Bancada revolucionaria apoya estado de excepción en municipios fronterizos de Táchira". https://goo.gl/YCYVB3

_____ (2015, 22 de agosto). "Comisión Delegada de la Asamblea Nacional sesionará este martes en Táchira". https://goo.gl/MLNVTk

_____ (2015, 25 de agosto). "Apoyo por parte del pueblo venezolano al estado de excepción en el Táchira". https://goo.gl/sVxNQ9

_____ (2015, 25 de agosto). "Parlamento respalda medidas tomadas por el Presidente Nicolás Maduro". https://goo.gl/46eHWf

_____ (2015, 02 de septiembre). "Asamblea Nacional aprueba segundo decreto de estado de excepción en Táchira". https://goo.gl/EgFhPx

_____ (2015, 02 de septiembre). "Estado de excepción es para salvaguardar la seguridad y tranquilidad de las familias". https://goo.gl/1fhyNy

_____ (2015, 09 de septiembre). "AN aprobó el estado de excepción en los municipios Guajira, Mara y Almirante Padilla". https://goo.gl/x3l5H8

_____ (2015, 09 de septiembre). "Decreto de estado de excepción es corajudo, honesto, decidido y justo". https://goo.gl/90Q1aY

---

[388] Todas consultadas el 20-01-2017.

_____ (2015, 17 de septiembre). "Medida nacionalista del Presidente Maduro resolverá situación en la frontera". https://goo.gl/n3kjai

_____ (2015, 27 de octubre). "AN autorizó estado de excepción en el municipio Atures del estado Amazonas". https://goo.gl/KlUXcU

_____ (2015, 23 de noviembre). "AN sesiona este martes para aprobar recursos y prorrogar estado de excepción". http://goo.gl/JdYHsV

_____ (2016, 22 de enero). "Acuerdo que desaprueba el Decreto N° 2184, del 14 de enero de 2016, publicado en la Gaceta Oficial N° 6.214 Extraordinario del 14 de enero de 2016, mediante el cual se declaró el estado de emergencia económica en todo el territorio nacional". https://goo.gl/D4r1ou

_____ (2016, 22 de enero). "Informe de la Comisión Especial que examinó el Decreto N° 2.184, publicado en la Gaceta Oficial 6.214, en el cual se declara el Estado de Emergencia Económica en todo el Territorio Nacional". https://goo.gl/wQ0LxE

_____ (2016, 17 de marzo). "Ramos Allup: finalizó la convocatoria a sesión permanente". https://goo.gl/FwDJPv

_____ (2016, 27 de mayo). "Acuerdo que desaprueba el Decreto N° 2.323, del 13 de mayo de 2016, dictado por el Presidente de la República". https:// goo.gl/xHE5Qh

_____ (2016, 14 de julio). "Diputados rechazaron extensión del decreto de estado de excepción". https://goo.gl/vRmKwi

_____ (2016, 18 de julio). "Venezuela debe informar a países miembros de la ONU sobre estado de excepción". https://goo.gl/gFb1Zi

_____ (2016, 20 de septiembre). "AN aprobó acuerdo en rechazo al decreto de estado de excepción y emergencia económica". https://goo.gl/FW1BEA

_____ (2016, 20 de septiembre). "AN aprobó acuerdo en rechazo al decreto de estado de excepción y emergencia económica". https://goo.gl/vFNcUL

AVN (2015, 27 de mayo). Realizan en Táchira operativo para desmantelar contrabando de productos y medicinas. http:// goo.gl/MXA9cR

BBC (2015, 26 de agosto). "'D', la marca que condena al derrumbe las casas de los colombianos deportados de Venezuela". https://goo.gl/D3wuB2

_____ (2016, 20 de abril). "Terremoto de magnitud 7,8 en la zona costera de Ecuador deja más de 600 muertos". http://goo.gl/1Lexui

_____ (2016, 27 de abril). "Cómo afecta a Venezuela que los funcionarios públicos sólo trabajen 2 días a la semana". https://goo.gl/3566iY

_____ (2016, 03 de junio). "Qué son los polémicos CLAP, el sistema paralelo de distribución de alimentos del gobierno de Venezuela". https://goo.gl/ yLbzz5

_____ (2016, 12 de julio). "Quién gana y quién pierde en Colombia por el cierre de la frontera con Venezuela". https://goo.gl/j70cXl

_____ (2016, 14 de octubre). "¿Constitucional o no? El presidente Maduro presentó el presupuesto de Venezuela para 2017 al TSJ y no a la Asamblea Nacional". https:// goo.gl/ NzF1q9

_____ (2016, 17 de diciembre). "'Es el caos total': la tensa situación de Venezuela sin billetes deriva en protestas, saqueos e interminables filas". https:// goo.gl/8hfXTA

BREWER-CARÍAS, Allan: *El carácter vinculante de las decisiones de los tribunales internacionales y su desprecio por los gobiernos autoritarios: el caso de Venezuela.* http://goo.gl/ cNS26N

_____ *La inconstitucional "restricción" impuesta por el Presidente de la República a la Asamblea Nacional, respecto de su potestad de aprobar votos de censura contra los ministros.* https://goo.gl/3Huyx3

_____ *Los actos de gobierno, la universalidad del control jurisdiccional de constitucionalidad, y los problemas de la politización de la jurisdicción constitucional en Venezuela.* http://goo.gl/OTMC3v

_____ *Nuevo golpe contra la representación popular: la usurpación definitiva de la función de legislar por el Ejecutivo Nacional y la suspensión de los remanentes poderes de control de la Asamblea con motivo de la declaratoria del estado de excepción y emergencia económica.* https://goo.gl/ LvCJyY

Caracol Radio (2015, 19 de septiembre). *"Colombia adopta nuevas disposiciones para el paso de medicamentos hacia Venezuela".* https://goo.gl/yXI7Vo

CHÁVEZ FRÍAS, Hugo y MADURO MOROS, Nicolás: *Denuncia y salida de Venezuela de la Corte Interamericana de Derechos Humanos (CIDH).* Imprenta Nacional y Gaceta Oficial. Caracas, 2013. http://goo.gl/XTkvG6

CNE (2016, 06 de diciembre). "Divulgación elecciones parlamentarias". http://goo.gl/9isJGW

Comité de Derechos Humanos de la ONU (2001, 31 de agosto). Observación General N° 29. http://goo.gl/ cknY6v

Comisión Interamericana de Derechos Humanos (2015, 28 de septiembre). "CIDH culmina su visita a la frontera de Colombia con Venezuela". https://goo.gl/85b9qA

Convención Americana sobre Derechos Humanos. https://goo.gl/ScbLnd

Corte Interamericana de Derechos Humanos (1987, 30 de enero). Opinión consultiva OC-8/87. http://goo.gl/QG0x M4

Decretazo (2016, 17 de abril). Decreto N° 1001 del Presidente de Ecuador. http://goo.gl/l5DMSK

El Correo del Orinoco (2016, 04 de mayo). "Viernes no laborables en colegios: sufren niños y madres". https://goo.gl/ALDrwY

El Impulso (2015, 24 de septiembre). "Gobernador de Amazonas: Estado de Excepción va a incrementar el poderío de los militares". https://goo.gl/UDGsK7

El Nacional (2016, 12 de enero). "Asamblea Nacional estrenó nueva cuenta en Twitter". http://goo.gl/aZLSHd

_____ (2016, 15 de enero). "Lo que debes saber sobre la Memoria y Cuenta 2015 de Nicolás Maduro". http://goo.gl/v1zkrV

El Universal (2010, 10 de diciembre). "Chávez pide Ley Habilitante para legislar la emergencia. https:// goo.gl/ 9cepdj

_____ (2010, 17 de diciembre). "Habilitante NO, Estado de Excepción". https://goo.gl/EBfhFo

_____ (2015, 20 de agosto). "Venezuela rechaza ataque en Táchira y respalda orden de cierre de frontera". http://goo.gl/YpDXwW

_____ (2015, 21 de agosto). "Activan Estado de Excepción en los municipios fronterizos del Táchira". http:// goo.gl/jxyLI5

_____ (2015, 21 de agosto). "Provea tilda de campaña xenófoba operativos en frontera con Colombia". http://goo.gl/puJMZB

_____ (2015, 21 de agosto). "Venezuela despliega más fuerzas militares en frontera con Colombia". http://goo.gl/wy7g7f

_____ (2015, 22 de agosto). "Maduro: Hasta no restablecer la normalidad, yo no voy a abrir esa frontera". https://goo.gl/98aAlx

_____ (2015, 28 de agosto). "CIDH instó a Venezuela a detener deportaciones masivas porque violan DDHH". https://goo.gl/sP8Z1c

_____ (2015, 28 de agosto). "ONU expresó preocupación por deportados colombianos". https://goo.gl/79p8HU

_____ (2015, 30 de agosto). "Diputado Saúl Ortega insta al Gobierno a cerrar 'toda la frontera'". https://goo.gl/obICT8

_____ (2015, 07 de septiembre). "AD insta a los presidentes Maduro y Santos resolver la situación fronteriza". https://goo.gl/lhTNm3

_____ (2015, 08 de septiembre). "Candidato wayúu a la AN: 'No podemos permitir que cierren nuestra frontera'". https://goo.gl/5HRJPQ

_____ (2015, 09 de septiembre). "Maduro: No abriré frontera hasta lograr un acuerdo garantizado con Colombia". https://goo.gl/2JN8gO

_____ (2015, 29 de septiembre). "Venezuela rechaza denuncia de CIDH de 'crisis humanitaria" por deportados". https://goo.gl/G0Aynk

_____ (2016, 03 de octubre). "Cavecol: Gobierno debería abrir la frontera entre Colombia y Venezuela". https://goo.gl/TZ1kuz

_____ (2015, 26 de octubre). "Amplían estado de excepción a frontera amazónica con Colombia". http://goo.gl/b3UHuk

_____ (2015, 28 de octubre). "CIDH teme por efectos del estado de excepción sobre la campaña electoral". http://goo.gl/DMJnzA

_____ (2015, 30 de octubre). "Condenan a dos funcionarios del Cicpc por contrabandear alimentos en Apure". https://goo.gl/evqkjZ

_____ (2015, 06 de diciembre). "Padrino López: Estado de excepción no es obstáculo para ejercer el voto". http://goo.gl/eL2rCv

_____ (2017, 17 de enero). *"Asamblea desaprobó extensión de Decreto de Emergencia Económica".* https://goo.gl/oPIOdP

El Universo (2016, 16 de junio). Decreto N° 1101 del Presidente de Ecuador. http://goo.gl/5gGEwv

Globovisión (2015, 29 de agosto). "Hallan trocha de contrabando en la frontera con Colombia". http://goo.gl/ R0S51H

HERNÁNDEZ, José Ignacio: *¿Ahora la AN no podrá dictar votos de censura?* https://goo.gl/guIQfW

_____ *¿Qué es lo que más debe preocuparnos del nuevo estado de excepción?* https://goo.gl/4BawhK

_____ *¿Qué son los Consejos Productivos de los Trabajadores anunciados por Nicolás Maduro?* https://goo.gl/QIKTA2

_____ *Sobre la inconstitucionalidad de los CLAP. Instituto Nacional de Nutrición.* https://goo.gl/ jF9YvR

Informe 21 (2016, 16 de mayo). "Planteles privados estudian reprogramar el año escolar". https://goo.gl/ S8dVn7

Instituto Nacional de Nutrición (2016, 06 de agosto). "¿Qué son los CLAP?". https://goo.gl/p5hQ3Z

Muci Borjas, José: *La banca y las "carteras de crédito" obligatorias Excursus sobre la naturaleza y legitimidad de la obligación impuesta a la banca venezolana.* https://goo.gl/ dlmhYg

Noticia al día (2014, 30 de diciembre). "CICPC captura a 'El Piloto' miembro activo de las FARC en Apure". http://goo.gl/ KReBkD

Noticias 24 (2015, 06 de septiembre). "Vielma niega que casas marcadas y demolidas sean de familias colombianas: 'Había paramilitares'". https://goo.gl/aYRZS9

Noticias RCN (2015, 23 de septiembre). "Por nuevo cierre en la frontera colombo-venezolana, en riesgo educación de niños". https://goo.gl/AUigPh

Pacto Internacional de Derechos Civiles y Políticos. http://goo.gl/tZvgKS

QUESTIAUX, Nicole: Question of the human rights of persons subjected to any form of detention or imprisonment. Study of the implications for human rights of recent developments concerning situations known as states of siege or emergency, 1982, p. 8. Documento del Comité Económico y Social de las Naciones Unidades identificado bajo el N° ONU E/CN.4/Sub.2/1982/15. http://goo. gl/LhLA6S

SC/TSJ: Fallo N° 93 del 06-02-2001 (caso: *CORPOTU RISMO*). http://goo.gl/FQXtcJ

_____: Fallo N° 1507 del 05-06-2003 (caso: *María Ríos Oramas*). http://goo.gl/qUENmO

_____: Fallo N° 1815 del 24-08-2004 (caso: *Hermann Escarrá*). http://goo.gl/o-LfNgz

_____: Fallo N° 3567 del 06-12-2005 (caso: *Javier Elechiguerra Naranjo y otros*). http://goo.gl/0DMUQJ

_____: Fallo N° 565 del 15-04-2008 (caso: *Procuraduría General de la República*). https://goo.gl/ AQWt9X

_____: Fallo N° 780 del 24-05-2011 (caso: *Constitución del estado Yaracuy*). http://goo.gl/AoQdFm

_____: Fallo N° 781 del 24-05-2011 (caso: *Constitución del estado Miranda*). http://goo.gl/pC7jOD

_____: Fallo N° 973 del 10-07-2012 (caso: *Constitución del estado Apure*). http://goo.gl/hYInVX

_____: Fallo N° 974 del 10-07-2012 (caso: *Constitución del estado Amazonas*). http://goo.gl/Hvjr4L

_____: Fallo N° 1729 del 10-12-2013 (caso: *Constitución del estado Guárico*). http://goo.gl/TFhYI8

_____: Fallo N° 276 del 24-04-2014 (caso: *Gerardo Sánchez Chacón*). http://goo.gl/PmKaCv

_____: Fallo N° 1173 del 28-08-2015 (caso: *Decreto N° 1.950*). http://goo.gl/XJLlRZ

_____: Fallo N° 1174 del 08-09-2015 (caso: *Decreto N° 1.969*). http://goo.gl/nfPGha

_____: Fallo N° 1176 del 15-09-2015 (caso: *Decreto N° 1.989*). http://goo.gl/v1CoJ6

_____: Fallo N° 1183 del 22-09-2015 (caso: *Decreto N° 2.013*). http://goo.gl/d9fJMw

_____: Fallo N° 1181 del 22-09-2015 (caso: *Decreto N° 2.014*). http://goo.gl/gnPGM9

_____: Fallo N° 1182 del 22-09-2015 (caso: *Decreto N° 2.015*). http://goo.gl/Fw7U2m

_____: Fallo N° 1184 del 22-09-2015 (caso: *Decreto N° 2.016*). http://goo.gl/yYsa4y

_____: Fallo N° 1351 del 30-10-2015 (caso: *Decreto N° 2.054*). http://goo.gl/ucItv3

_____: Fallo N° 1353 04-11-2015 (caso: *Decreto N° 2.071*). http://goo.gl/0mhEdT

_____: Fallo N° 1369 del 12-11-2015 (caso: *Decreto 2.076*). http://goo.gl/rt7vYS

_____: Fallo N° 1465 del 20-11-2015 (caso: *Decreto N° 2.089*). http://goo.gl/xcqjzQ

_____: Fallo N° 1545 del 27-11-2015 (caso: *Decreto N° 2.096*). http://goo.gl/cJDdFm

_____: Fallo N° 1546 del 27-11-2015 (caso: *Decreto N° 2.097*). http://goo.gl/V7I9Ax

_____: Fallo N° 1547 del 27-11-2015 (caso: *Decreto N° 2.095*). http://goo.gl/daLzj8

_____: Fallo N° 1548 del 27-11-2015 (caso: *Decreto N° 2.098*). http://goo.gl/mal6mL

_____: Fallo N° 2 del 08-01-2016 (caso: *Decreto N° 2.157*). http://goo.gl/jD4E7j

_____: Fallo N° 3 del 14-01-2016 (caso: *Procuraduría General de la República*). http://goo.gl/ Hv61Ne

_____: Fallo N° 4 del 20-01-2016 (caso: *Decreto N° 2184*). https://goo.gl/PvbwB9

_____: Fallo N° 7 del 11-02-2016 (caso: *Hernán Toro y otros*). http://goo.gl/nYd73b

_____: Fallo N° 184 del 17-03-2016 (caso: *Decreto N° 2.270*). https://goo.gl/yhVllf

_____: Fallo N° 259 del 31-03-2016 (caso: *Ley de Reforma Parcial del Decreto con Rango, Valor y Fuerza de Ley del Banco Central de Venezuela*). https://goo.gl/N0k21V

_____: Fallo N° 327 del 28-04-2016 (caso: *Ley de Bono para Alimentos y Medicinas a Pensionados y Jubilados*). https://goo.gl/bZlQhk

_____: Fallo N° 341 del 05-05-2016 (caso: *Ley de Reforma Parcial de la Ley Orgánica del Tribunal Supremo de Justicia*). https://goo.gl/kf5yB4

_____: Fallo N° 411 del 19-05-2016 (caso: *Decreto N° 2323*). http://goo.gl/LDSOhq

_____: Fallo N° 460 del 09-06-2016 (caso: *Ley Especial para Atender la Crisis Nacional de Salud*). https://goo.gl/1se7up

_____: Fallo N° 478 del 14-06-2016 (caso: *Procuraduría General de la República*). https://goo.gl/ gdw52O

_____: Fallo N° 597 del 12-07-2016 (caso: *Confederación Indígena Bolivariana de Amazonas*). https://goo.gl/ 7n1BtZ

_____: Fallo N° 615 del 19-07-2016 (caso: *Decreto N° 2.371*). https://goo.gl/37RhEh

_____: Fallo N° 797 del 19-08-2016 (caso: *Pedro Carreño y otros*). https://goo.gl/ZdbIv9

_____: Fallo N° 808 del 02-09-2016 de la SC/TSJ (caso: *Ley de Reforma Parcial del Decreto con Rango y Fuerza de Ley Orgánica que Reserva al Estado las Actividades de Exploración y Explotación de Oro, así como las Conexas y Auxiliares a Éstas*). https://goo.gl/zR8oSI

_____: Fallo N° 810 del 21-09-2016 (caso: *Decreto N° 2.452*). https://goo.gl/WwIRBt

_____: Fallo N° 814 del 11-10-2016 (caso: *Nicolás Maduro*). https://goo.gl/1IEjqA

_____: Fallo N° 952 del 21-11-2016 (caso: *Decreto N° 2.548*). https://goo.gl/fBJSSq

_____: Fallo N° 3 del 11-01-2017 (caso: *Nicolás Maduro*). https://goo.gl/kDqncv

_____: Fallo N° 4 del 19-01-2017 (caso: *Decreto N° 2.667*). https://goo.gl/BDkxD2

_____: Fallo 5 del 19-01-2017 (caso: *Juan Roa y otros*), https://goo.gl/qGOmFB

_____: Fallo 6 del 20-01-2017 (caso: *Nicolás Maduro*) https://goo.gl/XGHd28

Sala Electoral del Tribunal Supremo de Justicia: Fallo N° 108 del 01-08-2016 (caso: *Nicia Marina Maldonado Maldonado*). https://goo.gl/oI0Gox

Semana (2015, 28 de diciembre). "Denunciarán a Maduro por mantener cerrada frontera con Colombia". http://goo.gl/a4CiCT

SIRA SANTANA, Gabriel: *Evaluación del Decreto con Rango, Valor y Fuerza de Ley Orgánica de Emergencia para Terrenos y Vivienda*. https://goo.gl/oH9QnT

_____: *Reporte CIDEP. La Sala Constitucional Del TSJ vs. la Asamblea Nacional*. https://goo.gl/XBVrr1

Sumarium (2015, 25 de agosto). "Dramático... Así cruzan los colombianos el río Táchira". https://goo.gl/ w0AfSe

_____: (2016, 16 de abril). "Lo que opina Xavier Serbia sobre los viernes 'no laborables' en Venezuela". https://goo.gl/hpvjIj

TeleSUR (2015, 19 de agosto). "Maduro anuncia cierre de frontera con Colombia tras ataque paramilitar". https://goo.gl/e1cIpo

VTV (2015, 22 de agosto). "Estado de Excepción: Estas son las garantías restringidas para restaurar la paz en Táchira (+Artículos)". http://goo.gl/myLKkq

ÍNDICE

CAPÍTULO II

EL ESTADO DE EXCEPCIÓN EN LA FRONTERA
COLOMBO-VENEZOLANA

ÍNDICE

ÍNDICE

www.ingramcontent.com/pod-product-compliance
Lightning Source LLC
Chambersburg PA
CBHW021549210326
41599CB00010B/365

*9 7 8 9 8 0 3 6 5 3 6 1 3 *